미식가의 메뉴판

미식가의

Tastes and Traditions

메뉴판

나탈리 쿡 지음 | 정영은 옮김

**한 장의 메뉴에 담긴
시대의 취향, 계층,
문화 이야기**

교보문고

일러두기

-음식, 요리, 호텔명은 원어를 병기하되 가독성을 해치지 않는 범위 내에서 표기했습니다.

-굵게 표시한 음식명은 메뉴 사전에 추가 설명이 있습니다.

-도서, 삽화집은 《》, 그림, 공연, 전시, 영화는 〈 〉로 표기하고 도서는 원어를 병기했습니다.

-괄호는 저자 주입니다.

차례

메뉴판은 우리 인생을 맛있는 경험으로 채워준다

음식에 대한 기억은 '행복'을 동반합니다.

셰프란 직업이 저에게 주는 가장 큰 매력은 이런 '행복'을 레스토랑에 찾아주는 손님들과 함께 나눌 수 있다는 점입니다. 사랑하는 가족과 친구, 연인 혹은 직장 동료들과 함께 행복한 기억을 만들고자 방문하는 손님들에게 더 좋은 추억을 전하기 위해, 저를 비롯해 레스토랑에서 일하는 팀원들은 모두가 다양한 노력을 기울이고 있습니다.

음식은 두말할 것도 없거니와 레스토랑의 인테리어, 음식이 담기는 접시, 조명의 종류와 밝기, 흘러나오는 음악, 서버가 손님에게 음식을 설명하는 말투와 단어 하나하나를 신경 씁니다. 보이는 것은 물론, 보이지 않는 곳에서도 손님의 즐겁고 편안한 경험을 위해 많은 부분을 세심하게 고려하고 결정하는 것입니다. 그리고 이런 요소들이 모여 레스토랑의 개성이 만들어집니다. 그중에서도 레스토랑의 성격을 잘 보여주는 것이 '메뉴판'입니다.

특히 파인다이닝에서 제공되는 메뉴판은 셰프의 취향과 성격이 잘 드러납니다. 메뉴에 사용되는 재료나 조리 방법, 레스토랑에 대한 간략한 소개와 셰프의 음식에 대한 철학 등이 메뉴판에 담겨 있습니다. 그래서 셰프들은 작은 종이 안에 쓰일 문구와 메뉴의 어조, 글자의 종류와 크기, 종이의 재질까지도 고민합니다. 이렇게 수많은 선택의 고민 끝에 만들어진 메뉴판에는 셰프의 정성이 고스란히 담깁니다. 그렇기에 메뉴판은 손님에게 특별한 경험으로 다가갑니다. 방문을 고대하던 레스토랑에 도착해 자리를 안내받고, 밝은 미소로 인사하는 담당 서버가 건네주는 메뉴판, 혹은 테이블 위에 예쁘게 준비된 메뉴판은 설렘과 기대감을 줍니다.

'코스의 구성은 어떻게 될까? 오늘 내가 먹게 될 요리는 무엇일까? 그 요리는 어떤 방식으로 조리가 될까? 어떤 식재료들이 요리에 사용될까? 혹시나 내가 좋아하는 디저트가 있지는 않을까? 오늘 요리에 잘 어울리는 와인이 있을까?' 메뉴판을 보면서 이런 수많은 질문까지 같이 읽어내려 가게 됩니다. 좋아하는 요리나 식재료가 있다면 오랜만에 반가운 친구를 만난 것처럼 그 기쁨은 배가 되곤 합니다.

《미식가의 메뉴판》에는 그러한 설렘과 기대, 반가움과 놀라움이 공존하는 '메뉴판'에 관한 흥미로운 이야기가 담겨 있습니다. 메뉴판의 목적과 용도부터 시작해서 18세기 후반 레스토랑의 탄생과 함께 나타난 메뉴판의 역사, 메뉴판이 만들어온 문화적 가치를 읽어볼 수 있습니다. 음식의 역사나 문화에 관한 책은 많이 접해보았지만, 이렇게 메뉴판이라는 매개체를 통해 세계의 음식문화와 역사를 살펴보는 책은 처음입니다. 이 책을 읽으면서 저 역시 새롭고 신나는 경험을 독자와 함께 하는 기분이었습니다. 다양한 나라의 메뉴판을 시대와 문화적 배경에 따라 모아 놓은 박물관이 있다면 마치 이 책 같지 않을까 하는 생각도 들었습니다.

이 책이 소개하는 것처럼, 메뉴판에는 손님이 음식을 선택하도록 돕는 기능 외에도 매출의 상승을 위한 고민, 환대의 표식, 여기에 소장 욕구를 불러일으키는 미학까지 담겨 있습니다. 이 책을 읽고 우리 레스토랑은 손님에게 어떤 걸 전달하려고 할까 되새겨보았습니다. 현재 이타닉 가든에서는 한 장의 메뉴판 대신, 매 코스의 대표적 식재료 그림과 함께 그 재료에 대한 이야기가 담긴 메뉴 카드를 제공합니다. 라망 시크레에서는 메뉴명이 담긴 종이를 레스토랑을 상징하는 고혹적인 빨간색의 편지봉투 안에 편지지 형태로 만들어 준비합니다. 단순한 정보 전달을 넘어 환대의 의미, 아름다운 기념품으로서의 경험까지 고려해 준비한 메뉴판입니다. 대화를 통한 정보와 경험의 전달에는 어느 정도 한계가 있습니다. 이럴 때 손에 쥐어진 메뉴판 한 장은 다양한 메시지와 더불어 감정까지 전달할 수 있는 매개체가 되어줍니다.

전 세계적으로 뜨거운 인기와 관심을 받는 케이팝과 더불어 우리 음식 역시 케이컬처의 선두로 전 세계에 빠르게 퍼지며, 재평가받고 있습니다. 이런 중요한 시기에 이 책은 우리가 메뉴판을 어떻게 받아들이고, 어떤 미식 문화를 만들어나갈지에 대한 방향성 또한 제시해줄 것으로 기대됩니다.

《미식가의 메뉴판》을 읽으며 한층 편하고 익숙해진 메뉴판과 함께 여러분의 인생이 더 맛있는 경험으로 가득 차길 바랍니다.

– 손종원 셰프 드림 –

메뉴판은 우리를 어디로 데려갈까?

—— 메뉴판이 담고 있는 음식문화의 과거, 현재, 미래 ——

　메뉴판이라는 물건의 목적은 뚜렷하다. 바로 손님에게 제공 가능한 음식의 선택지를 보여주는 것이다. 메뉴menu라는 단어는 '작은, 잘게 나눈, 상세한'이라는 의미의 라틴어 미누투스minūtus에서 유래한 것으로, 준비된 요리를 나열한 목록을 가리킨다. 앞으로 차차 살펴보겠지만 모든 메뉴판이 선택지를 직접적으로 드러내는 것은 아니다. 어떤 메뉴판은 항목을 수수께끼 같은 방식으로 제시해 손님이 추측하게 만들기도 했다. 번거로울 수도 있지만, 이런 과정이 오히려 생기 넘치는 대화와 토론을 불러일으키는 기회가 되기도 한다. 이 이야기는 책의 뒷부분에서 다시 다루겠다.

　실용적인 의미에서의 메뉴판, 즉 제공되는 음식의 목록으로서 메뉴판의 중요성이 커진 것은 19세기 중반 무렵이다. 당시 유럽의 식사 문화는 여러 요리를 한꺼번에 차려놓고 먹던 프랑스식 서빙 방법에서, 요리를 순차적으로 내놓는 러시아식 서빙으로 점차 바뀌고 있었다. 러시아식 서빙은 따뜻한 음식을 식기 전에 제공할 수 있다는 장점이 있었지만 단점도 존재했다. 닫힌 주방 문 너머에서 어떤 요리가 준비되고 있는 미리 알 수 없다는 점이었다. 그래

샤를 피쇼Charles Fichot, 〈카페 레스토랑 데 프레르 프로방소〉, 1846년, 석판화.

서 메뉴판은 일종의 예고편처럼 손님에게 주방을 미리 보여줌으로써 식욕을 자극하는 역할을 하게 되었다. 이런 점에서 파리 초기 레스토랑들이 사용했던 메뉴판은 좋은 예가 된다. 당시 메뉴판은 별다른 장식 없이 큼직한 종이에 음식 목록을 단순히 나열한 것이 전부였다. 파리 최초의 레스토랑 중 하나인 레 트로아 프레르 프로방소Les Trois Frères Provençaux의 메뉴판 또한 알파벳별로 정리된 긴 목록이 적혀 있다. 이 메뉴판은 당시 레스토랑이 판매했던 다양한 육류와 생선, 채소, 와인 같은 주류, 빵과 과자류의 목록을 충실히 담고 있다. 언뜻 무심해 보이는 이 메뉴판에도 특정한 목적을 위해 전략적으로 배치된 항목이 몇 가지 숨어 있다. 예를 들어 달콤한 앙트르메Entremets de Douceur* 항목을 보면 **플럼 푸딩**plum pudding만 프랑스어가 아닌 영어로 표기되어 있다. (이 메

---

* 앙트르메는 본래 메인 요리 사이에 나오는 가벼운 별미 요리를 뜻했으나 현재는 디저트와 거의 같은 의미로 쓰인다.

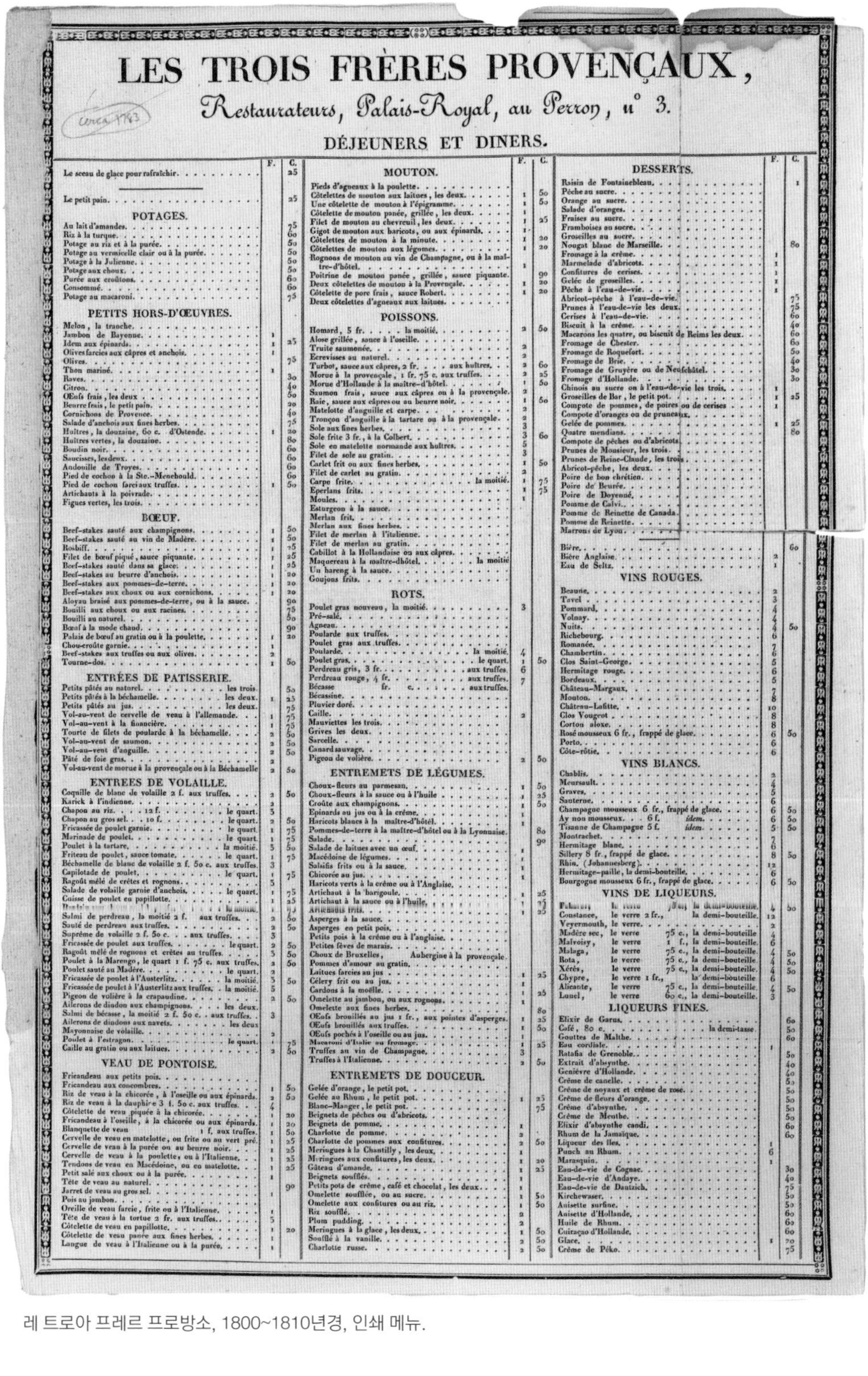

LES TROIS FRÈRES PROVENÇAUX,

Restaurateurs, Palais-Royal, au Perron, n° 3.

DÉJEUNERS ET DINERS.

circa 1763

	F.	C.
Le seau de glace pour rafraîchir		25
Le petit pain		25

POTAGES.

	F.	C.
Au lait d'amandes		75
Riz à la turque		60
Potage au riz et à la purée		50
Potage au vermicelle clair ou à la purée		50
Potage à la Julienne		50
Potage aux choux		50
Purée aux croûtons		60
Consommé		50
Potage au macaroni		75

PETITS HORS-D'ŒUVRES.

	F.	C.
Melon , la tranche		
Jambon de Bayonne	1	25
Idem aux épinards		
Olives farcies aux câpres et anchois		
Olives	1	
Thon mariné	1	
Raves		30
Citron		40
Œufs frais , les deux		50
Beurre frais , le petit pain		20
Cornichons de Provence		20
Salade d'anchois aux fines herbes		75
Huîtres , la douzaine, 60 c. d'Ostende		80
Huîtres vertes, la douzaine		80
Boudin noir	1	
Saucisses, lesdeux		
Andouille de Troyes		60
Pied de cochon à la Ste.-Menehould		60
Pied de cochon farci aux truffes	1	50
Artichauts à la poivrade		
Figues vertes, les trois		

BŒUF.

	F.	C.
Beef-stakes sauté aux champignons	1	50
Beef-stakes sauté au vin de Madère	1	50
Rosbiff	1	25
Filet de bœuf piqué , sauce piquante	1	25
Beef-stakes sauté dans au glace	1	25
Beef-stakes au beurre d'anchois	1	20
Beef-stakes aux pommes-de-terre	1	20
Aloyau braisé aux pommes-de-terre, ou à la sauce		75
Bouilli aux choux ou aux racines		75
Bouilli au naturel		50
Bœuf à la mode chaud		90
Palais de bœuf au gratin ou à la poulette	1	
Chou-croûte garnie	1	
Beef-stakes aux truffes ou aux olives	2	
Tourne-dos	1	50

ENTRÉES DE PATISSERIE.

	F.	C.
Petits pâtés au naturel	les trois	1
Petits pâtés à la béchamelle	les deux	1	25
Petits pâtés au jus	les deux		75
Vol-au-vent de cervelle de veau à l'allemande	1	75
Vol-au-vent à la financière	2	
Tourte de filets de poularde à la béchamel	2	50
Vol-au-vent de saumon	2	50
Vol-au-vent financière	2	50
Pâté de foie gras	3	
Vol-au-vent de morue à la provençale ou à la Béchamelle	2	50

ENTRÉES DE VOLAILLE.

	F.	C.
Coquille de blanc de volaille 2 f. aux truffes	2	50
Karick à l'indienne	2	
Chapon au riz	le quart	3
Chapon au gros sel	10 f.	le quart	2	50
Fricassée de poulet garnie	le quart	1	75
Marinade de poulet	le quart	2	
Poulet à la tartare	la moitié	3
Friton de poulet, sauce tomate	le quart	1	73
Béchamelle de blanc de volaille 2 f. 50 c. aux truffes	2	
Capilotade de poulet	le quart	2	
Ragoût mêlé de crêtes et rognons	le quart	2	50
Salade de volaille garnie d'anchois	le quart	1	75
Cuisse de poulet au papillotte		1	25
Poulet à l'estragon		2
Salmi de perdreau , la moitié 2 f. aux truffes	3
Sauté de perdreau aux truffes	3
Suprême de volaille 2 f. 50 c. aux truffes	3
Fricassée de poulet aux truffes	le quart	2	50
Ragoût mêlé de rognons et crêtes aux truffes	5
Poulet à la Marengo, le quart 1 f. 75 c. aux truffes	3
Poulet sauté au Madère	le quart	2	50
Fricassée de poulet à l'Austerlitz	la moitié	5
Fricassée de poulet à l'Austerlitz aux truffes, la moitié	5
Pigeon de volière à la crapaudine	2
Ailerons de dindon aux champignons		les deux	3
Ailerons de dindon aux truffes		3
Mayonnaise de volaille	les deux	3
Poulet à l'estragon	le quart	2
Caille au gratin ou aux laitues		2	75

VEAU DE PONTOISE.

	F.	C.
Fricandeau aux petits pois		
Fricandeau aux concombres	1	50
Ris de veau à la chicorée , à l'oseille ou aux épinards	2	
Ris de veau à la dauphine 3 f. 50 c. aux truffes	4	
Côtelette de veau piquée à la chicorée	1	20
Fricandeau à l'oseille , à la chicorée ou aux épinards	1	20
Blanquette de veau	1 f. aux truffes	1	
Cervelle de veau en matelotte , ou frite ou au vert pré	1	25
Cervelle de veau à la poivre ou au beurre noir	1	25
Cervelle de veau à la poulette ou à l'Italienne	1	25
Tendons de veau en Macédoine, ou en matelotte	1	25
Petit sauté aux choux ou à la purée	1	
Tête de veau au naturel		90
Jarret de veau au gros sel		
Pois au jambon		
Oreille de veau farcie, frite ou à l'Italienne	1	
Tête de veau à la tortue 2 fr. aux truffes	3	
Côtelette de veau en papillotte	1	
Côtelette de veau panée aux fines herbes	1	20
Langue de veau à l'Italienne ou à la purée	1	

MOUTON.

	F.	C.
Pieds d'agneaux à la poulette	1	
Côtelettes de mouton aux laitues , les deux	1	50
Une côtelette de mouton à l'épigramme	1	50
Côtelette de mouton panée, grillée , les deux	1	25
Filet de mouton au chevreuil, les deux	1	
Gigot de mouton aux haricots, ou aux épinards	1	
Côtelettes de mouton à la minute	1	20
Côtelettes de mouton aux légumes	1	20
Rognons de mouton au vin de Champagne, ou à la maître-d'hôtel	1	50
Poitrine de mouton panée , grillée , sauce piquante	1	90
Deux côtelettes de mouton à la Provençale	1	20
Côtelette de porc frais , sauce Robert	1	20
Deux côtelettes d'agneau aux câpres	1	

POISSONS.

	F.	C.
Homard, 5 fr.	à moitié	2	50
Aloze grillée , sauce à l'oseille	2	
Truite saumonée	2	
Écrevisses au naturel	1	
Turbot, sauce aux câpres, 2 fr.	aux huîtres	2	60
Raie à la provençale , 1 fr. 75 c. aux truffes	2	25
Morue d'Hollande à la maître-d'hôtel	1	50
Saumon frais , sauce aux câpres ou à la provençale	2	
Raie , sauce aux câpres ou au beurre noir	1	
Matelotte d'anguille et carpe	2	
Tronçon d'anguille à la tartare ou à la provençale	3	
Sole aux fines herbes	3	50
Sole frite 2 fr. , à la Colbert	3	
Sole et matelotte normande aux huîtres	5	
Filet de sole au gratin	3	
Carlet frit ou aux fines herbes	1	50
Filet de carlet au gratin	2	
Carpe frite	à la moitié	75
Eperlans frits	2	50
Esturgeon à la sauce		
Merlan frit		
Merlan aux fines herbes		
Filet de merlan à l'italienne	2	
Filet de merlan au gratin	2	
Cabillot à la Hollandaise ou aux câpres	1	
Maquereau à la maître-d'hôtel	la moitié	
Un hareng à la sauce		
Goujons frits		

ROTS.

	F.	C.
Poulet gras nouveau , la moitié	3
Pré-salé		
Agneau		
Poularde aux truffes		
Poulet gras aux truffes		
Poularde	la moitié	4	60
Poulet gras	le quart	2	50
Perdreau gris, 3 fr.	aux truffes	4	6
Perdreau rouge, 4 fr.	aux truffes	5	
Bécasse	aux truffes	5	
Bécassine		
Pluvier doré		
Caille		
Mauviettes les trois		
Grives les deux		
Sarcelle		
Canard sauvage		
Pigeon de volière	2	50

ENTREMETS DE LÉGUMES.

	F.	C.
Choux-fleurs au parmesan	1	50
Choux-fleurs à la sauce ou à l'huile	1	50
Croûte aux champignons	1	50
Épinards au jus ou à la crème	1	
Haricots blancs à la maître-d'hôtel	1	
Pommes-de-terre à la maître-d'hôtel ou à la Lyonnaise	8	
Salade	90
Salade de laitues avec un œuf		
Macédoine de légumes	1	
Salsifis frits à la sauce	1	
Chicorée au jus	1	
Haricots verts à la crème ou à l'Anglaise	1	
Artichaut à la barigoule	1	25
Artichaut à la sauce ou à l'huile	1	25
Artichaut frit	1	75
Asperges à la sauce	2	
Asperges en petit pois	2	
Petits pois à la crème ou à l'anglaise	2	
Petites fèves de marais	2	
Choux de Bruxelles, Aubergine à la provençale		
Pommes d'amour au gratin	1	
Laitues farcies au jus	1	25
Céleri frit ou au jus	1	
Cardons à la moelle	2	
Omelette au jambon, au jus		
Omelette aux fines herbes		80
Œufs brouillés au jus 1 fr. , aux pointes d'asperges	2	
Œufs brouillés au naturel	1	50
Œufs pochés à l'oseille ou au jus	1	
Macaroni d'Italie au fromage	1	25
Truffes au vin de Champagne,	3	
Truffes à l'Italienne	3	50

ENTREMETS DE DOUCEUR.

	F.	C.
Gelée d'Orange, le petit pot	1	
Gelée au Rhum , le petit pot	1	
Blanc-Manger, le petit pot		75
Beignets de pêches ou d'abricots	1	
Beignets de pomme	1	
Charlotte de pomme	1	
Charlotte de pommes aux confitures	1	50
Meringues à la Chantilly , les deux	1	
Meringues aux confitures, les deux	1	20
Gâteau d'amande	1	25
Beignets soufflés	1	
Petits pots de crême , café et chocolat , les deux	1	50
Omelette soufflée , ou au sucre	1	50
Omelette aux confitures ou au riz	1	50
Riz soufflé	1	50
Plum pudding	1	50
Meringues à la glace , les deux	1	50
Soufflé à la vanille	1	50
Charlotte russe	1	50

DESSERTS.

	F.	C.
Raisin de Fontainebleau		1
Pêche au sucre		
Orange au sucre		
Salade d'oranges		
Fraises au sucre		
Framboises au sucre		
Groseilles au sucre		
Nougat blanc de Marseille		80
Compote de pommes ou d'abricots		
Marmelade d'abricots		
Confitures de cerises	1	1
Gelée de groseilles	1	1
Pêche à l'eau-de-vie	1	
Abricot-pêche à l'eau-de-vie		75
Prunes à l'eau-de-vie les deux		75
Fraises à l'eau-de-vie		60
Biscuit à la crême		40
Macarons les quatre, ou biscuit de Reims les deux		60
Fromage de Chester		50
Fromage de Roquefort		60
Fromage de Brie		40
Fromage de Gruyère ou de Neufchâtel		30
Fromage d'Hollande		
Chinois au sucre ou à l'eau-de-vie les trois	1	
Groseilles de Bar , le petit pot	1	25
Compote de pommes, de poires ou de cerises		
Compote d'oranges ou de pruneaux	1	
Gelée de pommes	1	25
Quatre mendians		
Compote de prunes ou d'abricots		
Prunes de Monsieur, les trois		
Prunes de Reine-Claude, les trois		
Abricot-pêche, les deux		
Poire de bon chrétien		
Poire de Beurré		
Poire de Doyenné		
Pomme de Calvi		
Pomme de Reinette de Canada		
Pomme de Reinette		
Marron de Lyon		

	F.	C.
Bière		60
Bière Anglaise	2	
Eau de Seltz	1	

VINS ROUGES.

	F.	C.
Beaune	3	
Tavel	3	
Pommard	4	
Volnay	4	50
Nuits	4	
Richebourg	6	
Romanée	7	
Chambertin	6	
Clos Saint-George	6	
Hermitage rouge	6	
Bordeaux	5	
Château-Margaux	7	
Mouton	3	
Château-Lafitte	10	
Clos Vougeot	8	
Corton sieze	6	
Rosé mousseux 6 fr., frappé de glace	6	
Porto	6	
Côte-rôtie	6	

VINS BLANCS.

	F.	C.
Chablis	3	
Meursault	4	
Graves	4	50
Sauterne	5	
Champagne mousseux 6 fr., frappé de glace	6	
Ay non mousseux	6 f.	idem.	6	50
Tisane de Champagne 5 f.	idem.	5	
Montrachet	7	
Hermitage blanc	6	
Sillery 8 fr , frappé de glace	8	
Clos Johannesberg	12	
Hermitage-paille à la demi-bouteille	6	
Bourgogne mousseux 6 fr., frappé de glace	6	50

VINS DE LIQUEURS.

	F.	C.
Frontignan	le verre 75 c., la demi-bouteille	4	50
Constance , le verre 2 fr., à la demi-bouteille	4	
Veyremouth, le verre		
Madère sec, le verre 75 c., la demi-bouteille	4	
Malvoisy , le verre 1 f., la demi-bouteille	6	
Malaga , le verre 75 c., la demi-bouteille	4	50
Rota , le verre 75 c., la demi-bouteille	4	
Xérès , le verre 75 c., la demi-bouteille	4	
Chypre, le verre 1 fr., la demi-bouteille	4	50
Alicante, le verre 75 c., la demi-bouteille	4	
Lunel , le verre 60 c., la demi-bouteille	4	50

LIQUEURS FINES.

	F.	C.
Elixir de Garus		60
Café , 80 c.	la demi-tasse	60
Goutte de Maltbe		60
Eau cordiale		
Ratafia de Grenoble		40
Extrait d'absynthe		40
Genièvre d'Hollande		50
Crême de canelle		50
Crême de noyaux et crême de rose		50
Crême de fleurs d'orange		50
Crême d'absynthe		50
Crême de Menthe		50
Elixir d'absynthe candi		50
Rhum de la Jamaïque		60
Liqueur des îles	1	
Punch au Rhum		60
Maraquin		
Eau-de-vie de Cognac		30
Eau-de-vie d'Andaye		40
Eau-de-vie de Dantzick		60
Kirchwaser		60
Anisette surfine		50
Anisette d'Hollande		60
Huile de Rhum		50
Cuiraçao d'Hollande		60
Glace	1	
Crême de Pêko		75

뉴판에서 영어로 표기된 또 다른 항목은 비프스테이크$^{Beef-stakes}$ 뿐이다.) 왜 굳이 플럼 푸딩을 영어로 표기해서 영국적 뿌리를 환기시켰을까? 겉으로 보기엔 플럼 푸딩이 영국 음식이라는 상징성 때문이라고 생각할 수 있다. 하지만 이 메뉴 판이 작성된 시점은 19세기 전환기였고, 플럼 푸딩이 유명해진 것은 그보다 조금 뒤인 19세기 중반이다. 플럼 푸딩은 찰스 디킨스$^{Charles\ Dickens}$의 1843년 작《크리스마스 캐럴$^{A\ Christmas\ Carol}$》에서 크리스마스 관련 음식으로 등장하며 널리 알려졌고, 1845년 일라이저 액턴$^{Eliza\ Acton}$의 《현대 요리$^{Modern\ Cookery}$》에 크리스마스 푸딩$^{Christmas\ pudding}$이라는 이름으로 조리법이 소개되며 급격히 유명해졌다.

푸딩은 프랑스 식탁에도 올라왔지만 프랑스 요리로 완전히 받아들여지지는 않았다. 영어 표기를 쓴 것은 그 차이를 드러내려는 의도였을 수도 있다. 1915년에 출간된《파이브 로지스 요리책$^{La\ Cuisinière\ Five\ Roses}$》에도 비슷한 사례가 나온다. 프랑스어로 된 이 요리책에는 푸딩 레시피가 75가지나 있는데 대부분 프랑스식 철자 'pouding'으로 표기한다. 영국 색깔이 강한 **요크셔 푸딩**조차 'Pouding du Yorkshire'로 소개하는데 플럼 푸딩만 영어식 철자 그대로다.[1] 이런 맥락에서 보면 레 트로아 프레르 프로방소의 메뉴판은 영어 표기를 통해 플럼 푸딩의 중요성을 강조하고, 동시에 자신의 전통을 맥락 안에 놓으려 한 것으로 보인다. 언어학자 댄 주래프스키$^{Dan\ Jurafsky}$는 "메뉴판의 음식 설명에는 온갖 종류

부이용 샤르티에$^{Bouillon\ Chartier}$, 고즐랭 거리 7번지, 1905년, 인쇄 메뉴.

의 잠재적인 언어적 단서가 숨어 있다. 이러한 단서들은 우리가 지닌 부와 사회적 계층에 대한 인식을 반영하고, 사회가 음식을 바라보는 시각 또한 보여준다."[2] 라고 지적한 바 있다.

메뉴판의 기본 역할은 음식 선택을 돕는 역할이지만 그것만이 전부는 아니다. 손님의 흥미를 끌거나 궁금증을 불러일으키고, 유혹하는 것도 메뉴판의 목적이다. 이 점을 가장 잘 보여주는 예가 바로 메뉴 프랑스어menu French다. 19세기 중반, 프랑스식 서빙 관습에서 유래한 여러 식사 예절 용어들이 메뉴판에 프랑스어 형

그랑 부이용 샤르티에Grand Bouillon Chartier,
1907~1910년경, 사진.

태로 등장하기 시작했는데, 이 표현들은 본래 의미와 정확히 일치하지 않는 경우도 많았다. 그럼에도 이런 표현이 계속 사용된 이유는, 손님에게 요리를 명확히 설명하려는 목적보다 프랑스어가 주는 세련됨과 격조 높은 분위기를 전달하는 데 더 초점이 맞춰졌기 때문이다. 그 결과 메뉴판에는 손님에게 정보를 제공하기보다 '고급스럽다'는 인상을 만들어내는 독특한 요리 언어가 자리 잡게 되었다.[3]

메뉴판의 낭만적인 변화

이 책에서 메뉴판의 세계를 성대한 만찬처럼 탐험하려고 한다. 마치 뷔페에 간 손님이 원하는 음식을 골라 맛보듯이 메뉴판이 가진 다양한 면

모를 하나씩 살펴볼 것이다. 그 시작은 창의적인 디자인으로 손님들의 눈길을 사로잡았던 여러 메뉴판을 소개하고, 각각 어떤 질감과 어조를 가졌는지, 또 어떤 고객층을 겨냥했는지 들여다보는 일이다.

레스토랑들이 자신만의 고유한 고객층을 겨냥하기 시작한 것은 개업 후 어느 정도 시간이 흐른 뒤였다. 레스토랑 역사 연구자인 레베카 스팽Rebecca Spang에 따르면 파리의 초기 식당들은 요리 종류가 매우 한정적이었다. 그중 꼭 포함되어 있던 메뉴는 소화력이 약한 사람들을 위한 걸쭉한 보양식, 즉 수프였다. '회복하다'라는 뜻의 restaurer(레스토레)라는 단어가 이후 '레스토랑'이라는 이름의 뿌리가 된 것도 이 때문이다.[4]

21세기의 식당을 보면 고객 맞춤화가 상당히 발전했음을 알 수 있다. 마케터들은 아주 좁은 고객층을 정밀하게 겨냥해 유혹하는 전략을 쓴다. 특히 어린이용 메뉴에서 이런 현상이 두드러진다. 어린이 메뉴는 실제 소비자인 아이와 구매를 결정하는 보호자의 관심사를 동시에 고려해야 하기 때문이다. 런던의 앰퍼샌드 호텔Ampersand Hotel에서는 공상과학 콘셉트의 어린이용 애프터눈 티afternoon tea 세트를 내놓았다. 로켓 모양 받침대에 드라이아이스를 숨겨 안개를 피워내고, 실험실 접시에 잼을 담았으며 초콜릿 우주비행사와 먹을 수 있는 '별로 오래되지 않은' 화석까지 곁들여서 어린이는 물론 어른의 흥미도 끌었다.[5]

하지만 가치관과 태도는 시대에 따라 바뀌기 마련이다. 그래서 한때는 재미있게 여겨졌던 메뉴판이 오늘날의 대중의 눈에는 불편하게 다가오기도 한다. 미국 조지아주 애틀랜타에 있었던 매미스 샨티Mammy's Shanty라는 식당의 메뉴판 표지가 대표적인 사례다. 지금 보면 불쾌함을 느끼는 것이 당연하다. 이 메뉴판의 표지 그림에는 전형적인 매미

Mammy* 여성이 식사 시간을 알리는 종을 치고 있고, 앞쪽의 소년은 '어서 먹으러 가요'라고 말하듯 입맛을 다시며 식당을 바라보고 있다.

1980년대에 문을 닫은 미국 레스토랑 체인 샘보스Sambo's도 비슷한 문제가 있었다.[6] 샘보스는 1979년을 기준으로 1,117개에 달하는 매장을 운영하고 있었는데 샘보스라는 이름이 인종차별적이라는 논란이 불거졌다. 식당의 창업자인 샘 바티스톤Sam Battistone과 뉴웰 보넷Newell Bohnett의 이름을 합쳐서 만든 것이라고 해명했으나 이 주장은 먹히지 않았다. 샘보스라는 이름이

매미스 샨티, 1960년경, 인쇄 메뉴.

1899년 출간된 동화책《꼬마 검둥이 삼보》를 떠올리게 했기 때문이다. 이 동화책은 인종차별적 내용에 때문에 1956년을 끝으로 모든 도서관 서가에서 사라졌다. 사실 이조차도 결코 이른 대응은 아니었다.[7] 결국 샘보스는 연이은 폐업 끝에 바티스톤의 손자인 채드 스티븐스Chad Stevens가 운영하는 매장 한 개만 남게 되었고, 샘보스는 2020년 인스타그램을 통해 이런 입장을 발표했다.

---

* 백인 가정의 하녀로 일하던 흑인 노예 여성을 희화화한 캐릭터

저희 가족은 진심을 다한 고민 끝에 저희가 존중하는 이들의 호소에 좀 더 세심하게 귀를 기울여야 한다는 사실을 깨달았습니다. 이에 오늘 저희는 변화를 추구하는 이들과 연대하며 최선의 방식으로 그 노력에 동참하고자 합니다.[8]

이후 샘보스의 간판은 '평화와 사랑Peace & Love'으로 잠시 바뀌었다가 나중에는 채드스 카페Chad's Café가 되었다.

사실 인종차별적 메뉴판이라는 주제를 아예 다루지 않고 넘어가고 싶은 유혹도 크다. 실제로 지금까지 메뉴판을 다룬 수많은 책이 그런 선택을 해왔다. 그래픽 디자이너인 짐 하이만Jim Heimann은 자신의 책에 노골적인 인종차별적 메뉴판 이미지를 그대로 수록하기는 했지만, 현대적인 관점에서 문제를 제기하는 데까지는 나아가지 않았다.[9] 이런 불편한 주제에 정면으로 맞선 이들은 주로 사회학이나 소비자 문화, 음식문화를 연구하는 작가들이었다. 레스토랑 역사학자인 잰 휘태커Jan Whitaker와 기자이자 논평가인 나드라 니틀 Nadra Nittle이 대표적인 인물들이다. 휘태커는 매미스 샨티나 샘보스 같은 인종차별적 식당 이름을 문제화하고 백인 전용 식당이라는 것이 존재했던 암울한 시절을 상기시켰다.[10] 니틀은 "부적절한 브랜드명을 변경하는 데 왜 그토록 오랜 시간이 걸리는가?"라고 물으며 해로운 고정관념을 낭만화하고 정상화하려 했던 기업들의 시도를 비판했다.[11]

메뉴판은 낯선 문화를 의도적으로 낭만화해 소비하기도 한다. 아시아 문화를 '이국적인 것'으로 소비해온 전통이 그 예라고 할 수 있다. 서양에서는 아시아를 신비롭고 매혹적이지만 친근하게 다가갈 수 있는 이미지로 포장했는데, 식당의 홍보물 속 아시아 여성의 모습은 종종 백인에 가까운 외모로 묘

웨인 리Dan Wayne Lee, 칸스, 1953년, 인쇄 메뉴.

사되었다.[12] 19세기 후반부터 1980년대까지 북미 전역에는 중국 식당의 수가 급격히 늘었다. 식당 주인들은 중국 음식을 북미식으로 변형한 일명 '찹수이chop suey'를 내놓으며 현지 손님들을 공략했다. 그런 점에서 20세기 중반 샌프란시스코에 있었던 중국 레스토랑 칸스Kan's의 메뉴판은 특별하다. 이 식당은 1953년 당시 손님들에게 친숙했던 찹수이를 팔지 않겠다고 선언했다. 사실 미국 최초의 중국 음식점은 이미 1849년에 샌프란시스코에서 문을 열었다. 그러나 중국 식당이 본격적으로 자리를 잡은 것은 1915년 이후였다. 중국인 배척법의 예외 규정 덕분에 음식점 업주들이 상인 비자를 발급받을 수 있었기 때문이다.[13] 칸스의 메뉴판 뒤표지에 붉은색으로 강조된 문구 마지막 부분에는 이렇게 적혀 있었다.

"경고: 찹수이 주문 금지. 가짜 동양 음식을 거부하는 것이 우리가 추구하는 중국 음식의 본질에 대한 최고의 찬사다."

메뉴판이 보내는 유혹

오늘날 메뉴판은 식당에서 손님이 메뉴를 선택할 수 있도록 돕는 길잡이다. 메뉴판은 말 그대로 선택지를 제시해주는 도구이기 때문에 여러 가지 선택이 가능할 때만 필요하다. 반면 차림표bill of fare는 단순히 식당에서 제공하는 음식을 나열하고 있다. 정해진 가격에 미리 구성된 코스 요리를 내놓는 타블 도트table d'hôte*가 대표적이다. 하지만 메뉴판은 식당 안에서만 의미를 갖지 않는다. 시간이 지난 뒤 누군가 읽는 순간 당시의 문화를 보여주는 소중한 사료가 된다. 메뉴판에 장소와 날짜까지 기록되어 있다면 그 가치

---

* 미리 정해진 코스 요리를 정해진 가격에 제공하는 방식

는 더욱 높아진다. 호기심 많은 독자나 수집가, 학자들에게 메뉴판은 그야말로 보물과도 같다. 메뉴판은 그것이 사용될 당시의 사람들이 언제 어디에서 무엇을 먹었는지 보여줄 뿐 아니라 그 시대의 대중 예술과 인쇄 기법, 나아가 소통 기술의 변화까지 보여주기 때문이다. 뿐만 아니라 메뉴판은 사회·정치·문화·의학·상업·요리 역사의 흐름 속에 나타난 결정적인 변화의 순간과 끈질기게 이어진 연속성도 담고 있다.

전통 위에 올라선 메뉴판

이 책에서 내가 권하고 싶은 것은 '상상의 도약'이다. 역사 속 특정한 순간으로 돌아가 그 시절 사람들의 식탁에 앉아 그들의 눈으로 메뉴와 음식을 경험해보자는 것이다. 이 상상의 식탁에는 우리와 함께 메뉴판을 들여다보는 또 다른 시선들이 있다. 첫째는 과거의 메뉴판을 읽는 후대 독자들의 시선이다. 이들의 눈에는 그 사이 벌어진 역사적 사건과 지식들이 겹쳐 보일 것이다. 예를 들어 툴루즈 로트렉Toulouse-Lautrec의 그림이 들어간 메뉴판을 보는 독자는, 그가 한때 공짜 식사 몇 끼와 자신의 그림을 맞바꾸던 화가였지만 훗날 위대한 예술적 업적을 남긴다는 사실을 이미 알고 있다. 둘째는 어린이 메뉴판을 읽는 어른의 시선이다. 이 시선에는 영양에 대한 지식, 아이들의 입맛에 대한 이해, 그리고 어린 시절 자신이 좋아했던 음식에 대한 기억이 함께 담겨 있다.

여기에 더해 21세기를 살아가는 캐나다인인 나의 시선이 있다. 코로나19 팬데믹과 봉쇄 조치로 외식 문화가 변화를 겪었을 때 나는 이 책의 집필을 시작했다. 결국 캐나다라는 나라의 영향을 받았고, 캐나다인의 관점에서 사물을 바라보며 이 책을 집필했음을 미리 알린다. 원주민의 풍부한 유산 위에 여

베르사유의 카페 앙글레 베르사유, 1890년, 삽화 메뉴에 손글씨.

러 나라 이민자들의 다양성이 더해지며 형성된 이 사회에서 살아온 경험이 내 시각을 더욱 예민하게 만들었다.

이 책은 총 여섯 장으로 이루어져 있다. 1장 '눈이 즐거운 만찬'에서는 인쇄술과 예술, 그래픽 디자인이 정교하게 어우러진 복합적 산물로서의 메뉴판을 살펴본다. 메뉴는 식욕을 자극하고 특정 음식을 부각하며, 식사 경험을 개선하고 경험 자체를 만들어주기도 한다. 메뉴판은 미적인 대상인 동시에 텍스트적 문서라고 할 수 있다. 1890년 12월 4일, 생트바르브Sainte-Barbe 축일 기념 만찬에서 사용된 메뉴판에는 근심스러운 표정의 달님에게 작은 요리사가 음식을 먹여주는 삽화가 담겨 있다. 여기에 실린 **마렝고 닭요리**Poulet Marengo 는 1800년 나폴레옹Napoléon Bonaparte의 마렝고 전투 승리를 기리는 요리다. 이 요리에 쓰인 마늘 향 가득한 토마토소스는 생트바르브 축일을 가장 성대하게 기념하는 프로방스 지역의 전통과도 연관이 있다. 만찬이 열린 곳은 전설적인 레스토랑인 카페 앙글레Café Anglais였다. 《바베트의 만찬》(1958년 출간된 이자크 디네센Isak Dinesen의 단편 소설, 가브리엘 엑셀Gabriel Axel 감독이 1987년 덴마크에서 영화화해 아카데미상을 수상하며 널리 알려졌다.)의 주인공 바베트가 덴마크 유틀란트의 외딴 마을로 피신하기 전 주방을 맡았던 곳이자 움베르토 에코 Umberto Eco, 마르셀 프루스트Marcel Proust, 앨리스 B. 토클라스Alice B. Toklas 등 유명 작가들의 글에 언급된 곳이기도 하다.

어떤 메뉴판은 행사를 홍보하거나 유명한 인물이 담기는 경우나 디자인을 맡은 예술가의 이름값 때문에 기념품이 되기도 하지만, 자체적인 매력으로 존재감을 뽐내는 메뉴판도 있다. 2장에서는 귀중한 소장품이 된 메뉴판에 대해 살펴본다. 1920년대 물건으로 추정되는 접시 모양의 '피시 디너' 메뉴판이 바로 그런 부류에 속한다. 1920년대 제작된 것으로 추정되는 이 접시 모양의 메뉴판은 볼 때마다 시선을 끄는 여러 매력을 지니고 있다. 메뉴판은 런던 빌링스게이트 마켓에서 찰스 베스트Charles Best가 운영하던 쓰리 턴스Three Tuns 식당의 것으로 '심프슨의 명물 2실링 피시 디너'를 홍보하고 있다. 언뜻 보면 단순한 선술집 식사 메뉴처럼 보이지만, 심프슨의 피시 디너에는 두 가지 특별함이 있다. 첫째는 2실링이라는 저렴한 가격에 다양한 생선 요리와 양고기 뒷다리, 채소, 빵, 치즈까지 푸짐하게 맛볼 수 있다는 점이다. 둘째는 한눈에 들어오는 독창적인 디자인이다. 메뉴판 중앙의 생선 그림과 상하단의 핵심 문구는 붉은색으로 강조되어 시각적 인상을 더욱 강하게 남긴다. '런던 최고의 디너'를 판매하는 식당의 주인 이름이 '베스트'라는 사실 또한 위트 있게 다가온다. 이 메뉴판은 원래 일회용으로 제작된 소모품이었지만, 수집용 도자기 접시처럼 간직하고 싶은 물건으로 남게 되었다.

우리는 보통 지리적 경계의 변경이나 인구의 이동에서 세계 정치의 변화를 읽어낸다. 그러나 메뉴판을 통해서는 세계 음식문화가 진화해온 과정을 엿볼 수 있다. 3장 '세계 무대로 떠난 메뉴'에서는 세계박람회라는 한정된 공간에서 각국이 자국의 맛을 선보이고자 시도한 국가별 전시관의 메뉴판을 함께 살펴본다. 이국적인 여행지에 대한 설렘을 담아내면서도 익숙한 고향의 맛으로 균형을 맞추려 한 장소들의 메뉴판도 탐구한다. 이러한 메뉴판은 갈수록 세계화되는 세상에서 역동적으로 변화하는 국제 음식문화를 한층 세밀하게 그려낸다.

여행 산업의 성장 역시 어린이 고객을 위한 메뉴판이 등장하는 데 중요한 역할을 했다. 4장 '우리 안의 어린시절을 위한 메뉴'에서는 말 그대로 아이들을 위해 특별히 디자인된 메뉴판을 살펴본다. 어린이 입맛에 맞춘 요리로 채워진 이 메뉴판에는 식사 시간 동안 아이들이 흥미를 잃지 않도록 하는 다양

심프슨의 명물 2실링 피시 디너, 1920~1929년경, 인쇄 광고.

한 시각적 장치와 놀이 요소가 함께 담겨 있다. 우리는 과거의 메뉴판을 통해 당시 아이들의 흥미를 끌기 위해 어떤 전략이 사용되었는지, 또 아이들을 어떤 존재로 인식했는지를 엿볼 수 있다.

캘리포니아 패서디나에 있던 마더 구스 팬트리Mother Goose's Pantry라는 식당은 '마더 구스'라는 영미권 전래 동요에 등장하는 신발집 모양의 건물로 어린이와 어른 모두의 시선을 사로잡았다. 1959년에 사용된 신발 모양 메뉴판에는 '사탕', '껌', '마더 구스 아이스크림' 등의 항목이 포함되어 있어 얼핏 보면 어린이 전용 식당처럼 보인다. 하지만 영업시간이 오전 10시부터 새벽 2시까지였고, 메뉴판에 '담배'가 포함되어 있었다는 점을 보아 이곳이 성인 고객도 함께 겨냥한 식당이었음을 알 수 있다.

담배가 들어간 메뉴판 이야기는 5장 '건강을 위한 새로운 미식'으로 자연스럽게 이어진다. '건강한 삶'을 이루는 요소에 대한 정의, 그리고 건강한 음식을 찾아내고 공급하고 제공하고 소비하려는 노력은 세월 속에서 극적인 변화를 겪어왔다. 인류는 음식을 통해 영양분을 채우고 식욕을 충족시키면서도 건강을 돌보기 위해 노력해왔고 이러한 노력은 앞으로도 계속될 것이

캘리포니아주 패서디나의 마더 구스 팬트리 메뉴판, 1932년.

We take
this
opportunity
to
thank our many friends for their
kind patronage

MENU

TOASTED SANDWICHES

Roast Pork 25c
Roast Beef 25c
Baked Ham 25c
Mother Goose Rarebit...25c
Tuna 25c
Chili-Beans 20c
Special (4) Texas Tamales...20c
Home-Made Pie, per cut.....10c
  A la Mode..................15c
Meringue or Whipped Cream
  Top Pies, per cut..........15c
Mother Goose Ice Cream......10c

DRINKS

Mt. Baldy Frozen Orange
  Juice 10c
Sierra Club Ginger Ale.......15c
Coco-Cola (large) 10c
Eastside 15c
Milk, per glass............10c
Tea, per pot.............10c
  Coffee, with real
    Cream 10c
  Hot Chocolate 15c

TO TAKE WITH YOU

Mother Goose Ice Cream—
  Small Cartons 10c
  Double Deck Cones............10c
  Pint Cartons 35c

Special Texas Tamales—
  Three for 10c
  Eight for 25c

      Candy Bars and
        Gum 5c
      Cigarettes 15c

캘리포니아주 패서디나의 마더 구스 팬드리 메뉴판 내지, 1932년, 인쇄 메뉴.

마더 구스 팬트리, 1928년, 사진.

다. 1876년 필라델피아 세계박람회에서 루트 비어Root Beer가 처음 소개된 뒤 탄산음료는 점차 식당 메뉴에 자리 잡았다. 코카콜라Coca-Cola 역시 처음 세상에 등장했을 때는 만병통치약으로 여겨졌다. 이런 맥락에서 메뉴판이 넘어야 할 가장 중요한 경계는 지리적 경계가 아니라 '인식의 경계'라고 할 수 있다. 5장에서는 오늘날 우리에게 익숙한 건강식의 원칙들을 살펴본다. 그중에는 오랜 세월 변함없이 유지된 것도 있고, 흡연처럼 새로운 의학적 발견으로 폐기된 것도 있다.

1948년 뉴욕 병원New York Hospital의 점심 메뉴는 오늘날 병원식과 놀라울 만큼 비슷했다. '양을 적게 요청할 수 있음'이라는 문구는 이 메뉴가 예산과 비용 절감을 고려해 설계되었음을 암시한다. 동시에 식욕이 떨어진 환자나 단조로운 병원식에 지친 환자들의 요구를 반영했을 수도 있다. 단백질, 채소, 과일이 균형 있게 포함되어 있고, 포만감과 체중 유지를 위해 감자, 면, 빵 등도 제공됐다. 인공감미료가 없던 시절이라 후식에는 설탕이 들어갔겠지만, 양은 철저히 조절했을 것이다(아스파탐의 경우 안전성 논란이 제기된 만큼 앞으로의 병원식단에서는 배제될 가능성이 높다.). 지금의 독자들에게 다소 낯설게 느껴질 수 있는 것을 하나 꼽자면 아마 상온에서 발효시킨 버터밀크butter milk일 것이다. 당시 버터밀크는 구내식당이나 레스토랑 어디서든 쉽게 찾을

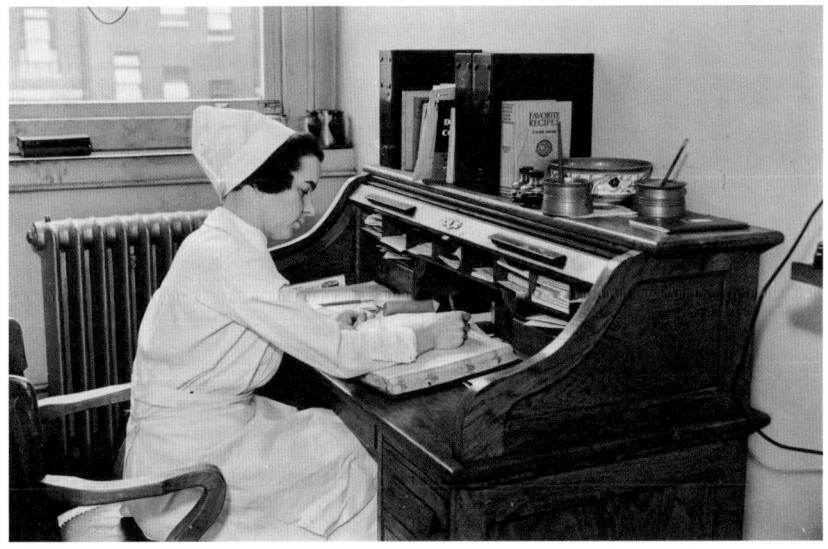

주간 식단표를 작성하는 세인트바톨로뮤병원의 영양사, 1939년, 노먼 킹슬리 해리슨Norman Kingsley Harrison 촬영 사진.

ROOM NO. *1209* NAME *Kathy* *7/45*

THE NEW YORK HOSPITAL
LUNCHEON MENU

CHARGES MADE FOR NOURISHMENTS NOT
INCLUDED ON REGULAR DIET
PLEASE UNDERLINE EACH ITEM DESIRED

CHECK HERE IF SMALL PORTIONS DESIRED.

Cream of Potato Soup-Buffet Wafers
Lemon Sherbet Cocktail

Grilled Hamburg Steak-Chili Sauce

Vegetable Plate: Grilled Tomato-Bacon Strip
Asparagus-Cheese Sauce
Candied Sweet Potato
Escalloped Noodles and Dried Beef

Au Gratin Potatoes   Whipped Potato
Buttered Wax Beans   Grilled Tomatoes
             Puree of Wax Beans

Mixed Fruit Salad-Whipped Cream Dressing

Parkerhouse Rolls   Melba Toast
Wholewheat Bread   White Bread
                Butter

Chocolate Chip Ice Cream
Marble Cake-Shadow Icing

Coffee   Hot Chocolate   Tea
Bottled Milk-Half Pint   Buttermilk
Cream   Sugar   Lemon

THURSDAY JUNE 24, 1948

GUEST DINING ROOM ON FOURTEENTH FLOOR
OPEN LUNCH 12-2   DINNER 6-7:30
CLOSED SUNDAYS AND HOLIDAYS

뉴욕 병원의 점심 식단표, 1948년, 인쇄 메뉴.

수 있는 대중적인 음료였다. 우유의 경우 20세기 초 위생 문제가 큰 논란이 있었던 만큼, 메뉴에 병 우유Bottled Milk라고 명시한 것은 저온살균 처리와 철저한 위생 관리를 강조하여 환자들을 안심시키려는 의도였을 것이다.

마지막으로 6장 '우리를 사로잡는 수수께끼 메뉴'에서는 상상력을 자극하는 메뉴판들을 살펴본다. 약 3세기에 걸친 역사를 되짚으며 그 속에 숨은 질문과 흥미로운 장치를 탐험하는 여정이 될 것이다. 여기에는 문제를 풀어야 주문할 수 있는 메뉴판부터, 일부러 손님을 혼란에 빠뜨려 어떤 요리가 나올지 알 수 없게 만든 메뉴판까지 다양한 사례가 등장한다. 이처럼 손님의 선택을 돕기보다 즐거운 혼란을 주는 메뉴판은, 과거의 손님들 뿐만 아니라 우리 같은 현대의 독자들에게도 그 즐거움에 동참할 기회를 준다. 손님의 참여를 유도하고, 유쾌한 체험인 동시에 교육적 기능도 수행하는 현대적인 메뉴판들은 우리의 호기심을 자극하고, 식사의 세계를 한층 더 풍부하게 확장시킨다.

메뉴판으로 떠나는 여행

우리는 식사할 때 무엇을, 언제, 누구와 먹을지 끊임없이 선택한다. 메뉴판은 이런 선택에 의미를 부여하려는 인간의 마음을 기록한 문서다. 식사 전에도, 식사 중에도, 식사 후에도 우리는 함께한 식탁의 경험을 하나의 이야기이자 추억으로 남기려 한다. 메뉴판은 바로 그 보편적인 욕구의 증인이다. 메뉴판은 상상의 여행으로 우리를 초대한다. 그것은 단순히 배고픔을 달래는 도구가 아니라, 바람을 이루고 호기심을 충족시키는 매개다. 시공간적으로 멀리 떨어진 독자들에게는 과거 식탁의 풍경을 엿볼 기회를 제공한다. 식사하는 사람과 독자 사이에는 수 세기라는 시간이, 때로는 대륙이라는 거리가 가로놓여 있을 수도 있다. 그러나 이 거리가 멀수록 우리는 메뉴판의 언어와 묘사를 더 깊이 해석하며 그 속의 세계를 풍성하게 읽어낼 수 있다.

이 책이 존재하는 이유도 바로 여기에 있다. 이 책은 메뉴판을 통해 독자들이 과거의 식사 장면에 마주할 수 있게 하고, 잘 드러나지 않는 미묘한 단서와 흔적을 발견할 수 있도록 안내한다. 나는 이어지는 장들에서 독자들에게 다양한 메뉴판을 제시하고, 그 속에 담긴 이야기를 함께 탐구하도록 이끈다. 때로는 한 장의 메뉴판을 여러 차례 반복해 살펴보기를 권하기도 한다. 과거에 대한 지식과 세심한 관찰을 통해 우리는 메뉴판 속에 깃든 한 끼 식사의 의미, 특정한 장소의 분위기, 특별한 손님의 참여, 메뉴의 삽화를 그린 예술가의 상징적 세계까지 읽어낼 수 있다. 메뉴판을 단순한 종이가 아니라 시간과 감각이 교차하는 문화적 기록물로서 바라보게 될 때, 우리는 메뉴판을 한층 더 깊이 음미할 수 있다.

시대를 거슬러 음식에 대한 관습과 취향이 형성되어 온 과정을 추적해야 하는 이유는 무엇일까? 식사 전통은 왜 중요할까? 식사 전통에는 우리가 식사에 의미를 부여하는 가장 근본적인 방식이 담겨 있다. 그렇기에 우리가 어느 시대에 어떤 방식으로 모여 배고픔과 공동체적 욕구를 채웠는지 생생히 보여준다. 그중에서도 메뉴판은 어떤 음식을 선택해왔는지를 통해 우리가 누구였는지, 또 어떤 존재가 되고자 했는지를 구체적으로 증언한다.

우리는 생존을 위해 음식을 필요로 한다. 메뉴판은 수 세기 동안 그 음식과의 만남에 생동감을 더하고 우리의 식사 경험을 기억할 만한 사건으로 만드는 데 기여해왔다. 책의 저자인 나도 독자인 여러분도, 어쩌면 식사가 끝나고 '설거지까지 마친' 시점에 메뉴판을 마주하려 하고 있다. 그러나 결말에 이르면 우리는 식사 후에만 찾아오는 마법 같은 시간을 맞이하게 될 것이다.

느긋하게 의자에 기대 앉아 차 한잔을 마시며 대화를 나누고, 그날 맛본 다양한 요리를 다시 떠올려보는 그런 시간 말이다. 그 시점에 이르러 다시 생각해보자. 메뉴판의 역할은 무엇일까? 단순히 식사에 대한 기대를 높이고 이미 먹은 것들을 되새기게 하는 매개일 뿐일까? 내 생각은 다르다. 메뉴판은 다양한 음식의 목소리를 통해 우리가 세계 속에서 어떤 위치에 있는지를 보여주는 기록이며, 시대마다 달라지는 전통과 취향의 변화를 기록한 산물이다. 이 생각이 여러분에게도 받아들여지기를 바란다.

눈으로 즐기는
만찬

Feasts for the Eyes

메뉴판이 없던 시절, 사람들은 음식을 고르지 않았다. 고대부터 중세 초반까지는 길거리 노점이나 주점에서 이미 준비된 음식만을 먹을 수 있었다. 가장 일반적으로는 여관이나 선술집에서 그날의 재료로 만든 음식 몇 가지를 알려주었고 주인이 주는 대로 먹었을 뿐이다. 외식은 오로지 끼니 해결을 위한 것이었다. 냉장이나 저장 기술이 부족했기 때문에 고정 메뉴를 만들 필요가 없었다. 당시에는 글을 읽을 줄 모르는 이들이 많았기 때문에 종이에 음식을 적더라도 실용성이 낮았다.

귀족들의 연회장에는 '정해진 식사'를 기록한 메뉴가 있었지만 손님에게 제공되는 것이 아니라 주방장과 하인에게 보내는 작업 지시서에 가까웠다. 요리 순서는 정해져 있었고 주문이나 개별 요리 선택도 없었다.

18세기 후반이 되어 프랑스 혁명 이후 귀족 전속 요리사들이 궁정에서 나오며 시장으로 향했고, 도시 곳곳에 식당이 늘어났다. 프랑스 거리에 '현대적인 레스토랑'이 등장하면서부터 메뉴판의 역사가 시작된 것이다. 식당들은 종이 한 장에 요리 이름과 가격을 적어서 손님들에게 건넸다. 누군가가 정해주던 식사에서 스스로 고르는 식사로의 전환이었고, 메뉴판은 그 변화의 상징과 같았다.

19세기에 들어서며 음식 산업의 발전과 함께 메뉴판은 빠르게 대중화되었다. 산업혁명으로 기차 여행이 활발해지고 호텔이 늘여났으며, 인쇄기술이 발달하자 각 식당만의 개성과 분위기를 담은 메뉴판이 탄생했다. 이번 장에서는 이러한 초기 메뉴판들의 여러 모습과 함께 20세기를 거쳐 더 실용적이고 이미지 중심으로 변한 메뉴판을 보여준다.

손님은 메뉴판을 읽으며 자신의 취향을 탐색했고, 각자의 선택들이 새로운 계층과 문화를 만들어냈다. 왕의 만찬과 호화 여객선의 메뉴판은 권위와 품격을 담은 유물이 되었고, 메뉴판에 실린 삽화나 소박한 레스토랑의 메뉴들은 대중의 일상을 기록하는 작은 문서가 되었다.

메뉴판은 우리가 어떻게 먹고, 무엇을 선택하며, 어떤 식사 경험을 해왔는지를 그대로 비춘다. 음식과 식당의 형태가 다양해지며 우리는 메뉴를 선택할 수 있게 되었고 메뉴판도 함께 변화했다. 오늘날 우리가 당연하게 넘기는 메뉴판 한 장에 담긴 식문화의 발전과 변천사를 볼 수 있는 것이다.

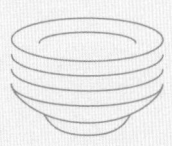

메뉴판은 한순간에 스쳐 지나가는 식사 경험을 붙잡아, 종이 위에 남긴 기록이다. 또한 훗날의 독자에게 과거의 어느 시점으로 상상의 여행을 떠날 수 있게 해주는 안내서이기도 하다. 대부분의 메뉴판이 디자인의 역사 속에서 하나의 이정표 역할을 하지만, 그중에서도 시각적으로 뛰어난 몇몇 메뉴판은 그야말로 '눈으로 즐기는 만찬'이 된다.

왕의 별장에서 열린 만찬

1751년 6월 루이 15세Louis XV의 별장인 슈아지궁에서 열린 만찬 초기 메뉴부터 살펴보자. 메뉴판의 테두리에는 아기자기한 인물 그림이 장식되어 있는데, 슈아지궁이 한때 사냥용 전원 별장으로 사용되었다는 사실을 보여준다. 사냥개를 대동한 사냥꾼들이 멧돼지를 겨누고 있고, 왼쪽 아래에는 여우 또는 사슴으로 보이는 동물은 구경꾼 같은 모습으로 서 있다. 알록달록한 열매와 여러 악기 그림은 자칫 투박해 보일 수 있는 연회용 메뉴판에 세련된 느낌을 더해준다.

메뉴판을 읽어보면 이날의 만찬이 풍성한 상차림의 프랑스식 서빙으로 진행됐다는 점을 알 수 있다. 도르망Dormant은 식사 초반에 식탁에 차린 후 끝까지 그대로 두는 요리를 뜻하는데, 여기서는 수렵육이 아닌 소고기와 송아지고기가 올랐다. 오이유Oilles 항목도 볼 수 있는데 이는 채소와 고기를 넣고 각종 양념을 더해 끓인 진한 스튜 요리다.[1] 메뉴에는 양고기, 소고기, 칠면조, 닭고기를 비롯하여 그림에는 등장하지 않는 비둘기나 메추라기 등의 수렵가금류 요리도 등장하며 껍질콩, 완두콩, 아티초크, 콜리플라워, 아스파라거스 등 채소 또한 다채롭다. 식사의 마무리를 장식하는 디저트인 프티 앙트르메 Petits Entremets로는 견과류와 크렘 드 쇼콜라Crème de Chocolat가 나왔고, 그에 앞서 를르베Relevés의 일부로 그랑Grands과 모와엥Moyen 앙트르메가 제공됐다. 를르베는 식사 초반에 나온 요리를 치운 뒤 새롭게 내는 '교체 요리'를 뜻한다. 이 만찬 메뉴판은 숨 막히게 더운 파리

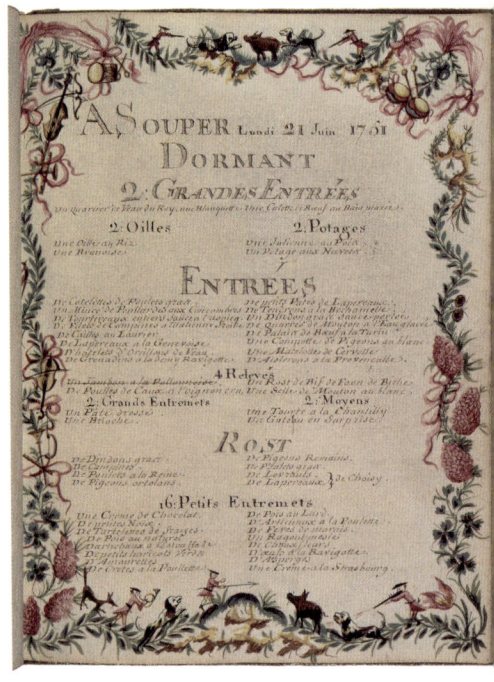

슈아지궁 만찬 메뉴판, 브랭 드 생트마리Brain de Sainte-Marie, 1751년, 삽화가 들어간 손글씨 메뉴판.

를 떠나 전원의 풍경을 즐기러 온 손님들을 환영하고 있다.

1757년 작성된 슈아지궁의 또 다른 메뉴판은 프랑스식 만찬의 순서를 명확하게 보여준다. 첫 번째 상차림인 오이유, 포타주Potages, 오르되브르Hors d'oeuvres로 시작하여 두 번째는 그랑드 앙트레Grandes Entrées, 세 번째는 모와엥 앙트레Moyennes Entrées로 이어졌다. 그랑드 앙트레로는 양고기나 소고기, 모와엥 앙트레로는 비둘기나 꿩 요리가 제공됐고, 이어지는 세 번째 상차림에서는 다른 수렵가금류와 샐러드가 등장했다. 마무리 코스인 앙트르메는 차가운 요리와 뜨거운 요리로 나누어 제공됐다. 이 메뉴판은 아기자기한 그림이

사라진 대신 기능적이면서도 우아하다. 무엇보다도 모든 요리를 빠짐없이 기록한 것 자체가 시대를 앞선 일이었다. 음식을 한꺼번에 차렸던 프랑스식 연회의 특징을 생각하면 메뉴판은 거의 불필요했기 때문이다. 손님들은 대개 손이 닿는 거리에 놓인 음식만 먹었기 때문에 먹을 수 있는 요리는 앉은 자리에 따라 결정됐고, 모두가 모든 요리를 맛볼 수 있을 거라 기대하지도 않았다. 모든 요리를 명시한 이런 메뉴판은 추후 근대 파리 레스토랑에서는 보편화됐지만 18세기 당시로서는 혁신적이었다. 손으로 하나하나 적은 이 메뉴판은 아주 귀한 것이었겠지만 손님들은 왕실의 은혜를 기억할 기념품으로 소유를 허락받았을 것이다.

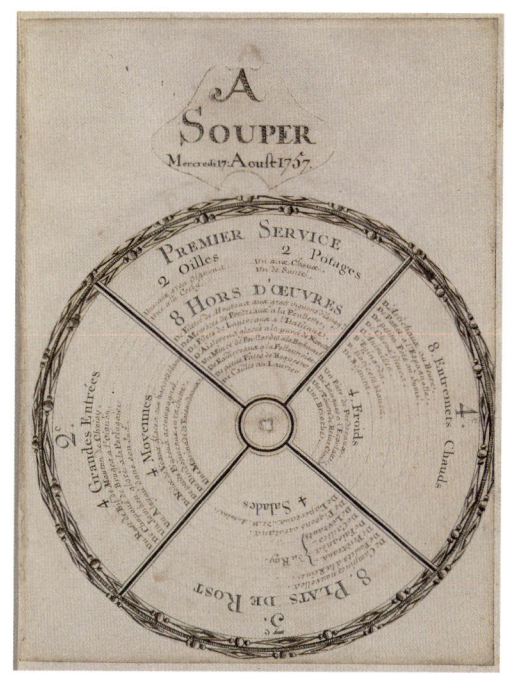

루이 15세의 만찬 메뉴판, 브랭 드 생트마리, 1757년, 손글씨 메뉴판.

메뉴판에는 식사가 진행된 날짜나 장소가 함께 적히는 경우가 많다. 삽화와 디자인적 요소는 때로 메뉴판의 핵심적 메시지를 분산시키지만, 동시에 현재를 음미하게 하고, 당당하고 우아한 미래를 상상하게 하며, 과거를 되새기게 함으로써 그 메시지를 한층 풍부하게 만들어준다.

레 상 비블리오필Les Cent Bibliophiles*은 20세기 전반 파리에서 활동한 문학

---

* '100인의 애서가(愛書家)'라는 의미를 지니고 있다.

단체로《악의 꽃》을 쓴 샤를 보들레르Charles Baudelaire나《제르미날》을 쓴 에밀 졸라Émile Zola 같은 유명 작가들이 회원이었다. 이 문학 단체가 주최한 정기 만찬 메뉴판에는 검은 리본 형태의 독특한 머리 장식을 쓴 알자스 전통 복장의 여성이 프랑스 국기를 흔드는 모습이 담겨 있다. 삽화를 통해 프랑스 민족주의와 전쟁 이전의 역사를 상징하는 것이다. 또한 만찬 몇 달 전에 이루어진 제1차 세계대전의 종전을 기념하는 의미도 담겨 있다. 종전의 결과로 프랑스는 40여 년 간 독일에게 빼앗겼던 알자스 지방을 되찾았기 때문이다. 이렇듯 삽화에는 알자스 지역 정서를 담았지만, 만찬의 요리는 누가 봐도 '파리지앵'을 떠올리게 만드는 점이 흥미롭다. 예를 들어 메뉴판에 등장하는 솔 마르그리Sole Marguery는 동명의 파리 레스토랑에서 탄생한 유명 요리로, 알자스 지역 요리와는 거리가 멀다.

당시 활동했던 프랑스 예술가들에게 이러한 명망 높은 단체가 개최하는 특별한 행사의 메뉴판 작업은 명예로운 기회였다. 레 상 비블리오필도 그런 단체 중 하나였다. 이 단체의 여름 정기 연회 메뉴는 갑각류로 만드는 걸쭉한 수프인 **비스크**bisque, 고기나 채로 육수로 맑게 끓여낸 수프인 콩소메consommé, 그 외 어류와 가금류 요리, 다양한 프랑스식 디저트에 완벽하게 어울리는 와인이 곁들여지는 풍성한 구성을 자랑했다.

1913년 여름 연회 메뉴판은 파스텔화가 에밀 오귀스트 르노Émile Auguste Renault가 맡았다. 말로 르노Malo-Renault라는 활동명을 사용한 그는 연회 메뉴판에 깃털 장식 클로슈 모자를 쓰고 늘씬한 살루키 사냥개와 즐거운 시간을 보내는 세련된 여인을 등장시켰다. 만찬을 구성한 요리에서는 당시 유명 셰프였던 오귀스트 에스코피에Auguste Escoffier의 영향이 느껴진다. 후식 부분의 프레즈 멜바Fraises Melba는 에스코피에가 소프라노 가수 넬리 멜바Nellie Melba를

레 상 비블리오필 정기 만찬 메뉴판, 1919년 2월 26일, 인쇄 메뉴.

에밀 오귀스트 르노, 레 상 비블리오필 정기 만찬 메뉴판,
1913년 6월 13일 인쇄 메뉴.

위해 만든 **페슈 멜바**Pêches Melba를 변형한 것으로, 딸기와 아이스크림, 휘핑크림을 층층이 쌓은 디저트다. 메뉴판의 아르누보풍 삽화는 화창한 여름날을 즐기는 세련된 젊은 여성과 날렵한 개의 모습으로 근대 특유의 낙관적이고 진보적인 분위기를 담았다. 그러나 안타깝게도 이 메뉴판을 보는 현대의 독자들은 그 화창함에 드리우는 먹구름을 미리 알고 있었을 것이다. 만찬이 개최된 바로 이듬해에 프랑스를 비롯한 동맹국들이 제1차 세계대전의 참화에

아돌프 보프레르, 1907년 레 상 비블리오필 여름 정기 만찬 메뉴판, 인쇄 메뉴.

휘말리는 사실을 알고 있기 때문이다.

　레 상 비블리오필 만찬 메뉴판 중 가장 인상적인 것을 꼽으라면 역시 아돌프 보프레르Adolphe Beaufrère의 삽화가 들어간 1907년 메뉴판이다. 〈양말Les Bas〉이라는 제목의 이 삽화는 의자에 앉은 채 옷을 벗고 있는 여인의 은밀한 초상을 담고 있다. 양말을 벗는 여인의 동작은 보는 이의 시선을 오른쪽 아래로 이끈다. 왼쪽 하단 구석에 배치된 요리 목록은 흘러내린 속옷 주름이 만들어낸 은밀함과 다르게 별로 중요하지 않다는 듯 덧붙여져 있다. 왼쪽 상단의 고전 조각상과 꽃병의 꽃은 여인이 앉은 각도와 분위기에 어우러지며 고전적 미감을 드러낸다. 음식 가짓수만큼이나 다양한 와인리스트, 그리고 삽화 속 여인의 나른한 모습은 이 여름 만찬이 느긋하고 여유로운 분위기로 진행될 것임을 암시하고 있다.

식탁 위에 펼친 화폭

메뉴판 작업에 참여해 서명을 남긴 예술가들에 대해서는 한 권의 책이 나올 만큼 많은 이야기가 있지만, 특히 주목할 만한 인물 한 명을 중심으로 살펴보려 한다. 그는 여러 메뉴판 제작에 참여했을 뿐 아니라 빈센트 반 고흐Vincent van Gogh, 에드가 드가Edgar Degas와 함께 세기말 파리 예술계에서 활발히 활동한 예술가다. 유명 화가들이 식당의 메뉴판 삽화를 그렸다는 사실이 다소 의아하게 느껴질지도 모르겠다. 오늘날 이러한 거장들의 이름을 식탁보다는 미술관에서 접하는 것이 훨씬 익숙하기 때문이다.

툴루즈 로트렉을 메뉴판 삽화의 세계로 이끈 것은 무엇이었을까. 그는 귀족 가문에서 태어났으나 십대 시절 여러 차례 사고를 겪으며 심각한 부상을 입었다. 신체의 불편함으로 인해 귀족 사회가 즐기던 사교와 스포츠 같은 야외 활동에서 멀어졌지만, 대신 예술에 몰두하며 파리의 거리와 카페, 댄스홀을 중심으로 살아가는 중하류층의 일상을 화폭에 담기 시작했다.

프랑스 미술 전문가 코라 마이클Cora Michael은 로트렉을 "방탕한 생활로 이름을 날린 귀족 출신의 알코올중독 왜소증 환자"라고 평한다. 하지만 귀족적 취미를 즐길 수 없었던 로트렉은 예술에 몰두하며 19세기말 파리 사람들, 그 중에서도 중하류층의 삶을 화폭에 담는 데 집중했다.[2] 로트렉의 예술적 경력은 두 가지의 중대한 문화적 흐름과 맞물려 있다. 바로 근대 판화기법의 태동과 야간 유흥문화의 유행이었다.[3] 미술사학자 앨런 번홀츠Alan Birnholz는 로트렉의 화풍을 이렇게 평가했다.

> 로트렉은 선과 색채를 자유자재로 사용하며 그 자체로써 움직임의 개념을 전달했다. 로트렉의 선은 해부학적 정확성에 얽매이지 않았고, 강렬한 색채의 병치는 맥동하는 리듬을 만들어냈다. 원근법을 의도적으로 무시하여 인물과 배경의 관계를 역동적이면서도 불안정하게 표현하는 것 또한 특징이었다. 로트렉은 인물의 다리 부분을 과감히 생략하곤 했는데, 이것이 성장을 멈춘 쓸모없는 자신의 다리에 대한 로트렉의 반응이라 해석하는 이도 있지만 사실 이런 구성은 구체적 움직임을 배제하여 오히려 움직임의 본질을 드러내는 효과를 냈다. 그 결과 생동감과 에너지가 넘치는 작품들이 탄생했고, 그의 작품이 품은 형식적 추상성과 평면성은 20세기 초 야수파와 입체파의 등장을 예고했다.[4]

툴루즈 로트렉은 1880년대부터 포스터 삽화를 그리기 시작했다. 이 작업을 통해 그는 "이젤 회화의 한계를 벗어나 예술적 영향력을 넓힐 기회를 잡게 됐다"[5]고 전했다. 존 데이비드 아이크John David Ike는 로트렉에 대해 이렇게 말했다. "아마도 그의 가장 큰 공헌은 몽마르트 주변 여러 댄스홀의 독창적이고 상징적인 석판화 포스터, 그리고 북적이는 댄스홀을 채웠던 노동계급 매춘부와 귀족들의 모습을 친밀하게 담아낸 유화일 것이다."[6] 이렇듯 포스터는 상품과 예술가를 동시에 홍보한다는 점에서 예술가에게도 마케터에게도 매력적인 도구였다.[7] 포스터 작업은 로트렉에게 한층 더 자유로운 창작의 기회

앙리 드 툴루즈 로트렉, 파리 자유극장에서 상연된 에밀 파브르 작 4막 희극 〈돈〉 공연 프로그램, 1895년, 석판화.

를 열어줬다. 미술사학자 루스 E. 이스킨Ruth E. Iskin이 그의 작업에 대해 한 말이다.

> 포스터 작업은 로트렉이 대담한 혁신을 선보인 주요 무대였다. 그는 형태를 간소화하고 색면을 평면화했다. 명암 조절을 피하고 선명한 색채와 뚜렷한 윤곽선을 사용했으며 표면성을 강조하고 대담한 구성과 인상적인 시점을 활용했다.[8]

로트렉은 서른여섯이라는 이른 나이에 비극적인 죽음을 맞았지만, 아방가르드 예술의 방향을 결정짓는 데 크게 기여했다.[9] 1895년 파리 자유극장에서 상연된 에밀 파브르Emile Fabre의 연극 〈돈L'argent〉의 공연 프로그램에서는 로트렉의 대담한 화풍과 다리 부분이 가려진 인물들을 볼 수 있다.

로트렉이 작업한 메뉴판 삽화들은 과감한 인물 묘사와 섬세한 스케치 선으로 풍부한 장면을 연출한다. 로트렉의 서명은 그가 상류층 사교 생활에 직접 참여한 사실이고 삽화들은 동시대 파리 생활을 기록한 중요한 자료이기도 하다. 예를 들어 1896년 12월 23일자 메뉴 삽화는 크리스마스 시즌을 맞아 한껏 들뜬 분위기를 풍자적으로 담아냈다. 삽화에는 촛불을 든 잠옷 차림의 남성이 등장하는데, 이 남성은 젊은 여성에게 옆에 있는 악어만큼이나 위협적인 존재로 그려진다. 메뉴의 요리 목록은 평범한 프랑스 음식들인 편이다. 굴, 수프 두 종류, 사슴고기, 샐러드, 초콜릿 무스, 와인, 샴페인으로 구성되어 있다. 삽화를 그리고 있는 로트렉 자신의 모습을 그려 넣은 점도 흥미롭다.

이보다 하루 앞선 12월 22일자 메뉴 삽화는 좋은 벗과 나누는 축하 식사의 필수 요소들을 강조했다. 그 필수 요소란 바로 전통에 경의를 표하고 좋은 와인을 즐기며 우아하고 다정한 여인들과 어울리는 것이었다. 당대 파리지앵 스타일을 잘 포착해낸 간결하고 아름다운 삽화도 있다. 메뉴판에 적힌 만찬 시작 시간은 저녁 8시, 삽화 속 우아한 여성은 만찬에 어떤 차림으로 갈지 생각하며 모자를 고르고 있다. 로트렉은 메뉴판의 삽화에 일상적인 장면들을 그려 넣음으로써 대중문화 속으로 들어가 자신의 예술적 스타일과 영향력을 강화했다. 이는 로트렉에게 예술적 자산이 되어 그가 더 진지하고 값비싼 작품 세계로 나아가는 발판이 됐다.

다른 예술가들도 메뉴판의 대중적 파급력을 활용해 돈벌이에 나섰다. 이들

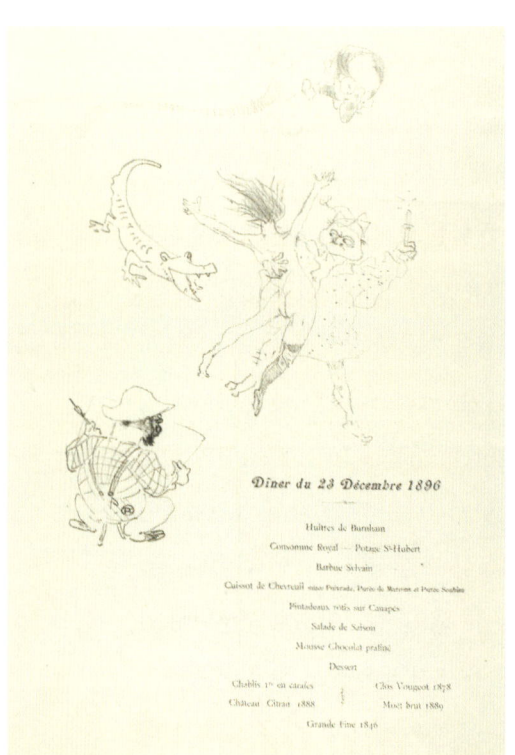

앙리 드 툴루즈 로트렉, 르 크로코딜Le crocodile 메뉴판, 1896년, 석판화.

앙리 드 툴루즈 로트렉, 르 스위스Le Suisse 메뉴판, 1896년, 석판화

은 당대 유흥 문화를 손님들의 취향에 맞춰 거리낌 없이 담아냈다. 영국의 삽화가이자 만화가 윌 오언Will Owen의 경력 역시 근대 판화의 발달과 야간 유흥 문화의 유행과 맞물려 있었다. 그의 삽화집 《올드 런던 타운Old London Town》을 비롯한 작품들은 제1차 세계대전 이후 귀환한 병사들에게 따뜻하고 향수 어린 런던의 모습을 보여주려는 영국인들의 애국적 정서와도 맞닿아 있었다.[10]

찰스 디킨스의 《올리버 트위스트Oliver Twist》에 등장하는 약삭빠른 캐릭터인 아트풀 다저를 그린 삽화는 왕립우편선 아마데일 캐슬호의 만찬 메뉴판에 쓰이기도 했다. 《올리버 트위스트》는 이 메뉴판이 인쇄된 1922년에 무성

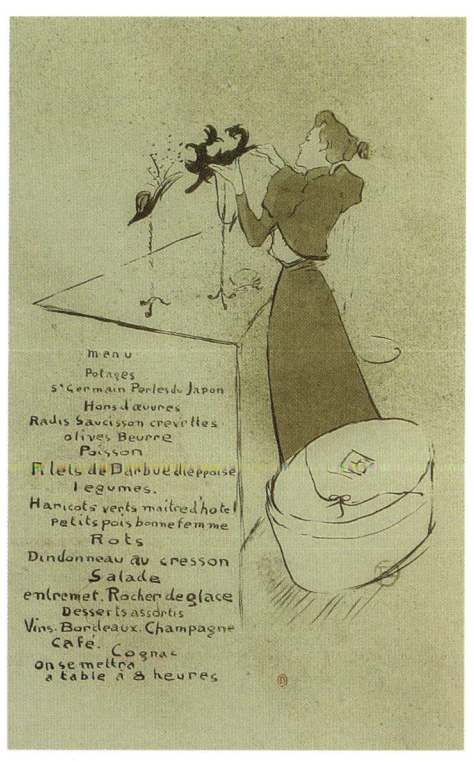

앙리 드 툴루즈 로트렉, 라 모데스트La Modeste 메뉴, 1893년, 컬러 석판화.

RMS 아마데일 캐슬RMS Armadale Castle 메뉴, 1922년, 인쇄 메뉴.

영화로 제작되어 해외 배급에 들어갔다. 대중문화에 호소하는 오언의 삽화는 일반 대중의 공감대를 사며 영국적 정체성을 환기시켰고, 선사는 이를 활용해 대중에게 친근하게 다가가며 자사의 영국적 뿌리를 강조했다.[11]

어찌 보면 윌 오언의 작품들은 당대에 유행했던 문화적 흐름 속에서 영국이 치열하게 싸우며 수호해온 국가적 정체성과 생활양식을 공고히 하는 역할을 했다고 볼 수 있다. 같은 시기 그가 만든 다른 메뉴판 중에는 전후의 엄혹한 현실을 잠시 벗어나게 해주는 것들도 있었다. 특히 1922년 새해 전야제 메뉴판은 전쟁을 뒤로 하고 새로운 시대를 맞이하자는 상징적 이미지를 십분 활용했다.

1922년에 제작한 미국의 애틀랜틱시티 앰배서더 호텔The Atlantic City Ambassador Hotel 메뉴판은 흥겨운 축제 분위기로 손님들에게 새해 인사를 전한다. 삽화에 그려진 두 사람의 즐거운 모습을 보면 당시 미국에서 금주법이 시행되고 있었다는 사실은 전혀 느껴지지 않는다.(호텔이 위치한 뉴저지주에서는 1919년부터 1933년까지 금주법이 시행됐다.) 샴페인 잔을 들어 건배할 수 없었던 손님들은 삽화 속 꽃가루를 보며 새해 기분을 만끽했을 것이다.

1930년대에 제작된 몬트리올 피카딜리 클럽Piccadilly Club 메뉴판은 세련된 기대감으로 시선을 사로잡는다. 표지에는 목도리와

디 앰배서더, 새해 전야 만찬New Year's Eve supper, 1921년, 인쇄 메뉴.

피카딜리 클럽 메뉴판 표지, 1930년대, 인쇄 메뉴.

실크모자를 쓴 남성이 우아한 여성과 팔짱을 끼고 걷는 장면이 그려져 있다. 네 가지 색조로 표현된 이 삽화는 몬트리올을 유행의 최첨단을 달리는 국제적 도시로 묘사하며, 예술의 신 아폴로마저 주목하는 도시로 만들었다. 그러나 표지를 넘기면 메뉴 구성은 기대에 미치지 못한다. 몬트리올만의 특색 있는 음식은 없고, 어디서나 볼 수 있는 평범한 요리만 가득하다. 메뉴 설명 또한 손님들이 미식에 익숙하지 않다는 전제를 깔고 있다. 몬트리올 명물 스모크드 미트smoked meat는 평범하기 짝이 없는 **콘드 비프**corned beef다. 웨일스식 레어빗Welsh rarebit은 '폭신한 치즈를 얹은 토스트'라는 설명을 달고 있다. 화려한 표지에 비해 단조로운 메뉴 구성이라고 볼 수 있다.

피카딜리 클럽 메뉴판, 1930년대, 인쇄 메뉴.

피카딜리 클럽의 메뉴판이 당시 사람들이 상상하던 미래의 모습을 통해 현대적인 세련미를 강조했다면, 프랑스 대형 해운회사의 여객선인 일 드 프랑스Ile de France는 정반대의 전략을 택했다. 1927년 메뉴판이지만 삽화 속에는 1887년이라 적혀 있으며, 등장인물들은 19세기 복장이다. 아버지, 어머니, 어린 아들로 구성된 가족은 여행용 가방과 옛 복장을 통해 지나간 시대의 우아함을 표현하고 있다. '어제의 여행자들'이라는 부제는 이 삽화가 과거를 향해 가고 있음을 명확히 보여준다. 당시 손님들 또한 이를 선명히 느꼈을 것이다.

1887
On board French Line Steamers
Voyageurs d'hier

여객선 일 드 프랑스호의 저녁식사 메뉴판, 1927년, 인쇄 메뉴.

식탁을 통해서나마 다른 나라나 문화, 시대로 여행을 떠나고자 하는 소망이 다양한 메뉴판을 통해 실현되기도 한다. 그리고 실제로 대양을 건너는 항해에 나선 여객선 가마쿠라 마루호의 승객들에게는 그 소망이 실현되기도 했다. 이 여객선의 고급스러운 메뉴판에는 일본 사무라이의 모습이 담겨 있지만, 손으로 정성스럽게 작성한 1900년 8월 26일자 메뉴표에서 일본 음식은 전혀 찾아볼 수 없다. 메뉴표를 채운 것은 비교적 평범한 다진 닭고기와 햄 패티, 삶은 앤초비Anchovy, 호스래디시 소스horseradish sauce를 곁들인 소고기, 커런트 잼currant jam을 곁들인 오리고기 등이었다. 모험심 강한 승객들은 커리

여객선 가마쿠라 마루호의 메뉴판, 1900년, 인쇄 메뉴와 손글씨.

새우 라이스Curry Prawns Rice에 도전했을 수도 있다. 요즘에는 플럼 푸딩을 크리스마스 음식으로 인식하다 보니 여름 메뉴판에 후식으로 올라간 게 의아할 수도 있다. 그러나 19세기와 20세기 초까지는 계절과 상관없이 식사의 마무리로 플럼 푸딩을 즐기곤 했다. 메뉴에 '가짜 거북mock turtle' 수프가 있는 것을 보면 진짜 거북이가 수프 냄비에서 탈출이라도 한 것인가 하는 생각이 들지만, 1900년 당시 거북 수프에 진짜 거북이가 들어 있을 거라고 기대할 사람은 아무도 없었을 것이다. 당시 거북이 고기는 매우 구하기 힘든 값비싼 식재료였기 때문이다. 가짜 거북 수프는 원래 재료였던 푸른바다거북이가 남획으로 희귀해진 18세기 중반에 처음 등장했는데, 거북이 고기의 식감을 흉내 내기 위해 다른 동물의 내장 등을 활용했을 뿐이다. 이 수프는 저렴한 가격으로 큰 인기를 끌었고 영국과 미국의 대표적인 요리로 빠르게 자리 잡았

콩그레스 호텔의 차 메뉴판, 1908년, 인쇄 메뉴.

다. 루이스 캐럴Lewis Carroll은 1865년 발표한 소설《이상한 나라의 앨리스Alice's Adventures in Wonderland》에 상상의 동물 '가짜 거북'을 등장시켜 독자들에게 즐거움을 주기도 했다.

여행을 떠나지 않고도 이국적인 분위기를 즐기게 해주는 메뉴판도 있었다. 1908년 1월 시카고 콩그레스 호텔의 일본식 다실은 평온한 연꽃 그림에 연보라색 연꽃 그림에 연보라색 리본으로 장식된 메뉴판에는 오렌지 페코orange pikoe와 흥미로운 이름의 하우다howdah 차, 그리고 프랑스 과자patisserie francaise가 기재되어 있었다. 설탕에 절인 파인애플, 생강, 오렌지, 향신료를 입힌 피칸, 아몬드, 피스타치오 같은 특별한 다과는 정어리 샌드위치나 토스트 같은 일상적인 음식에서 잠시 벗어나게 해주었다. 물론 1인당 50센트의 기본 가격으로는 정어리 샌드위치와 토스트까지만 주문할 수 있었다.

미래의 메뉴판

이제부터 살펴볼 두 가지 흥미로운 자료는 메뉴판이 시각적 이미지를 통해 상상의 세계로 우리를 초대할 수 있음을 보여준다. 첫 번째 이미지는 엄밀히 말하면 메뉴판은 아니지만, 레스토랑이 우리를 전혀 다른 세상으로 데려갈 수 있음을 상징적으로 표현한 그림이다. 프랑스 화가 알베르 로비다Albert Robida의 1902년 작품 〈서기 2000년의 오페라극장 출구Le Sortie de l'opéra en l'an 2000〉 일부를 확대한 이 이미지는 레스토랑이 하늘 위 높은 곳에 위치한 미래의 모습을 그리고 있다. 배경에는 1889년에 완공된 에펠탑이 서 있으며, 뿌연 스모그는 산업혁명의 여파로 20세기 초부터 본격적으로 드러난 대기오염 문제를 반영한다. 우리는 이미 2000년을 훌쩍 지난 시대를 살고 있지만, 안타깝게도 로비다가 상상했던 만큼의 화려한 공중 시설은 아직 실현되지 않았다.

두 번째 이미지는 로비다가 1883년 발표한 공상과학소설 《20세기Le Vingtième Siècle》 속 장면이다. 이 소설에는 여러 삽화가 등장하는데, 그중에서도 샹젤리제에 위치한 식품 공급 기업이자 레스토랑인 새로운 식량 회사에 대한 묘사가 특히 흥미롭다.[12] 소설 속에서 셰프는 수석 엔지니어라는 직함을 달고 이 회사의 운영을 지휘한다. 로비다가 상상한 1950년대의 파리에서도 손님들은 여전히 전통 있는 포도원에서 생산된 숙성 와인을 귀하게 여긴

알베르 로비다, 〈서기 2000년의 오페라 극장 출구〉 삽화 일부, 1902년, 채색 석판화

다. 부르고뉴의 코트 드 본Côte de Beaune 지역에서 생산된 포마르Pommard 와인을 본뜬 '1920년산 포마르 와인'이 소설 속 가상의 메뉴판에 등장하는 것도 그 때문이다. 이 와인은 오랜 숙성과 저장에 적합한 레드 와인이다. 메뉴판에는 1925년산 생테밀리옹 마데이라Madère, Saint-Émilion 1925도 등장한다. 이는 생테밀리옹을 원산지로 하는 강화 와인으로 '수 세기 동안 변질되지 않고 보관할 수 있다'고 알려져 있다.[13] 이 두 와인은 로비다가 소설을 집필하던 당시에도 이미 명성이 자자했기에 수십 년이 지나도 훌륭한 와인의 기준으로 남을 것이라 자신할 수 있었을 것이다. 다만 책이 쓰이던 당

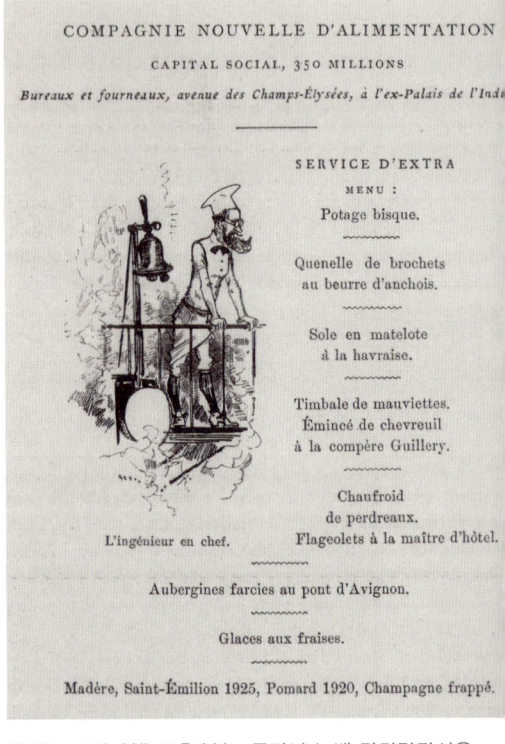

알베르 로비다Albert Robida, 콩파니 누벨 달리망타시옹 Compagnie nouvelle d'alimentation, 《르 뱅티엠 시에클Le vingtième siècle》 1883년, 삽화 및 인쇄 텍스트.

시 이미 등급 분류를 마친 상태였던 마고나 포이약 지역의 와인 대신 앞의 두 와인이 언급된 것은 조금 의아하기도 하다. 코트 드 본 레드 와인은 같은 부르고뉴에 위치한 코트 드 뉘Côte de Nuits산 레드 와인에 비해 위상이 낮기 때문이다. 또한 생테밀리옹은 지롱드 오른쪽 강변에 위치해 있는데, 보르도 와인 공식 등급이 도입된 1855년 당시에는 왼쪽 강변의 포도원만 포함된 상태였다(생테밀리옹은 1955년에 가서야 별도의 등급 분류를 받았다).[14] 메뉴판 항목 중 샹파뉴 프라페Champagne frappé는 얼음을 채워 아주 차게 내놓는 샴페인이다.

21세기를 사는 우리에게는 대수롭지 않게 느껴지지만, 사실 당시 얼음은 상당히 귀한 사치품이었다. 그런 얼음을 넉넉히 사용하여 샴페인 병을 차갑게 식힌다는 발상은 1913년에 이르러서야 등장한 냉장기술을 미리 예견한 듯하다.[15] 메뉴판의 요리 구성도 흥미롭다. 비스크 수프로 시작해 앤초비 버터를 곁들인 강꼬치고기 크넬quenelles* 사슴고기, 자고새, 가지 요리로 이어진 후 딸기 아이스크림으로 마무리되는 고전적인 프렌치 코스의 틀이 유지된 것을 볼 수 있다.

시각적 음식이 던지는 생각거리

앞서 살펴본 로비다의 상상력 넘치는 미래상은 자연스럽게 이번 장의 마지막 주제로 이어진다. 지금부터는 식사와 상차림, 그리고 식사 후에 남겨진 흔적들까지 포함한 물질문화가 어떻게 예술로 바뀔 수 있는지를 살펴본다. 1963년 3월 14일, 예술가 다니엘 스포에리Daniel Spoerri는 파리의 한 미술관에서 팝업 레스토랑을 운영하며 〈723개의 조리 도구723 Cooking Utensils〉라는 파격적인 전시를 열었다. 개막 공지에는 최대 10명까지만 식사가 가능하고 메뉴는 사전에 선택해야 한다는 안내가 있었다. (단, '이국적인 뷔페buffet exotique가 열리는 날에는 20명까지 수용할 수 있었다.) 셰프이자 예술가로 활동한 스포에리는 이 프로젝트가 현실을 그대로 차용해 예술화한 신사실주의New Realism 작품이라는 점을 초대장에 명시했다.

이 전시는 여러 면에서 이례적이었다. 무엇보다 서빙을 맡은 사람들이 모두 유명한 평론가들이었다. 식욕을 돋우는 월요일 메뉴 담당은 신사실주의

---

* 작은 생선을 갈아 반죽하여 굽거나 삶은 요리

RESTAURANT
DE LA
GALERIE J.
8, Rue de Montfaucon
PARIS (6ᵉ)   DAN. 30-65

A l'occasion de l'Exposition de Daniel SPOERRI
" 723 USTENSILES DE CUISINE "

la Galerie J. annonce l'ouverture d'un Service de Restaurant
du 2 au 13 Mars 1963
8. RUE DE MONTFAUCON — PARIS (6ᵉ)

La Galerie fermant ses portes sur l'Exposition chaque jour à 19 heures,
le Restaurant ouvrira à 20 heures (fermeture hebdomadaire le Dimanche).

Aux Fourneaux le Chef SPOERRI "DANIEL"
Les Critiques d'Art assurent le Service

Attention : Le nombre des couverts étant limité à 10 par
soirée (sauf le buffet exotique qui sera de 20 couverts) les
amateurs éventuels sont priés d'indiquer le menu de leur
choix, soit en téléphonant à DANton 30-65, soit en faisant
parvenir le bon ci-joint sans délai au Service Restaurant de
la Galerie J., le cachet de la poste faisant foi pour les
priorités. (Les places retenues et non occupées demeure-
ront à la charge de la personne ayant fait la réservation)

L'activité gastronomique du Chef SPOERRI "DANIEL" entraînant
d'immédiates conséquences esthétiques (dans la plus pure orthodoxie du
Nouveau Réalisme), le public est prié de venir juger sur pièces, le lendemain
du jour de clôture du Restaurant : **le 14 Mars à partir de 17 h.**

VERNISSAGE DES MENUS-PIÈGES
COCKTAIL

다니엘 스포에리, 레스토랑 드 라 갤러리 제이|Restaurant de la Galerie J., 메뉴 표지, 파리, 1963년

다니엘 스포에리, 레스토랑 드 라 갤러리 제이, 메뉴 내부, 파리, 1963년.

라는 용어를 처음으로 만든 피에르 레스타니Pierre Restany였다. 빈약한 구성의 화요일 '교도소 메뉴'는 시인이자 비평가였던 장 클라랑스 랑베르an-Clarence Lambert 맡았다. 랑베르는 '초현실주의 선언'을 발표했던 앙드레 브르통André Breton이 만든 그룹에도 참여한 인물이었다. 금요일 메뉴를 담당한 브르통은 이 전시에서 초현실주의 작가나 시인이 아닌 '에클레어éclair 디저트 공급자'로 등장한다. 프랑스 전통 디저트인 파 브르통Far Breton 바로 아래에 에클레어가 적혀 있는데 이는 브르통과 이름을 연결한 언어유희이기도 하다. 금요일 메뉴는 레스타니와 함께 '신사실주의 선언'을 발표한 레몽 앵스Raymond Hains

를 기리기 위해 준비됐다. 이날의 메뉴는 화려하면서도 난해했다. 먹을 수 있는 가리비 그라탱Coquilles Saint Jacques au gratin과 먹을 수 없는 '셔츠 차림의 금발 흑인 여성'이 한 메뉴판에 함께 적혀 있었기 때문이다. 후식으로 소개된 몽블랑Mont-Blanc은 알프스의 산이 아닌 밤 퓌레를 이용한 디저트인 걸 알 수 있었지만, 메뉴판의 다른 항목인 '히말라야'나 '샌드위치맨'이 무엇을 가리키는지는 파악하기 어렵다.

스포에리는 식사 중 관람객의 식탁에 불쑥 끼어들어 그들의 반응을 관찰하기도 했다. 전시 초대장에는 "당신이 참여하는 식사는 신사실주의의 가장 순수한 원칙에 따라, 식사가 끝나는 즉시 예술 작품이 됩니다"라는 문구가 적혀 있었다. 즉, 관객은 단순한 손님이 아니라 작품의 일부였던 것이다. 식사가 끝난 뒤 스포에리는 식탁 위 남은 접시, 잔, 음식 찌꺼기 등을 그대로 고정시켜 벽에 걸어 전시했다. 그렇게 순간적인 식사 장면은 '영원한 예술 작품'이 되었다.

1968년, 스포에리는 독일 뒤셀도르프에 레스토랑 스포에리the Restaurant Spoerri를 열고, 1970년에는 같은 건물 위층에 이트 아트Eat Art 갤러리를 만들었다. 이곳에는 음식과 식문화에서 파생된 작품들, 혹은 실제로 먹을 수 있는 예술 작품이 전시됐다. 스포에리는 이런 실험을 통해 예술과 일상의 경계를 허물고자 했다. 이 시기의 대표적인 작품으로는 1972년 5월 7일의 식사를 스포에리 특유의 기법인 '덫그림snare picture*'으로 제작한 〈활동의 잔여물Aktion Rest〉이 있다. 이 작품에서 우리는 그가 20세기 인류의 신체적 욕구가 남긴 잔해를 날 것 그대로 전시함으로써 자신만의 신사실주의를 표현했다는 점을

---

* 덫으로 동물을 포획하듯 그림으로 영원성을 포획하고자 한 스포에리의 예술적 방식

다니엘 스포에리, 〈활동의 잔여물〉, 1972년, 혼합 재료 조립, 사진

알 수 있다. 식사의 흔적 중 음식의 잔해로 보이는 것은 다 먹은 옥수수 속대와 본래 아주 얇지만, 불어버린 베르미첼리Vermicelli 파스타 몇 가닥이다. 두 명이었던 것으로 보이는 식사자는 와인 한 병을 나눠 마시며 서로 다른 브랜드의 담배를 여러 대 피웠다. 식탁 위에 생선용 나이프가 놓인 것을 보면 생선요리가 있었을 수도 있지만, 실제 나이프가 사용된 흔적은 없다.

중요한 것은 스포에리의 덫그림 실험이 식사자와 관람자 사이의 구분을 더욱 뚜렷하게 만든다는 점이다. 우리는 그 식사자들이 누구였는지 알 수 없어도 작품을 통해 그 순간의 흔적과 미학에 매혹된다. 역설적이게도 그의 작품이 덧그림이라고 불리지만, 실제 덫처럼 식탁의 장면을 완전히 붙잡아 두지는 못한다. 다만 그 흔적을 '포획'하려는 발상과 시도가 자체가 예술이 되는 것이다. 식사는 끝났고 사람들은 떠났지만 그의 작품 속에는 실제 식사 경험의 일부분이 남아 예술로 전환된다. 스포에리는 우연성에 의존하여 식사의 흔적을 무작위로 포착하는 듯 보였다. 한편으로는 개입의 순간을 조절해 결정적인 디테일을 연출하기도 했다. 20세기에 들어서면서부터는 외식 업계에서도 이러한 '개입의 기술'을 세련되게 다듬고자 하는 메뉴 디자이너들이 등장하기 시작했다.

'메뉴 공학자'들은 메뉴판의 지면을 일종의 '부동산'으로 여긴다. 즉, 메뉴판의 공간을 한정된 자원으로 보고, 어떤 항목을 어느 위치에 두느냐에 따라 손님의 선택과 매출이 달라진다고 보는 것이다. 이런 전략은 20세기 들어 '메뉴 공학'이라는 개념이 등장하며 본격적으로 체계화되었다. 메뉴 공학을 대중화한 인물은 그레그 랩Gregg Rapp이다. 그가 설립한 회사 이름 '메뉴 엔지니어스'에서도 알 수 있듯, 외식업계의 메뉴 공학자로 불린다.[16] 메뉴 공학자들은 매력적인 메뉴판의 성공 요소로 균형과 다양성을 강조하면서[17] 메뉴판의 오른쪽 상단 지면을 핵심 영역으로 분류하여 특별 관리했다. 앨빈 시버그Albin Seaberg에 따르면 대부분의 사람이 메뉴판을 읽을 때 첫 시선은 '중앙에서 약간 위쪽의 오른편'으로 향한다. 따라서 이 지점이야말로 "수익성이 가장 높은 상품을 배치하기에 최적의 위치"다.[18] 적절한 가격 책정을 위해서는 인기 있는 항목과 수익성 있는 항목을 정확히 파악해야 한다.[19] 메뉴 항목의 배치는 수익성에 영향을 미친다.

예를 들어 시버그는 메인 요리 가운데 선택될 가능성이 가장 높은 것은 첫 번째 줄에 있는 요리라며 미국식 레스토랑에서는 스테이크나 해산물처럼 가격대가 높은 것을 맨 앞에 배치해야 한다고 강조한다.[20] 또한 메인 요리 항목은 굵고 큰 글씨체로 표기하고 다른 항목에 비해 더 상세한 설명을 덧붙이는 게 좋다. 요리의 특징(맛이나 들어가는 재료)이나 조리법(생선을 구웠는지 튀겼는지 살짝 데쳤는지)을 설명하는 용어도 손님의 관심을 끄는 데 도움이 된다. 단, 도축이나 도살같은 노골적인 표현은 피해야 한다고 메뉴 구성 전문가 맥베티McVety는 조언한다.[21] 이슬람교 식사인 할랄식과 유대교 율법에 따른 코셔식을 제공하는 레스토랑의 경우 이미 도축 여부가 엄격히 감독되고 있기 때문에 굳이 따로 설명할 필요가 없으며, 인증 마크 자체가 강력한 마케팅 수단이 되기 때문이다.

좀 더 최근에 등장한 메뉴판에 대해 얘기해보자. 현대 메뉴판 중 특히 미적 만족도가 떨어지는 것을 꼽자면 이제 흔히 보이는 QR 코드 메뉴판이다. QR 코드 자체는 1994년에 발명됐지만[22] 식당들이 이를 메뉴판에 본격적으로 활용하기 시작한 건 2020년에 이르러서였다. 코로나19 팬데믹 한가운데서 식당들은 신속하고 위생적으로 정보를 전달할 수 있는 QR 코드 메뉴판을 택했다. 편의성은 뛰어나지만 시각적 매력을 활용하기 어렵다는 특성 탓에 QR 코드는 긴 시간 메뉴 디자이너들에게 외면 받아왔다. 코로나19로 QR 코드 메뉴판 사용 기간이 길어지며 일부 디자인이 개선되기도 했지만, 손님들의 시선을 끄는 데는 별다른 효과가 없었다. 다만 인쇄형 메뉴판에 비해 제작 비용이 저렴하다는 장점 덕분에 여전히 활용되는 중이다.

이제 사진은 음식과 관련된 소통을 더욱 활발하게 만들어주는 또 하나의 시각적 언어가 되었다. 요즘 손님들은 식당에 가기 전, 인터넷을 통해 위치와 메뉴, 제공되는 음식의 종류, 내부 분위기까지 미리 살펴본다. 식당들이 독창적인 요리나 특별한 플레이팅을 비밀로 유지하고 싶더라도 인스타그램이나 페이스북 같은 온라인 공간에 사진이 올라가는 것을 막을 방법은 없다. 대중은 온라인에서 식당과 음식 사진을 즐기며, 실제로 식사를 하는 손님과는 또 다른 방식으로 열광한다. 이런 온라인 상에서의 이미지는 오래전부터 존재해온 음식의 시각적 표현을 현대적으로 이어가는 형태라고도 할 수 있다.

예전에도 일부 식당은 메뉴 속 음식을 모형으로 만들어 진열하는 방식으로 손님들을 끌어당겼다. 현재까지도 활용되고 있는데, 특히 일본의 인기 관광지 식당 입구에서 흔히 볼 수 있는 음식 모형 진열장이 그렇다. 관광객은 종이 메뉴를 애써 해독할 필요 없이 진열된 모형을 보고 어떤 음식을 파는지 한눈에 파악할 수 있다. 사진 속 진열장을 보면 이 식당에서는 돈가스나 새우

돈카츠와코, 도쿄, 2014년, 사진.

튀김을 밥, 된장국, 채소절임과 함께 내놓는 정식 메뉴를 판매한다는 걸 알 수 있다. 왼쪽 상단의 작은 현수막과 오른쪽 하단의 돼지 그림 스티커는 어린이에게 정식을 반값에 제공한다는 안내다.[23]

　현대의 손님에게 더 흥미롭게 느껴지는 것은 아마 이모티콘으로만 구성된 메뉴판일 것이다. 이 메뉴판은 현대 휴대폰 문화에서 이모티콘이 사람의 감정을 표현하는 새로운 언어로 자리 잡았다는 점에 착안해 만들어졌다. 사진속 예시는 방콕의 레스토랑 가간Gaggan의 메뉴판으로, 각 이모티콘이 하나의 코스를 의미한다. 가간은 이모티콘 메뉴판을 통해 식사가 단순히 배를 채우는 행위가 아니라는 점을 전하고자 했다. 이 메뉴판에는 별이나 무지개처럼 음식과 직접 관련이 없어 보이는 이모티콘들도 포함되어 있는데, 이 모호함이 오히려 다음에 나올 요리에 대한 기대와 즐거움을 높여준다. 시간이 지나 이 메뉴판이 미래의 독자들에게 어떤 의미로 읽힐지, 더 예술적인 해석이 나올지는 알 수 없지만 '먹는 행위'가 감각과 상상력의 영역으로 확장되고 있음을 보여주는 흥미로운 사례다.

레스토랑 가간의 메뉴판, 2017년

플럼 푸딩 Plum pudding 이름과 달리 자두가 아닌 건과일로 만든 영국식 크리
스마스 푸딩이다. 중세에는 고기·곡물·건과일을 섞어 끓인 '프루멘티Frumenty'
에서 시작했지만, 시간이 지나 단맛이 강조된 디저트로 변했다. 밀가루와
달걀, 설탕, 건포도, 오렌지필 등을 넣어 반죽하고, 브랜디 향을 더해 오랫
동안 쪄서 만든다. 완성된 푸딩에 브랜디를 부어 불꽃을 내는 방식은 크리스마스
의 하이라이트다. 영국식 연말의 낭만이 가득한 디저트라고 할 수 있다.

요크셔 푸딩 Yorkshire pudding 영국의 대표적인 로스트 비프 사이드 요리
다. 밀가루·달걀·우유·소금 반죽을 뜨거운 기름에 부어 오븐에서 부풀려
굽는 일종의 반죽 푸딩으로, 겉은 바삭하고 속은 폭신하게 부풀어 오른다.
18세기에는 '기름 푸딩Dripping Pudding'이라 불렸는데, 고기를 구울 때 팬 아래에
반죽을 두어 떨어지는 기름으로 익혔기 때문이다. 남는 기름을 버리지 않고 활용할
수 있는 지혜로운 음식이며 비싼 고기를 먹기 전에 이 푸딩을 먹어서 배를 채우는
장치가 되기도 했다. 움푹 팬 위쪽에 다른 요리를 담아 먹기도 한다.

비스크Bisqur 원래 프랑스 어부들의 '재활용 요리'였다. 시장에 내기엔 작
거나 깨진 랍스터·게·새우 껍질로 진한 육수를 내고 크림을 넣어 만든 수프
가 시작이다. 이름에는 두 가지 설이 있는데, 하나는 재료를 '두 번 익힌(bis-
cuite)'데서 왔다는 설, 또 하나는 프랑스 서남부의 '비스케 만'에서 유래했다는
설이 있다. 껍질까지 갈아 넣어 바다 향이 깊고, 벨벳처럼 부드러운 질감이 특징이
다. 버리려던 질과 잔해를 풍부한 맛의 수프로 승격시킨 프랑스식 미식 발명품이
라고 할 수 있다.

페슈 멜바 Peches Melba 복숭아에 딸기 같은 붉은 과일, 바닐라 아이스크
림을 올린 차가운 디저트다. 이 디저트의 유래는 로맨틱한 에피소드에서
시작된다. 1890년대 런던의 사보이 호텔에서 오페라 가수 넬리 멜바의 공
연을 본 프랑스 셰프 오귀스트 에스코피에는 그녀에게 헌정할 디저트를 구상했

다. 그는 공연에 등장한 백조를 떠올리며 은접시에 아이스크림과 복숭아를 담고, 그 위에 흰 백조 모양의 얼음 조각을 올렸다. 이 단순하면서도 우아한 조합이 '페슈 오 시뉴(백조의 복숭아)'라는 이름으로 처음 선보였고, 후에 '페슈 멜바'로 불리게 되었다.

콘드 비프 Corned Beef 소고기를 굵은 소금에 절여 만든 염지 고기로, 이름의 '콘corn'은 옥수수가 아니라 '소금 알갱이'를 뜻한다. 주로 소의 양지머리 부위를 소금물과 향신료에 며칠간 숙성한 뒤 푹 삶아 부드럽게 만든다. 아일랜드 이민자들이 미국에서 즐기기 시작해 세인트 패트릭 데이 대표 음식으로 자리 잡았고, 세계 대전 중에는 통조림 형태로 퍼지며 세계 곳곳의 식탁에 올랐다. 콘드 비프는 소금이 만든 오래된 미식의 기술이자 세계인이 즐기는 짭짤한 고기 보관법의 진화형이다.

크넬quenelles 프랑스 리옹 지방의 전통 요리다. 강꼬치고기를 곱게 갈아 밀가루, 버터, 달걀 등과 섞어 만든 반죽을 럭비공 모양으로 빚어 익힌다. 특히 메기살로 만든 '크넬 드 브로셰Quenelles de Brochet'가 유명하다. 버터와 크림이 들어간 바닷가재 소스인 '낭투아 소스Sauce Nantua'을 곁들여 먹으며 부드럽고 폭신한 촉감으로 사랑받고 있다.

마렝고 닭요리 Chicken Marengo 나폴레옹이 마렝고 전투에서 승리한 날 탄생했다는 전설로 유명한 요리다. 당시 요리사가 주변에서 구한 닭, 마늘, 토마토, 와인으로 즉석에서 만들었고, 프라이드 에그와 가재를 곁들여 내자 나폴레옹이 '행운의 음식'이라며 즐겨 먹었다고 전해진다. 다만 실제 전장에서는 이런 재료를 구하기 어려웠다는 이유로, 전투 후에 승리를 기념해 만든 요리였다는 해석도 있다. 오늘날에는 닭·토마토·버섯·화이트와인을 넣어 끓이는 클래식 프랑스식 스튜로 자리 잡았고 '역사가 있는 요리'로 평가된다.

2

기념품으로 변신한 메뉴판

Menus as Mementos

메뉴판은 본래 손님에게 오늘의 요리를 소개하고 무엇을 먹을지 선택하게 돕는 실용적 역할이 전부였다. 그러나 어느 순간부터 메뉴판은 단순한 안내서가 아닌, 그 자리에 있었던 사람과 시간을 기억하게 만드는 '기념품'이자 '작품'이 되기 시작했다.

메뉴판이 기념품이 되기 시작한 건 우연이 아니었다. 왕실 연회나 국가 행사처럼 특별한 자리에 등장한 메뉴판은 애초부터 '보이기 위해 만들어진 것'이었다. 금박이 둘리고 왕실 문장이 선명하게 찍힌 메뉴판은 그 존재만으로도 특정 시대와 권력, 미식을 상징하는 유물이었다. 식사에 초대받은 손님들은 메뉴판을 챙겨 간직함으로써 자신이 "그 자리에 있었다"는 증표를 손에 넣었다.

상하이 로열 레스토랑은 메뉴판에 손님의 이름과 주소를 적어두면 식사 후 우편으로 발송해주는 서비스를 도입했고, 시애틀의 스페이스 니들 식당은 메뉴판에 고유 인증번호를 넣어 세상에 단 하나뿐인 기념품으로 만들었다. 있었다. 항공사는 엽서형 메뉴판을 만들어서 누구나 메뉴판을 간단하게 소장할 수 있도록 했다. 메뉴판은 더 이상 단순한 종이가 아니라, 한 사람 한 사람이 '나만의 것'으로 인식하는 물건이 되었다.

소장 가치가 있는 메뉴판이 생기기 시작하면서 메뉴판을 수집하는 사람들도 점점 늘어났다. 현재 뉴욕 공립도서관이나 옥스퍼드의 보들리언 도서관에는 수만 점의 메뉴판이 보존되어 있을 정도다. 수집가들의 노력 덕분에 오늘날 우리는 한 세기의 식탁과

문화사를 손끝으로 넘길 수 있게 되었다. 종이 위에 적힌 글자와 얼룩, 손으로 남긴 서명과 메모는 단순한 기록을 넘어 한때 존재했던 식탁의 풍경을 생생히 되살린다. 음식의 역사이자, 인간이 인생의 한순간을 기억하는 방식이 되었다.

오늘날의 메뉴판도 더 이상 종이에만 머물지 않는다. 콜라보 캐릭터의 일러스트가 담긴 메뉴판, 팝업 레스토랑의 스탬프가 찍힌 엽서, 계절 한정 메뉴가 담긴 포토카드, 와인 바의 수기로 적힌 메뉴판까지. 각각의 매력을 지난 기념물이 된다. 사람들은 경험을 기록하고 간직하고, 때로는 공유하고 싶어 한다. 이러한 욕망이 계속되는 한, 메뉴판은 누구에게나 소중한 기념품이 될 것이다.

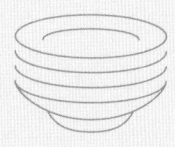

식사를 마친 손님들은 왜 어떤 메뉴판은 챙겨가고 어떤 메뉴판은 그냥 두고 갈까? 메뉴판을 간직할지 말지 결정하는 순간, 무엇이 마음을 움직이게 할까? 식기와 테이블 장식이 치워지고 모두 집으로 돌아간 후 식탁 위에 남겨진 메뉴판은 어떻게 될까? 손님은 어떤 마음으로 메뉴판을 간직하기로 결정할까?

손님들은 자신이 특별한 사건의 일부였음을 기억하고자 했거나 후대를 위한 일종의 증표로 보관했을 것이다. 메뉴판의 디자인이나 그날 먹은 음식이 마음에 들어서일 수도 있다. 이유가 무엇이든 이렇게 간직된 메뉴판은 '사후적 삶'을 누린다. 그리고 최초의 실용적 쓰임을 넘어 식사자와 애호가, 수집가들에 의해 소중히 지켜진다.

이번 챕터에서는 기념품으로 남은 메뉴판의 모습을 살펴보고자 한다. 그렇다 보니 초점은 메뉴판이 직접 사용되던 순간보다는 후대의 독자나 수집가의 이야기에 맞춰진다. 나는 메뉴가 하나의 유물, 즉 보존 가치를 지닌 사물이라고 생각한다. 이를테면 여기 소개한 부채 모양 메뉴판이 좋은 사례다. 배 위에서 열린 중국식 특별 오찬을 위해 제작된 이 메뉴판은 식사 중에 쓰임을 다한 뒤에도 기념품으로 오래 간직하거나 무더운 날 부채로 활용할 수 있도록 만들어졌다.

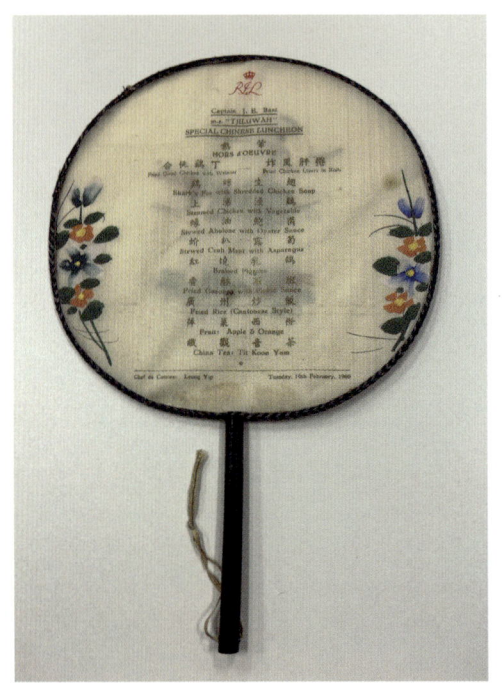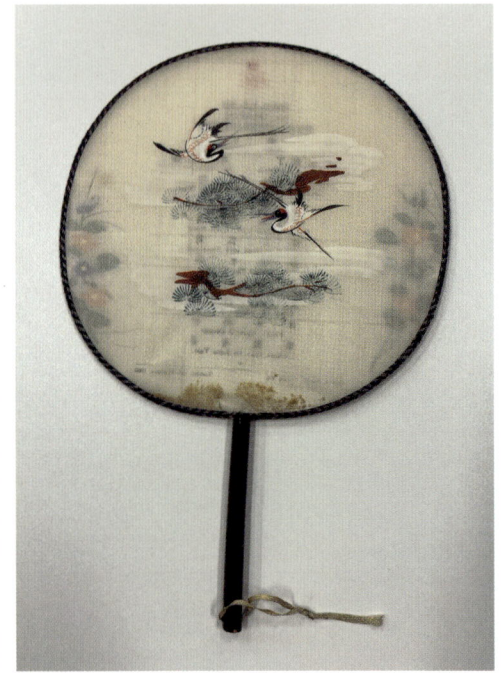

티이루와 호 선상에서 개최된 중국식 특별 오찬 메뉴판, 1960년, 부채.

유물이 된 메뉴판

　　이번 내용에서 식사자보다 후대의 독자에 초점을 맞추기로 한 이유는 이들이 메뉴판과 더 긴 시간을 보내며 상호작용을 하기 때문이다. 독자들은 식사가 이루어지던 순간과 시공간적으로 멀리 떨어진 곳에서 메뉴판을 찬찬히 들여다보며 특정 요리가 메뉴판에 올라간 이유가 무엇인지 생각하고 메뉴판의 문구와 이미지, 구성을 음미한다. 반면 식사 자리의 손님은 주로 음식 선택이라는 실용적 목적을 가지고 메뉴판을 읽으며, 그마저도 식사 자리의 대화와 즐거움에 산만해져 온전히 집중하지 못하는 경우가 많다.

단순한 일회용 인쇄물 이상의 존재가 될 운명을 지니고 만들어진 메뉴판을 살펴보는 것으로 시작하겠다. '자기 확신에 찬' 것으로 보이는 메뉴판들은 특별한 존재감을 뿜어내며 '어서 나를 가져가서 기념품으로 간직하라'고 유혹한다. 그다음에는 왕실 행사용으로 제작된 메뉴판으로 시선을 옮긴다. 왕실 메뉴판은 기획 단계에서부터 애호가들의 보관과 수집을 염두에 두고 만들어진다. 이후로는 메뉴판이 우리의 기억 속 자리를 차지하는 또 다른 방식들을 다양하게 탐구한다. 얼핏 보기에 특별할 것 없는 메뉴판이 수집가의 눈길을 끌며 그 가치를 인정받기도 하고, 관련된 다른 물건들과 함께 모여 하나의 이야기를 엮어내며 특별한 존재로 다시 태어나기도 한다. 때로는 자료로 남은 종이 한 장 없는 식사가 오히려 가장 강렬한 기억으로 남기도 한다. 이런 식사는 오직 입안에 느껴졌던 맛과 식사자가 후대를 위해 남긴 조심스러운 기록만으로 기념된다.

메뉴판들을 구체적으로 살펴보기 전에 우선 21세기의 독자들에게 값진 유산을 남겨준 헌신적인 수집가들에게 감사의 말을 전하고 싶다. 그중 중요한 메뉴판 컬렉션을 구축하는 데 결정적인 역할을 한 두 명의 수집가는 반드시 언급할 만하다.

첫 번째는 뉴욕시 공립도서관 메뉴 컬렉션 구축에 핵심적인 역할을 한 프랭크 E. 버톨프 Frank E. Buttolph다. 1899년부터 컬렉션 기증을 시작한 버톨프 여사는 이후에도 수집과 기증을 꾸준히 이어가며 총 2만 5,000점에 이르는 자료를 기증했다. 두 번째 인물은 뛰어난 통찰과 감각으로 뉴욕의학협회 메뉴 컬렉션에 기여한 마거릿 바클리 윌슨 Margaret Barclay Wilson 교수다. 윌슨 교수는 헌터칼리지의 가정학 교수 겸 생리위생학과 학과장으로 재직하며 각종 도서와 표본, 문서를 아우르는 다양한 자료를 수집했는데, 미식 문화보다는 영양 섭취와 건강 인식에 대한 변화를 읽어내는 데 초점을 맞춘 것이 특징이다.

이 두 수집가는 그저 일상의 부산물과 다름없었던 메뉴판의 가치를 읽어냈다. 보들리언 도서관의 일상 인쇄물 컬렉션 구축에 기초를 놓은 옥스퍼드 대학교 전 출판국장 존 드 모닌스 존슨John de Monins Johnson과 초기 수집가들의 선구적 노력 덕분에, 오늘날의 수집가들은 메뉴판을 통한 사회사와 문화사 고찰이라는 과업을 이어가고 있다. 수집에 관심을 보이는 대중이 늘어나며 수집품 시장에서는 현재도 활발한 거래가 이루어지고 있다. 메뉴판에 담긴 다채롭고 풍부한 사연은 늘 우리의 호기심을 자극한다. 식사를 했던 이에게는 추억을, 후대의 독자들에게는 새로운 여정을 허락하는 메뉴판에 매력을 느끼는 것은 어찌 보면 당연한 일이다.

자신을 드러내는 메뉴판

자기 확신형 메뉴판이란 무엇일까? 메뉴판이 잘난 척을 한다는 뜻일까? 언젠가는 누군가 그 진가를 알아줄 것이라 자신하는 메뉴판일까? 예를 들어보자. 겉으로는 평범해보이지만 기필코 미래까지 살아남겠다고 선언한 어떤 메뉴판은 결국 그 바람을 이뤘다. 이 메뉴판을 의인화한다면 아마 대단한 거드름쟁이가 됐을 것이다. 주인공은 바로 파리의 레스토랑 르 물랭 드 퐁타방Le Moulin de Pont-Aven의 메뉴판이다.

이 메뉴판은 자신의 특별함을 노골적으로 보여주며 별표 표시까지 동원해 강조한다. 뒤표지에는 "절대 버리지 마세요. 언젠가 다시 펼쳐보고 싶을 수 있습니다"라는 문구가 적혀 있다. 메뉴판 안쪽에는 레스토랑의 요리가 "극찬을 받았다"는 자화자찬과 함께 '몇 가지 별미'라며 긴 목록을 늘어놓는다. 바

르 물랑 드 퐁타방, 생트안 거리 7번지, 1919~1928년경, 인쇄 메뉴.

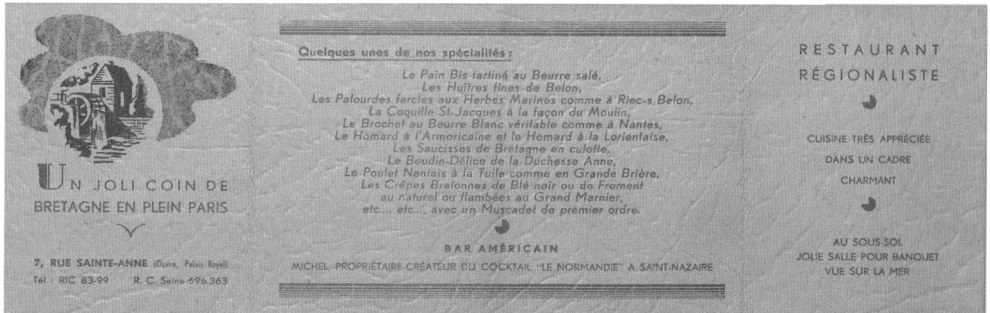

Quelques unes de nos spécialités :

Le Pain Bis tartiné au Beurre salé,
Les Huîtres fines de Belon,
Les Palourdes farcies aux Herbes Marines comme à Riec-s.Belon,
La Coquille St-Jacques à la façon du Moulin,
Le Brochet au Beurre Blanc véritable comme à Nantes,
Le Homard à l'Armoricaine et le Homard à la Lorientaise,
Les Saucisses de Bretagne en culotte,
Le Boudin-Délice de la Duchesse Anne,
Le Poulet Nantais à la Tuile comme en Grande Brière,
Les Crêpes Bretonnes de Blé noir ou de Froment
au naturel ou flambées au Grand Marnier,
etc... etc... avec un Muscadet de premier ordre.

BAR AMÉRICAIN
MICHEL, PROPRIÉTAIRE-CRÉATEUR DU COCKTAIL "LE NORMANDIE" A SAINT-NAZAIRE

UN JOLI COIN DE
BRETAGNE EN PLEIN PARIS

7, RUE SAINTE-ANNE (Opéra, Palais-Royal)
Tél - RIC 83-99   R. C. Seine 696.363

RESTAURANT
RÉGIONALISTE

CUISINE TRÈS APPRÉCIÉE
DANS UN CADRE
CHARMANT

AU SOUS SOL
JOLIE SALLE POUR BANQUET
VUE SUR LA MER

Ne jetez jamais
cette carte, un jour
elle vous intéressera... !

Le Moulin de Pont-Aven

르 물랑 드 퐁타방의 메뉴판

텐더가 르 노르망디라는 유명 칵테일을 개발했다는 자랑도 빼놓지 않는다. 특선 요리 마지막 부분에는 브르타뉴식 메밀 크레프를 플람베flambé* 할 때 사용하는 주류의 다양성을 강조하면서, 마치 메뉴판 지면이 모자라서 아쉽다는 듯 "그랑 마르니에 등등…"이라고 덧붙여 놓았다. 다음으로 살펴볼 것은 뉴욕시에 위치했던 상하이 로열 레스토랑Shanghai Royal Restaurant의 메뉴판이다.

메뉴판의 표지에는 부채 너머로 은근한 시선을 던지는 아름다운 여인의 그림이 그려져 있다. 강렬한 붉은색의 글씨 또한 시선을 사로잡는다. 그러나 사실 이 메뉴판이 소중히 간직된 데는 두 가지 다른 이유가 있다. 첫째는 그것이

* 높은 도수의 술을 넣어 불을 붙이는 조리법

상하이 로열 메뉴판, 삽화 하워드 로우Howard Low, 1946년, 인쇄 메뉴 위에 메모.

한 커플의 인생에서 매우 중요한 순간의 기록이었다는 점이다. 이 메뉴판은 커플이 첫 데이트를 즐긴 식당의 메뉴판이었다. 첫 데이트라는 표현에서 우리는 그 이후로 수많은 데이트가 이어졌음을 유추할 수 있다. 또 하나, 이 메뉴판이 간직될 수 있었던 것은 디자이너가 메뉴판에 심어둔 재치 있는 장치 덕이었다. 이 식당에서는 메뉴판 왼쪽 하단에 이름과 주소를 기입해서 직원에게 주면 나중에 우편으로 발송해주는 서비스를 제공했다. 이 장치는 손님들이 메뉴판을 단순한 음식 안내판 이상의 것으로 보도록 자연스럽게 유도했다. 메뉴판을 간직하고픈 손님은 가방이나 주머니에 슬쩍 챙기는 대신 편하게 요청할 수 있었고, 나중에 집에 도착한 메뉴판을 보며 식사 경험을 곱씹을 수 있었다. 어찌 보면 식사자 스스로가 뒤늦은 독자가 되는 것이다. 이렇듯 상하이 로열 레스토랑은 적극적으로 메뉴판을 기념품화하는 전략을 썼다.

식당을 알리고 홍보하는 것은 메뉴판의 주된 목적 중 하나다. 시애틀을 상징하는 스페이스 니들 타워에 위치한 식당의 메뉴판 또한 이 목적에 충실했다. 360도 전망을 자랑하는 이 회전식 레스토랑은 메뉴판에 식당 방문을 인증하는 내용을 넣어 어린이에게 제공했는데, 세상에 하나 뿐인 고유한 인증번호를 넣은 덕분에 적은 비용으로 톡톡한 홍보 효과를 냈다. 인증서 메뉴판은 메뉴판을 기념품화하려 한 식당의 의도를 충분히 보여주었다.

스페이스 니들 레스토랑, 어린이용 메뉴판, 1960년대, 인쇄 메뉴.

스페이스 니들 레스토랑, 어린이용 메뉴판 내지, 1960년대, 인쇄 메뉴.

스페이스 니들보다 더 높은 상공에서 사용된 기내용 메뉴판도 살펴보자. 항공 여행 초창기의 기내식은 지금과 달리 꽤나 호화로웠다. 세계박람회에서 참가국들이 자국의 풍요로움을 선보이듯, 항공사들 역시 자국의 다양한 식문화를 담아낸 고급스러운 기내식 서비스를 제공했다. 팬아메리칸 항공은 1950년 새로 도입한 B-377 기종의 첫 운항에서 미국 전역을 대표하는 엄선된 요리로 세계 여행자를 맞이했다. 뉴욕을 상징하는 메뉴로는 21 클럽 스타일 **필레 미뇽**Filet Mignon au 21 Club de New York' 스테이크와 월도프 샐러드 Salade Waldorf, 그리고 맨해튼 칵테일이 들어갔다. 플로리다는 플로리다 컵Coupe

on board El Presidente en route

MENU
DINER

Au Choix:

| Martini | Manhattan | Sherry |

Canapés

Délices d'Hawaii

★

Jus de Tomates Frappé ou Coupe Floride
Cœurs de Céleri Olives Hors d'Œuvres

★

Madrilène Gelée

★

Filet Mignon au "21" Club de New York
Petits Pois Nouveaux Pommes Parisiennes
Pistolets Beurre

ou

Homard Froid Pan American
Asperges Vinaigrette

★

Salade Waldorf

Gâteau aux Fraises Tartes aux Ananas

★

Fromages Variés

Thé Café ou Café "Sanka" Demi-Tasse

★

Champagne Charles Heidsick 1943
Liqueurs
Crème de Menthe—blanche ou verte
Bénédictine Cognac

F

PAN AMERICAN WORLD AIRWAYS

The System of the Flying Clippers *Le Réseau Aérien des Clippers*

팬아메리칸 항공의 뉴욕발 부에노스아이레스행 B-377 기종 첫 취항 기내식 메뉴판, 1950년, 인쇄 메뉴.

Floride으로, 하와이는 파인애플 타르트Tartes Ananas와 하와이 별미Délices d'Hawaii로 대표됐다. 별도의 설명 없이 메뉴판용 프랑스어로 적혀 있어 어떤 별미가 나오는지는 알 수 없었다. 그러나 전반적으로 이 메뉴판은 아기자기한 삽화로 미국 각 지역의 대표적인 요리들을 소개하며, 20세기 중반 미국에서 즐길 수 있는 다양한 레스토랑 요리를 샘플처럼 선보이고 있었다.

1950년대 내내 팬아메리칸 항공은 승객들에게 엽서형 메뉴판을 배포했다. 메뉴판에 주소를 적어 승무원에게 제출하면 추후 우편을 통해 무료로 발송해주는 서비스였다. 20세기 초반 엽서가 소식을 전하는 수단으로 점차 대중화되면서 엽서형 메뉴판은 상대적으로 비용이 적게 드는 효과적인 마케팅 수단이자 실용적인 기념품으로 자리 잡았다.[1] 엽서형 메뉴판이 메뉴판의 한 갈래로 자리 잡게 된 데는 손님들이 그것을 기념품으로 원할 것이라는 확신이 있었기 때문이다. 이러한 형식이 점차 대중화되면서 고급 레스토랑뿐 아니라 일반 식당들까지도 자신감을 드러내기 시작했다.

그 한 예가 매사추세츠주의 식당 세 곳의 메뉴를 묶어 제작한 올드 에그리몬트 태번Olde Egremont Tavern의 고풍스러운 메뉴판이다. 뒷면을 보면 이 엽서가 뉴욕주에 있는 모홍크 마운틴 하우스 리조트Mohonk Mountain House의 소유주 A. K. 스마일리 2세A. K. Smiley II에게 발송됐다는 사실을 알 수 있다.(이 리조트는 여전히 스마일리 가문의 소유로 5대째 운영되고 있다.)[2] 스마일리 씨는 모홍크에서도 이와 비슷한 마케팅 전략을 시도해보려는 아이디어를 기억하고자 이 엽서를 스스로에게 보냈던 걸까?

한편 1933년 당시 우표 가격이 1센트였다는 사실은 물가 상승과 더불어 우편 요금이 얼마나 크게 인상됐는지를 실감하게 한다. 엽서형 메뉴는 받는 이에게 여행의 가능성을 홍보하는 동시에 오늘날의 독자들에게는 당시 새롭게 등장하던 음식문화를 엿볼 수 있는 창을 제공한다. 예를 들어 1928년 토론토 칼스라이트 호텔Carls-Rite Hotel의 엽서형 메뉴는 호텔에서 판매 중인 다양한 음식을 소개하고 있는데, 음료 부분에 포스텀Postum이 포함된 것을 보면 카페인이 없는 이 커피 대용 음료가 당시 인기를 얻고 있었다는 걸 알 수 있다. 여성과 어린이도 안심하고 마실 수 있다고 알려졌던 포스텀이 메뉴판에 포함된 부분은 당시 이 호텔이 이들을 새로운 고객층으로 맞이하고 있었음을 잘 보여준다. 또한 호텔은 이 엽서 메뉴판을 친구에게 발송해보라고 적극 권유하고 있다.

기념품을 좋아하는 여행객들은 점차 엽서 형태가 아닌 메뉴판까지 챙겨가기 시작했다. 많은 이가 여행지의 특별한 순간과 식사 경험을 간직하고 싶어

에그리몬트 인, 올드 에그리몬트 태번, 버크셔 인의 메뉴판, 1933년, 인쇄 메뉴.

OUR DAILY MOTTO

Conscience is the thing that makes you wish for another chance not to do it again.

—*Don Marquis.*

WINE LIST

SPECIAL ROOM AND DINING ROOM SERVICE.

			UNFERMENTED WINES
Enos Fruit Salts	15¢ glass		
Bromo Seltzer —	15¢ "		Port Wine, Blackberry, Grape, Cherry, Ginger } 15¢
Labatts Ale —	20¢ btle		Sloe Gin Sherry
O'Keefe's Ale —	20¢ "		Benedictin — 25¢ glass
Regal Lager —	20¢ "		Cider — — 10¢ glass
O'Keefe's Lager	20¢ "		Kuntz Old Inn Ale 20¢ Bottle
Labatts Porter —	20¢ "		" Cream Porter 20¢ "
Cosgraves Porter	20¢ "		" Lager 20¢ "
White Rock Ginger Ale	—	— —	Pints 20¢
White Rock Water	—	Splits 25¢	- Pints 35¢
McLaughlins Dry Ginger Ale Pts.	—	—	20¢
" " " " Nips			15¢
King & Dalton"	"	" "	15¢
O'Keefe's	"	" "	15¢
Iced Grape Juice and Soda	—	—	20¢
" Lemonade and Seltzer	—	—	20¢
Samaritan Water	—	—	10¢ btle.

THIS IS A NOON DOLLAR DINNER

Hotel Carls-Rite

SATURDAY, AUG. 23rd. 1924.   12.00 to 2.30 p.m

Consomme en Tasse
Beef Broth with Barley

RELISH

Queen Olives   Mixed Pickles   Sweet Gherkins
Cheese Straws   Chow Chow

FISH

Baked Lake Ontario Whitefish, Parsley Butter
Pommes Anglaise

ENTREES AND ROASTS

Baked Pork Sausage, Gastronome
Beef Steak and Kidney Pie
Stuffed Roast Veal, Demi Glace
Roast Ribs of Beef au Jus

Mashed Potatoes   Boiled Potatoes
Leaf Spinach   Baked Beans

COLD MEATS

Roast Beef   Pickled Tongue   Roast Lamb
Salmon   Sardines in Oil
Green Onion Salad

PASTRY AND DESSERT

Apple Pie   Fresh Peach Pie
Baked Rice & Raisin Pudding, Sweetened Cream
Assorted Cakes   Cup Cakes   Devil's Cake
Vanilla Ice Cream   Iced Watermelon
Salted Crackers   Canadian Stilton Cheese
English Breakfast, Green or Black Tea   Iced Tea
Instant Postum Cereal   Milk   Buttermilk
Demi Tasse

Please Send This Menu To Your Friends.

칼스라이트 호텔, 1928년, 인쇄 엽서.

했고, 메뉴판은 손쉽게 가질 수 있는 물건이 됐다. 이를 눈치챈 여행업계는 기념품이 될 만한 메뉴판을 제작하여 홍보에 활용하기 시작했다.

1912년 함부르크 아메리카 투어가 인도 철도 여행 상품을 위해 제작한 메뉴판이 그런 사례다. 이 상품은 뭄바이를 출발하여 아그라에 도착해 타지마할을 방문하는 상품이었다. 참가한 미국인 여행자의 눈앞에는 이국적인 풍경이 펼쳐졌을 테고, 그는 기차 여행과 식사의 추억을 담아 메뉴판을 보관하고 싶었을 것이다. 메뉴판은 그가 실제로 그곳에 다녀왔음을 자신과 타인에게 증명하는 일종의 증표 역할을 했다. 다만 이국적이었을 창밖 풍경과는 달리, 메뉴판의 음식 자체는

대인도반도철도, 함부르크 아메리카 투어, 1912년경, 인쇄 메뉴.

대부분 매우 친숙한 것들이다. 프랑스어를 섞은 생선튀김 오 시트롱Fried Fish au Citron이라는 메뉴로 세련된 분위기를 내보려는 시도는 있지만, 감자 소테 Saute Potatoes처럼 프랑스어 억양 부호가 빠지고 어순도 영어식으로 표기된 메뉴에서는 결국 여행객들에게 익숙한 음식을 편하게 제공하려던 의도가 엿보인다. 철도 역사 전문가 제임스 포터필드James Porterfield에 따르면, 여행객들이 기념품 삼아 열차 내 물건을 슬쩍 챙겨가는 일은 매우 흔했고, 20세기 후반에 이르러서는 "비싼 식기류 대신 메뉴판을 챙겨가도록 유도하기 위해" 일부러 기념품처럼 제작하기도 했다고 한다.[3]

왕실의 화려한 메뉴판

어떤 메뉴판은 그것이 사용된 행사 자체의 중대성과 개최 장소의 상징성, 참여한 귀빈들의 위상에 힘입어 곧바로 역사 속 한 자리를 차지하기도 한다. 런던의 세실 호텔에서 A. A. 조지A. A. George 부부가 주최한 에드워드 7세Edward VII 대관식 기념 오찬 메뉴판이 바로 그 예다. 우아한 리본 장식과 함께 에드워드 7세의 왕실 문장이 당당히 새겨진 이 메뉴판은 그 자체로 이미 '대관식의 기념품'이었다. 오찬을 주최한 조지 부부는 아마도 행사를 준비하며 수없이 많은 일을 챙기고 조율해야 했을 것이다. 메뉴판 표지에 적힌 것처럼 이 오찬은 본래 대관식 당일인 1902년 6월 26일에 맞춰서 진행될 예정이었기 때문이다.

대관식을 기념해서 또 다른 호텔이 마련한 연회 메뉴판은 더 큰 주목을 받

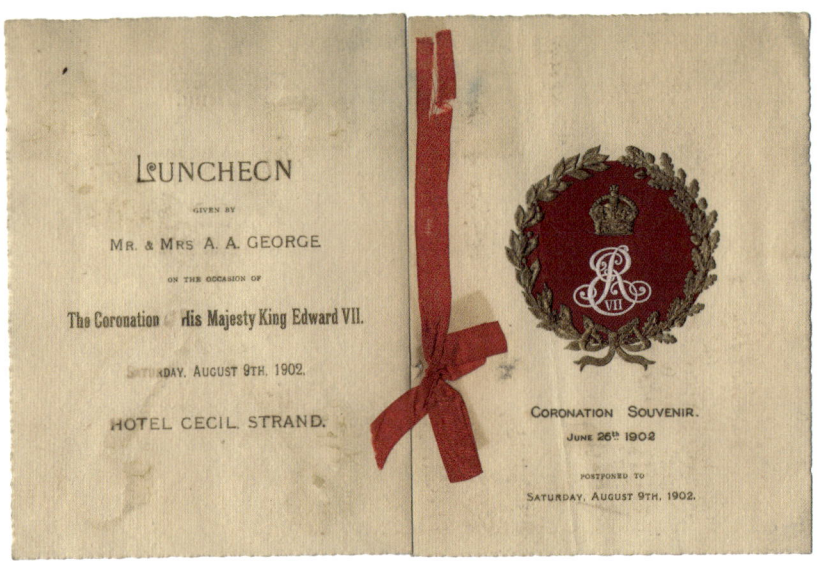

A. A. 조지 부부가 주최한 에드워드 7세 대관식 기념 오찬 메뉴판, 1902년, 인쇄 메뉴.

았다. 이 유명한 메뉴판은 여러 책에 소개됐을 뿐 아니라 지금도 수집가들 사이에서 활발히 거래되고 있다. 중요한 왕실 행사의 메뉴판이니만큼 수집가들의 관심이 쏠린 것은 어느 정도 당연한 일이었다. 그러나 이 메뉴판이 역사 속에서 한 자리를 차지하게 된 것은 단순히 그 화려함 때문만이 아니었다. 이 메뉴판은 영국의 호텔, 레스토랑사의 한 안타까운 순간을 고스란히 기록하고 있다.

1902년 6월 24일자로 제작된 이 메뉴판은 위풍당당한 왕실의 이미지, 새 국왕을 기려 이름 붙인 요리들, 그리고 명망 높은 셰프 오귀스트 에스코피에의 친필 서명이 더해져 단번에 눈길을 사로잡는다. 에스코피에는 기념비적인 요리 교과서로 남은《요리의 길잡이Le Guide Culinaire》의 저자이자 오늘날까지 수많은 호텔과 레스토랑 주방에서 활용되는 분업 체계인 '브리가드 시스템'을 창안한 인물이기도 하다. 이 메뉴판이 참석자들의 기념품이 되고, 더 나아가 수집가들의 애장품이 될 것은 당연한 일이었다. 실제로 이 메뉴판은 여러 책에 소개됐지만, 정작 행사가 예정대로 개최되지 못했다는 사실을 언급한 경우는 드물다. 행사 당일 에드워드 7세가 충수염으로 긴급 수술을 받게 되며 예기치 못하게 취소되고 만 것이다. 사건은 거기서 그치지 않았다. 너무나도 중대한 왕실 행사가 갑자기 무산된 충격으로 에스코피에와 함께 연회를 기획했던 동업자 세자르 리츠César Ritz의 건강이 심각하게 악화됐다. 에드워드 7세는 수술 후 빠르게 회복하여 1902년 8월 9일에 대관식을 치렀지만, 세자르 리츠는 끝내 예전의 기력을 되찾지 못한 채 반쯤 병약한 상태로 여생을 보냈다.

결국 이 연회 메뉴판은 경력의 정점에 서있던 에스코피에와 리츠가 자신들의 오랜 귀빈 고객인 에드워드 7세를 위해 정성껏 준비했으나 결국 열리지

칼튼 레스토랑의 대관식 기념 연회 메뉴판, 1902년, 인쇄 메뉴.

못하고 취소됐던 성대한 잔치의 안타까운 기념물로 남았다. 이 메뉴판에는 에드워드 7세의 이름을 딴 닭요리 풀라르드 에두아르 7세Poularde Edouard VII가 등장한다. 에스코피에가 친필 서명과 함께 쓴 작은 조약돌mon Caillou이라는 표현도 눈에 띈다. 이것은 원래 머리카락이 아직 나지 않은 어린아이에게 흔히 쓰는 애칭이었는데, 아마도 머리가 거의 벗겨져가던 에드워드 7세를 향한 친근함을 담아 표현한 것으로 보인다. 이 메뉴판은 여러 책에 소개됐지만, 지금까지 이 애칭에 대한 정확한 설명은 제시된 바 없다.

반면 오히려 소박함으로 눈길을 끄는 왕실 관련 메뉴판도 있다. 외양은 물론 그 안에 담긴 음식 항목에서도 의도적인 소박함이 돋보이는 메뉴판은 1939년의 것이다. 당시 유럽 내 전운이 고조되던 시기였고, 영국의 조지 6세 George VI와 엘리자베스 왕비는 미국을 방문하여 양국의 우호를 다지는 자리를 가졌다. 그런데 미국 측이 국왕 부부를 위해 준비한 것은 공원 피크닉과 핫도그였다. 비라도 올 경우를 대비한 계획이었겠지만, 다행히도 피크닉 당일 날씨는 화창했다.

미국은 영국의 굳건한 동맹으로서 이후 제2차 세계대전에서 결정적인 역할을 하게 된다. 루스벨트 대통령은 영국 국왕이 자신의 아버지에게 핫도그 먹는 법을 물었다는 흥미로운 후일담을 전하기도 했다. 아버지의 대답은 단순했다. "그냥 입에 넣고 다 먹을 때까지 계속 씹으면 됩니다."[4]

MENU FOR PICNIC AT HYDE PARK

Sunday, June 11, 1939

Virginia Ham

Hot dogs (if weather permits)

Cold turkey

Saugages (hot)

Cranberry jelly

Green salad

Rolls

Strawberry shortcake

Coffee

Beer

Soft drinks

영국 국왕 부부를 위한 피크닉 메뉴판, 1939년, 타자기 문서.

하이드 파크에서 함께 앉아 있는 루스벨트 일가와 영국 국왕 부부. 왼쪽부터 순서대로 영부인 엘리너 루스벨트, 조지 6세, 대통령 모친 사라 루스벨트, 엘리자베스 왕비, 루스벨트 대통령.

가치를 지닌 기념품

우리는 모두 자기 인생의 주연이다. 다시 말해, 각자의 자서전 속에서는 누구나 '왕족'인 셈이다. 사람들은 특별한 순간을 기억하고 훗날 생생히 떠올리기 위해 메뉴판을 비롯한 여러 물건을 기념품으로 간직한다. 따라서 개인이 모은 메뉴판 컬렉션은 다른 컬렉션과는 좀 다른 의미를 지닌다. 개인의 컬렉션은 특정한 시대나 장소, 음식 자체에 대한 기록보다는 삶의 소중한 순간을 환기한다는 점에서 가치를 지닌다.

의례적 식사가 따르는 인생의 주요 이벤트 가운데 가장 대표적인 것은 아마도 결혼식일 것이다. 1898년 뉴욕의 유명 레스토랑 델모니코스Delmonico's에서 쓰인 기념 메뉴판은 이곳에서 개최된 성대한 결혼 축하연의 기록을 담고 있다. 신랑과 신부의 서명이 담긴 이 메뉴판에는 연회 일정과 함께 신문에 실

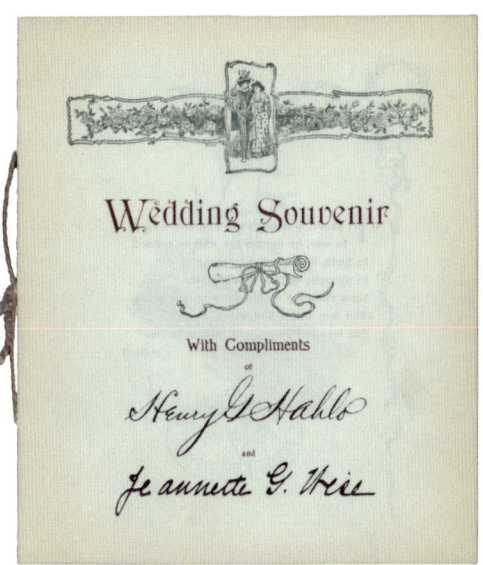
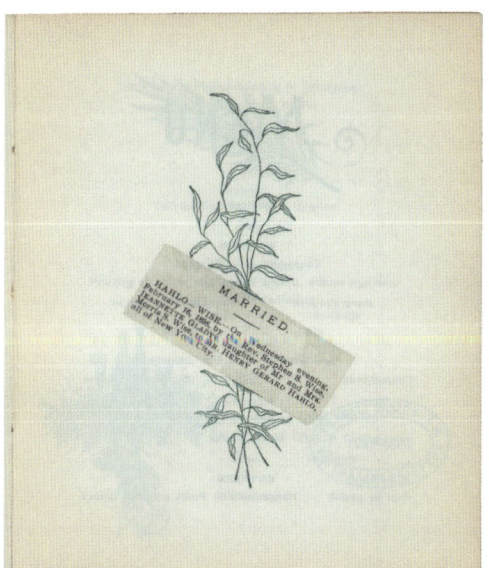
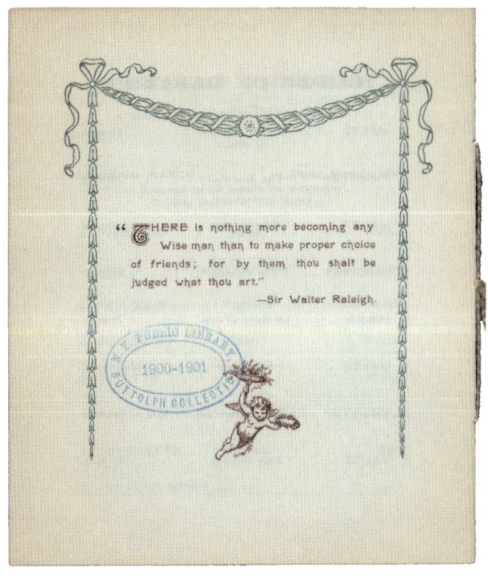

뉴욕 델모니코스 레스토랑에서 열린 헨리 할로Henry Hahlo와 재닛 와이즈Jeannette Wise의 결혼 축하 만찬 메뉴,
1898년, 인쇄 메뉴.

린 다섯 줄짜리 결혼 발표문도 오려 붙여져 있다. 두 아기천사가 원시적인 형태의 전화기로 통화하는 모습이 담긴 쾌활한 삽화도 인상적이다. 두 천사가 전화에 대고 "헬로hello(여보세요)"가 아니라 결혼하는 부부의 성인 "할로 할로 Hahlo-Hahlo"라고 말하는 부분도 재치 있다. 전화기가 특허를 받은 해가 1876년임을 고려하면, 1898년은 아직 일반 가정에 전화가 거의 보급되지 않았던 시기다. 그런 의미에서 이 유쾌한 그림은 새롭게 등장한 통신 기술에 대한 기대를 담고 있다고 볼 수 있다.

결혼식 외에도 기억에 남을 만한 메뉴판이 제작되는 행사들이 있다. 1953년 맨해튼비치 유대인센터에서 열린 로렌스 제임스 레서Lawrence James Lesser의 성인식 메뉴판이 그 좋은 예다. 메뉴판을 살펴보면 치킨 **검보**chicken gumbo에서 크랜베리 소스 칠면조 구이, 생일 케이크에 이르기까지 당일 준비된 음식의 종류가 놀랄 만큼 다채롭다.(성인식이 5월에 열린 것을 감안하면 대개 10월에 먹는

칠면조 구이가 포함된 것은 이례적이지만 아마 누군가 이 음식을 굉장히 좋아해서였을 거라는 짐작이 든다.) 이 우아한 접이식 메뉴판은 파티가 끝난 후에도 오래 간직할 용도로 제작한 것이 분명해보인다. 연회의 식사가 점심인지 저녁인지는 알 수 없지만, 음악이나 춤에 대한 언급이 없는 것으로 보아 점심식사였을 가능성이 높다. **체리 주빌리**Cherry Jubilee 같은 당대의 인기 후식과 코코넛 줄립Coconut Julep 같은 칵테일이 포함된 것을 보면 음식 구성에 성인 주최자의 입김이 강하게 작용했음

맨해튼비치 유대인센터, 1953년, 인쇄 메뉴.

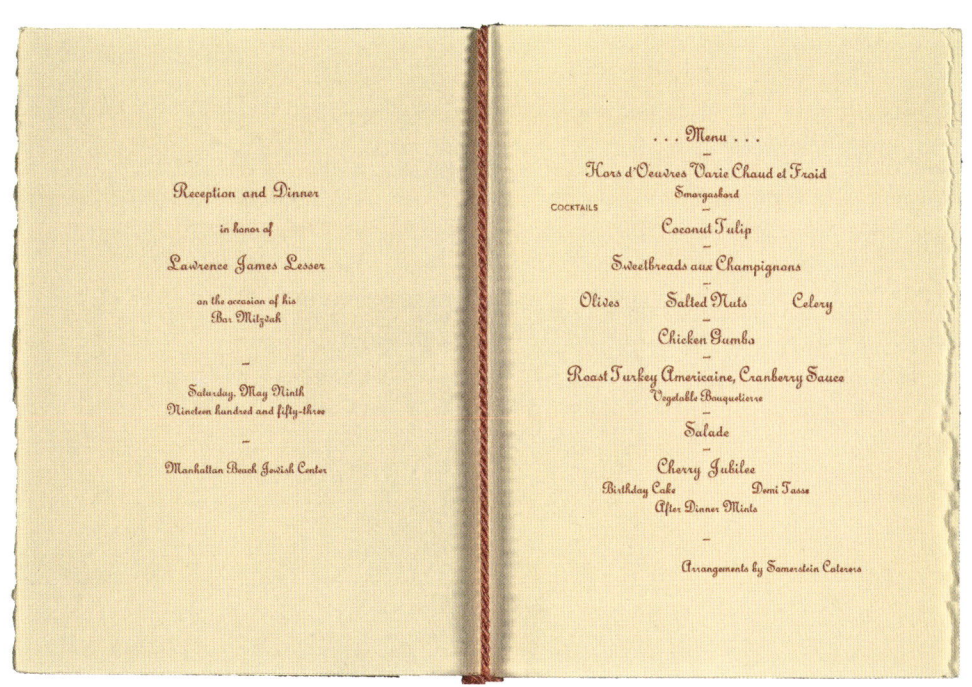

맨해튼비치 유대인센터, 1953년, 인쇄 메뉴.

을 알 수 있지만, 버섯을 곁들인 송아지 흉선 요리인 **스위트브레드** 오 샹피뇽 Sweetbreads aux Champignons이 과연 십대 손님들의 입맛에 얼마나 맞았을지는 의문으로 남는다.

이렇듯 흥미로운 모임이나 협회의 정기 모임 메뉴 역시 우리를 매혹적인 발견의 여정으로 이끈다. 여기서는 우리의 상상력을 특히 자극하는 두 모임의 메뉴를 살펴보자. 첫 번째는 탐험가 클럽의 연례 모임 메뉴다. 1904년 설립되어 1981년부터 여성 회원 입회를 승인하기 시작한 이 클럽은 스스로를 "현장 연구와 과학 탐사, 자원 보존의 발전을 목적으로 하는 다학제적 협회"라고 소개한다.[5] 탐험가 클럽의 연례행사에서는 그해 빼어난 활약을 보인 모험가나 과학자, 탐험가에게 상을 수여하고 함께 기조연설을 들은 후 여러 의

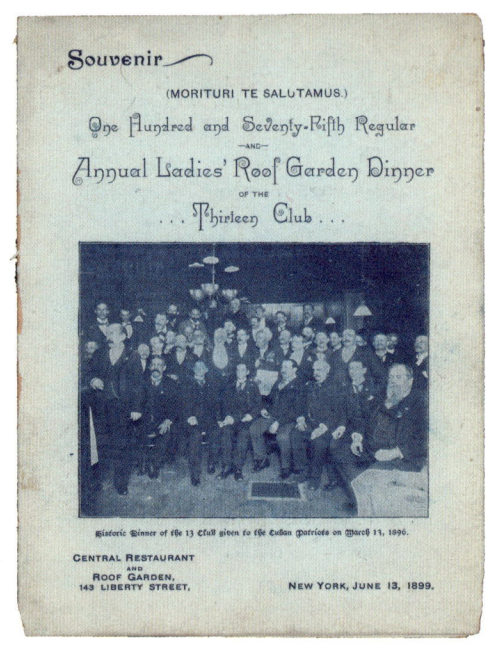

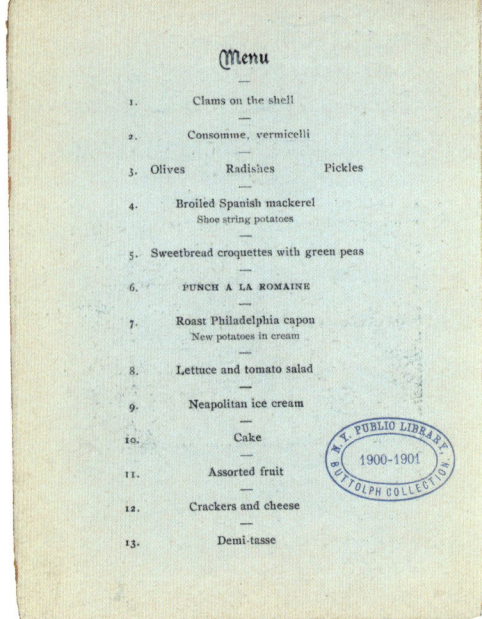

Menu
—

1. Clams on the shell
—
2. Consomme, vermicelli
—
3. Olives   Radishes   Pickles
—
4. Broiled Spanish mackerel
Shoe string potatoes
—
5. Sweetbread croquettes with green peas
—
6. PUNCH A LA ROMAINE
—
7. Roast Philadelphia capon
New potatoes in cream
—
8. Lettuce and tomato salad
—
9. Neapolitan ice cream
—
10. Cake
—
11. Assorted fruit
—
12. Crackers and cheese
—
13. Demi-tasse

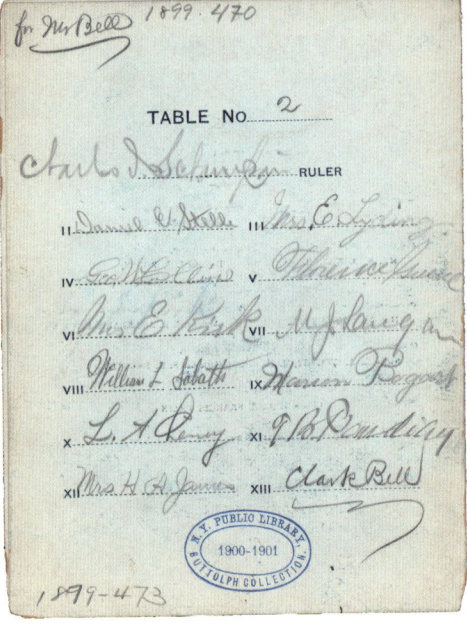

for Mr Bell   1899·470

TABLE No. 2

Charles J. Schuyler RULER

II. Daniel E. Steel   III. Mrs E. Lyning
IV.   V.
VI. Mrs E. Kirk   VII.
VIII. William L. Sabath IX. Marion Bogart
X. L. A. Perry   XI.
XII. Mrs H. A. James XIII. Clark Bell

1899·473

175차 정기 연례 '숙녀들을 위한 옥상 정원 만찬', 센트럴 레스토랑 및 옥상 정원, 1899년, 인쇄 메뉴.

미에서 압도적인 만찬을 함께 즐긴다. 이 만찬의 특별함은 이국적 별미들 Exotics이라는 애피타이저 코스에서 특히 두드러진다.

1987년 만찬에는 버마식 닭발 요리, 곰치 혀 요리, 달의 섬*Islands of the Moon 삼부사(아프리카 동부 해안 지역에서 즐겨 먹는 튀김 요리). 파타고니아 설치류 파카Paca(토끼를 닮았지만 야행성으로 포획이 어려운 동물) 요리, 콜카타산 바다뱀 요리, 우주비행사용 동결건조 아이스크림, 코모로 제도 생강차가 등장했다.[6] 2015년의 이국적 별미 코스는 지속가능성을 강조하기 위해 포유류 대신 곤충을 식재료로 사용했고, 외래 침입종 식물과 수생생물 활용을 중심으로 기획됐다.[7]

두 번째로 소개할 모임은 13 클럽이다. 숫자 13에 대한 미신을 깨기 위해 윌리엄 파울러William Fowler가 1881년 창설한 이 클럽은 그 이름답게 매달 13일에 모임을 가졌다.[8] 첫 회합은 1882년 1월 뉴욕에 위치한 파울러의 별장에서 이루어졌다.[9] 회원들은 모든 미신과 금기를 거스른다는 의미로 사다리 밑을 지나 식당에 입장했고 식사 또한 13명씩 모여 진행됐다. 식탁에 소금을 흘려도 결코 어깨너머로 던지지 않았고 깨진 거울을 장식품으로 활용하기도 했다.[10] 시본 오셔Siobhan O'Shea에 따르면 파울러는 어느 날 지인 여성이 식사 자리에서 '13명이 함께 식사하면 불운이 온다'며 아홉 살 난 딸을 다른 식탁으로 보낸 것에 불만을 품고 13 클럽을 만들었다고 한다.[11]

책에 소개한 1899년 메뉴판에는 2번 식탁에서 함께 식사한 13인의 서명이 담겨 있다. 메뉴판에 담긴 13개의 서명은 당시 13 클럽의 회원들이 미신을 거스르기 위한 도전을 했다는 사실을 증명한다. 이날 모임의 이름은 숙녀들

---

* 아프리카 코모로 제도를 부르는 별칭

을 위한 옥상 정원 만찬Ladies Roof Garden Dinner이었지만, 메뉴판 표지에 실린 사진을 보면 남성 회원들만 촬영된 것으로 보인다. 〈뉴욕타임스New York Times〉는 당시 이 만찬을 이렇게 묘사했다. "무덤의 축축한 흙이 그대로 묻어 있는 촛대는 해골 모양이었고, 하얗게 흘러내리는 촛농은 흉측한 백발을 연상케 했다."[12]

초창기 13 클럽의 저녁 모임은 정확히 정해진 절차대로 진행됐다. 저녁 8시 13분에 파울러 별장의 13번째 방에 13개의 촛불이 켜지고, 회원들은 13개의 코스로 구성된 만찬을 즐겼다. 인기를 끌며 점점 회원 수를 늘려가던 13 클럽은 1890년에 이르러 런던에 일종의 지부를 만들기에 이르렀다. 이는 13 클럽의 영향력이 대서양을 건너 다른 대륙으로 확산되었다는 의미인 동시에 그 규모가 파울러의 별장만으로는 수용하기 어려울 정도로 커졌다는 사실이기도 했다.[13]

참석자들의 서명이 담긴 메뉴판은 특정한 날, 특정한 사람들이 한자리에 모였음을 증명한다. 특히 삶의 덧없음이 두드러지는 전쟁 시기에는 그러한 서명이 더욱 각별하게 다가온다. 1942년 호주 무선기총사격수 모임의 25코스 만찬 메뉴판이 그 대표적 예다. 모임에 참석한 사격수들이 남긴 25개의 서명은 이 메뉴판을 더욱 의미 있는 기념물로 만들었다. 아마 여기 소개된 사례 외에도 수많은 메뉴판에 이런 서명이 남아 있을 것이다. 참석자들은 자신이 전장에서 무사히 돌아오지 못할 수도 있다는 사실을 알고 있었을 것이다. 그런 의미에서 서명을 남긴 이들 중 일부는 그 서명을 통해 영속적인 흔적을 남기고자 했을 것이다. 메뉴판에 적힌 "사시나무처럼 떨며 조종석에 올라타는"이라는 시구와 "뚜, 뚜, 뚜, 울리는 모스부호 소리에 맞춰 건배를"이라는 문장은, 관제사의 지시와 모스부호의 정확성에 생사를 걸어야 했던 사격수들의 심정

SOUVENIR

25 Course
W.A.G.S. DINNER

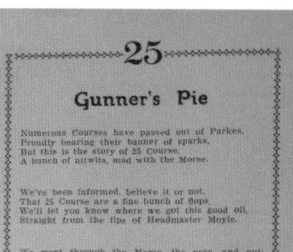

The W.A.G. a lowly lout is he,
He serves his a scattered tree.
What a boon for him 'twould be,
If telegraphs "from out the sea,"
Could do the job of "tapping key."

Friday, October 2, 1942.
at
P.P.P. Dance Hall
PARKES

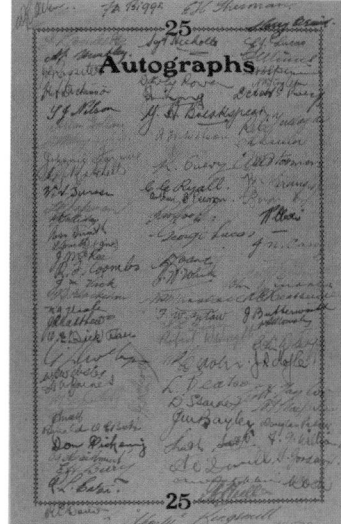

Autographs

Gunner's Pie

Numerous Courses have passed out of Parkes,
Proudly bearing their banner of sparks,
But this is the story of 25 Course,
A bunch of nitwits, mad with the Morse.

We've been informed, believe it or not,
That 25 Course are a fine bunch of flops,
We'll let you know where we got this good oil,
Straight from the lips of Headmaster Moyle.

We went through the Morse, the prac. and out-
stations,
We considered ourselves the cream of the nation.
There wasn't a fault that we couldn't fix,
Until they fixed us with "One thirty six."

Woe is to us, the scum of the air,
Before we joined up, we had nary a care,
But now we have many a tale full of woe,
Concerning the antics of "Singapore Joe."

Slowly we went through that hut full of horrors,
Plenty of knock backs and come back to-morrows,
"Shorty" went haywire and kicked up a fuss,
On his assessment is "Insolent cuss."

Hugh Florence had batteries a trifle mixed up,
Joined up the extra switches on and got plenty
Wacketts for valves, so forth and etcetra,
They carted Hugh out unconscious on stretcher.

Next on the list came Mobile Relays,
A pretty good bludge for a couple of days,
The only exciting part of this Course
Was, listening to Schulz and his horrible Morse.

When finished with Mobile, they sent the remainder
Trembling and shaking, down to W.A.G. trainer,
It wasn't so bad 'till they put on the cover,
First thing we thought of was "homing" to mother.

Then along came the flying, wacko for the Wacketts,
Dressed in our helmets, our boots and our jackets,
We looked just like aidants and strutted with pride,
But our glamour and lunch we lost over the side.

There's nothing in flying, nothing at all,
Gather up log and off to the hall,
Hop into cockpit, shaking like hell,
All alone like "Poor Little Nell."

Menu

Soup

Consomme Printanier

Poultry

Baked Turkey and Ham,
Pommes Paysanne
Beannaise Sauce
Eggs Chimay
Petits Pois
Mayonnaise

Sweets

Tutti Fruitti Bombe
Chantilly and Cream
Fruit Flumery
Trifles Vari.

Hors D'Oeuvres

CAFE NOIR

Nuts   Cheese Straws   Fondants
Fruits

★

Gunner's Pie

A lot of our cobbers we leave when we go,
But we'll get together after this show.
So while we're all gathered around the round table,
Let's reminisce now, while we are able.

There's Shorty's mate, Huey—went up for a flip,
Took the place of a guy who was sick.
Huey came down, looking green 'round the orbs,
The very next day he was forced down at Forbes.

O'Dwyer and Dicko, the terrible twins,
(Please forgive them for their sins)
Says O'Dwyer to Dicko, "A hole we have got,"
Says Dicko to Frank, "It's just the shot!"

Armstrong and Ando to Sydney did roam,
Said Ando to Jackie, "Let's sample their foam,"
But the good Sydney bitter went straight to their
head,
What they did to "our" bridge is better unsaid.

Why not be "happy" like little Les. Smith,
(Son of good old Corporal Smith)
"A happy little W.A.G. am I," says he,
"Barred N is all they hear from me."

A word for our sergeants while on the job,
Loud out Simpson and Langley, Pee Wee and Dodd,
Decker and Hatfield and numerous others,
Looked after our health like affectionate mothers.

Here's to the instructors, good fellows all,
(We're real fair dinkum, it's too late to crawl)
What they put up with, they only can tell,
But they're doing a job, and doing it well.

"It's favoritism," we know you will say,
To mention one max out of the fray.
But 25 Course have a seat in their van,
For P/O. McKibbon—footballer and man.

In a kind of a way, we're sorry we're leaving,
But hope very shortly it's Nippon who's grieving.
With our Brownings, Transmitter and 1082,
We're out to beat Zeros and finish off FOO.

So here's to those who wish us well,
And those who don't can go to hell,
Charge up your glasses with good old sherbet,
And drink the health of de dey de der dit.

호주 무선기총사격수 만찬, 파크스, 1942년, 인쇄 메뉴.

을 고스란히 전한다. 이 만찬은 일본이 호주 본토에 대한 첫 폭격을 감행한 지 8개월 뒤인 1942년 10월에 열렸으며 다윈 시 폭격은 이듬해 1943년 11월까지 이어졌다.[14]

메뉴판을 수집하는 사람들

얼핏 보기에는 아무런 특별함이 없어 보이는 메뉴판이 오히려 가장 흥미로울 때가 있다. 평범한 메뉴판이라도 누군가의 손에 의해 보관되고, 여기에 메모나 주석이 덧붙고, 또 다른 메뉴판들과 함께 모여 음식문화의 변화를 보여주는 하나의 이야기로 엮이면, 그 안에서 예상치 못한 특별함이 탄생한다.

식사자가 메뉴판 여백에 남긴 짧은 글과 메모는 사라질 뻔한 생생한 순간의 기록을 우리에게 전한다. 1942년 만찬 메뉴판에 남은 호주 무선기총사격수들의 서명처럼 메뉴판에 적힌 손글씨는 단순한 흔적을 넘어 특별한 의미를 갖는다. 요리책의 여백 메모가 누군가 그 레시피를 실제로 시도하고 검증했다는 증거라면, 메뉴판 위의 메모는 식사자가 그날의 요리와 맛, 식당의 분위기와 장식에 대해 느낀 바를 생생하게 들려주는 기록이다.

1970년대 뉴욕의 피자가게 투리노 피자Turino Pizza의 메뉴판이 그 좋은 예다. 평범했던 피자 가게의 메뉴판이 역사적 가치를 얻게 된 데는 한 부부의 노력이 있었다. 수집가였던 버나드 프리드Bernard Fread는 메뉴판 위에 세세한 기록을 남겼고, 그의 아내는 남편의 컬렉션을 뉴욕 공립도서관에 기증했다. 이 도서관은 세계 최대 규모의 메뉴판 컬렉션을 보유하고 있다. 기증받은 자료를 분류하고 디지털화해 대중에게 공개하면서, 평범했던 메뉴판은 특별한 존재로 새롭게 태어났다. 이 메뉴판을 특별하게 만드는 것은 음식의 종류가 아

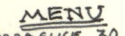
TURINO PIZZA·136 EAST 59 ST·LEXINGTON-THIRD AVES.

<u>MENU</u>
PIZZA SLICE 30
SICILIAN PIZZA 45 VERY GOOD
GREEK CHEESE PIE 30 VERY GOOD

HOT HERO SANDWICHES
   75 to 1.00
ROAST FRESH HAM
LONDON BROIL
MEAT LOAF
MEAT BALL
STEAK AND ONIONS
VIRGINIA HAM
PEPPER STEAK
SAUSAGE AND PEPPERS
VEAL PARMIGIANA
PASTRAMI
ROAST BEEF
CORNED BEEF

HOT OR COLD SANDWICHES
   85
HAM
BOLOGNA.
PASTRAMI
CORNED BEEF
PROVOLONE
GENOA SALAMI
BOPPACOLA
ROAST BEEF
AMERICAN CHEESE
SWISS CHEESE

SALAD SANDWICHES
   45-55
HAM
EGG.
TUNA
SHRIMP
CHICKEN
CHICKEN-LIVER.

DRINKS
FRESH ORANGE JUICE
GRAPE 20
COFFEE
DESSERTS.

LATER- AT HOME (OVER)
SNAPPLES- APPLE CHIPS (OVER)
FROM SHILLER'S FOOD SHOP
53 ST- THIRD AVE.
DRAKE'S DEVIL DOGS (CHOCOLATE)
DRAKE'S COFFEE CAKE
WHITELAWN DAIRIES ARDSLEY
   CHOCOLATE ICE MILK
DRIED APRICOTS AND PRUNES.

752-8310

TURINO PIZZA
136 East 59th St.

DAILY MADE
GREEK CHEESE PIE

SPINACH PIE

TONER KEBOB
and
SHISKA BOB

FREE DELIVERY · TRY US

31 FLAVORS ICE CREAM
BUTTER PECAN   25
STRAWBERRY
VANILLA
CHOCOLATE
CHERRY
CHERRY-VANILLA
CHOCOLATE-ALMOND
SWEET CHOCOLATE
PINEAPPLE
RUM RAISIN
LEMON
ORANGE
RASPBERRY
BLACKBERRY
CHOCOLATE CHIP
VANILLA CHIP
WALNUT
BITTER ALMOND
PISTACHIO

ICE CREAM SODAS
CHERRY
STRAWBERRY
CHOCOLATE
VANILLA
LEMON

The TURINO PIZZA is across
the street from Bloomingdale's,
newly opened, large size
room; food counter, few small
tables. Brilliantly illuminated,
juke box music.

AFTER EATING, TO NEARBY
WALTER READE'S BARONET
THEATRE- 3RD AVE, 59-60 STS.
TO SEE A THRILLING SKI
MOVIE "DOWNHILL RACER"

SATURDAY EVENING
JANUARY 10, 1970.

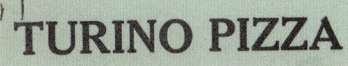
투리노 피자, 1970년, 메뉴판 위에 메모.

니라 한 식사자가 남긴 세밀한 경험의 기록이다. 프리드는 식당을 방문하기 전 찾아본 후기부터 그날 주문한 메뉴, 분위기까지 모든 것을 꼼꼼히 적어두었다. 그의 메모는 우리를 순식간에 1970년대 뉴욕의 한순간으로 데려간다.

프리드가 남긴 또 다른 메뉴판 알다스 리스토란테Alda's Ristorante 역시 그 시대 음식문화를 생생하게 전한다. 그는 식사를 마치고 집에 돌아온 뒤 '선샤인 쿠키'를 먹었다는 것까지 덧붙였다. 부부가 기증한 메뉴판들은 20세기 중후반 뉴욕에 살던 전문직 남성과 그 아내가 남긴 기록으로, 아내의 다이어트 때문에 혼자 식사해야 했던 경험까지 담겨 있다. 처음엔 단순한 취미였던 그의

알다스 리스토란테, 1970년, 메뉴판 위에 메모.

외식 기록은 점차 당시 레스토랑 정보를 담은 일종의 아날로그 데이터베이스로 발전했다. 그렇게 꾸준히 쌓인 기록은 결국 방대한 메뉴판 컬렉션으로 완성되었다.

프리드의 메뉴판들은 1930년대부터 1980년대까지 수집된 것이다. 대부분은 그가 거주하던 뉴욕 어퍼이스트사이드에서 걸어서 혹은 버스를 타고 닿을 수 있는 거리의 식당들에서 모았다. 그는 레녹스 힐 병원에서 안과의사로 근무하며 매디슨 애비뉴 근처에 살았다.[15] 프리드의 컬렉션은 말년으로 갈수록 더욱 다양해졌다. 같은 식당에 두 번 가지 않겠다는 결심 덕분이기도 했고, 1960년대 후반에 접어들며 더 다양한 식당을 찾아다녔기 때문이기도 했다. 뉴욕시 공립도서관의 요리 자료 큐레이터 레베카 페더먼Rebecca Federman은 이런 말을 전했다.

프리드의 메뉴 컬렉션은 누구나 떠올릴 수 있는 가장 평범한 식당에서 가져온 것입니다. 아무도 기념품으로 메뉴판을 달라고 할 생각조차 안 할 그런 곳들이죠. (…) 그러나 프리드는 그런 메뉴판들을 보관했고, 오늘날 이 자료는 다른 어떤 방법으로도 기록할 수 없었을 특별한 이야기를 들려줍니다.[16]

메뉴판의 이야기를 후대에 전하려는 노력은 북미에만 그치지 않았다. 호주의 공공 박물관 운영 기관 뮤지엄 빅토리아Museums Victoria에서도 후세를 위해 보존된 메뉴판을 큐레이션해 보관하고 있다. 이중에는 제2차 세계대전이 발발하기 불과 몇 달 전인 1939년 2월, 증기선 가모마루Kamomaru 호를 타고 호주로 향하던 한 십대 남매가 남긴 메뉴판도 있다. 박물관은 이 기증품

가모마루호, 일본우선해운, 1939년,
은색 끈으로 고정한 인쇄 메뉴.

晚餐献立

前菜

澄スープ   濃スープ

鮭 ビクトリヤ風

羊肉 カツレツ 英隠元添
蒟 ヨークハム 波菜草添
花玉菜   御飯
（特別料理）   鰻蒲焼 御吸物 香ノ物
牛肉蒸焼   鶏鳥肉蒸焼
パースニツプ
（馬鈴薯料理）   ボイル   蒸焼
冷肉   鶏肉寄セ巻   レツアー ソセーヂ

プデング

アイスクリーム

洋菓子   セボリー
乾果色々
葡萄   ネーブル
珈琲

濠洲線   賀茂丸
昭和十四年二月二十六日   日曜日

DINNER
Hors D'Œuvre
Frivolites Moscovite
—— SOUP ——
Consommé Normande
Potage Gascogne
—— FISH ——
Suprême Salmon á la Victoria
—— ENTREE ——
Côtelettes de Mouton aux Haricote Vert
Boiled York Ham with Spinach
Cauliflower á la Polonaise
Extra ——   "Unagi-Kabayaki" "Osuimono"
Steamed Rice
—— ROAST ——
Sirloin of Beef au Jus. Horseradish
Goose, Apple Purée
Potatoes —— Boiled & Browned
Parsnips Lyonnaise
Cold —— Galantine Capon   Liver Sausage
—— SWEET ——
Boston Plum Pudding Hard and Brandy Sauce
Vanilla Ice-cream with Wafers
Gâteau Marzipan Roses
Salted Almond
—— DESERT ——
Fruits ——   Navel Orange   Grapes
Assorted Nuts   Chow-chow   French Prunes
Cafe Noir

Sunday,   February 26th,   1939
S. S. "KAMO-MARU"

이 수집되어 전해진 과정을 함께 소개하며, 전쟁 시기 가족과 고향을 떠나 호주·캐나다 등 영국연방 국가로 보내졌던 아이들의 이야기를 조명한다.

박물관의 기록에 따르면 한스 게오르크Hanns-Georg와 마리 샤를로테Marie-Charlotte 남매는 독일인 아버지와 유대계 어머니 사이에서 태어났다. 나치 독일의 유대인 박해가 시작되자 "남매는 유럽을 떠나 영국으로 피신했고, 퀘이커 교도들의 도움을 받아 난민 신분으로 호주행 배에 올랐다."[17] 이후 남매는 호주에 정착했지만, 한스 게오르크의 부고 외에는 생애에 대한 자료가 거의 남아 있지 않다. 그들의 부모에 대해서도 알려진 바가 없다. 그러나 남매가 모은 선상 메뉴판이 훗날 박물관에 기증되어 컬렉션으로 보존되면서, 그들의 경험과 제2차 세계 대전 당시 아동들의 현실이 후세에 전해질 수 있게 됐다.

뮤지엄스 빅토리아는 '이주와 문화적 다양성'을 주제로 한 메뉴판 컬렉션도 보유하고 있는데, 이는 영국과 호주 정부가 추진한 이른바 '10파운드 이민 정책'을 통해 호주에 정착한 백만여 명의 이민자들 가운데 일부가 기증한 것이다.[18]

단체 시설의 메뉴들

마지막 부분에서는 지금까지와는 또 다른 성격의 식사를 다루고자 한다. 철저한 계획과 논의를 거쳐 제공되며 먹는 이의 기억에 뚜렷이 남는 식사, 바로 단체 구금 시설에서의 식사다. 이런 식사에 대해서는 구체적인 기록이 남아 있는 경우도 있지만 대개는 구금됐던 이들의 기억에 의존한 회고록이나 증언 등을 통해 알려지는 경우가 많다.

교도소의 식단표는 선택지가 거의 없기 때문에 '메뉴판'이라 부르기 어렵다. 간혹 선택이 가능하더라도 그 폭은 극히 제한적이다. 그러나 이런 제약이 오히려 기억을 더 선명하게 만든다. 구금이라는 극한의 상황 속에서 음식은 생존의 상징이자 감각의 통로가 된다. 그리하여 음식에 관한 묘사는 단순한 미각의 문제가 아니라 '인간다움'을 되찾는 행위로 이어진다.

수감자에게 음식을 제공하는 방식에는 크게 두 가지 접근이 있었다. 하나는 영양이나 맛보다 효율과 비용 절감을 우선하는 방식이고, 다른 하나는 당대 사회가 정의한 '건강한 식단'에 가깝게 구성하려는 방식이다. 1890년 개소한 일본의 아바시리 교도소는 중범죄자를 수용하는 시설로, 탈옥이 거의 불가능할 만큼 경비가 삼엄했다. 하지만 남아 있는 식단표를 보면 수감자들에게 단순하지만 비교적 균형 잡힌 식사가 제공되었음을 알 수 있다. 1983년 교도소가 이전하면서 이곳은 감옥 박물관으로 바뀌었고, 방문객들은 900엔이라는 저렴한 가격에 '감옥 식사'를 체험할 수 있게 되었다. 박물관 안내문에는 "현재 아바시리 교도소 수감자들이 먹는 식사와 유사하다"고 적혀 있다.[19]

점심 세트는 두 종류가 제공되는데[20] 둘 다 전형적인 가정식과 비슷했다. A정식은 밥·꽁치구이·당면샐러드·무말랭이·미소된장국, B정식은 밥·임연수어구이·머위나물조림·미소된장국으로 구성되어 있다. 가끔 미소된장국 대신 차나무 잎을 볶은 엽차가 제공되기도 한다. 반면 미국의 교도소는 철저히 비용 절감을 우선시했다. 샌퀜틴 교도소의 수감자이자 《최후의 만찬?Our Last Meals?: San Quentin Death Row Cook Book》을 출판한 루 알 존스Ru-Al Jones는 "교도소 음식은 맛있으라고 만든 게 아니다"라고 단언했다.[21] 그는 사형수동에서 19년을 보내는 동안 식단이 바뀐 건 단 세 번뿐이었다고 회상했다. 그럼에도 각 교도소에는 '특식'이 있었다. 샌퀜틴에서는 그것이 일요일 아침 식사였다.

일요일 아침에는 한 쪽만 익힌 달걀프라이 두 개, 강판에 간 감자를 둥

글게 빚어 튀긴 테이터토츠tater tots, 햄 한 조각, 식빵 두 조각, 버터 두 조각, 작은 잼, 채 썬 감자요리, 우유 한 팩, 오렌지주스 한 팩이 나왔다. 모두가 이 주말 특식을 손꼽아 기다렸다.[22]

2020년의 한 교도소 관련 기사는 요리에 대한 열정이 남다른 마사 가르시아Martha Garcia가 샌퀜틴의 급식 관리자로 부임하며 변화가 시작됐다고 보도했다. 가르시아는 수감자에게 제공하는 음식을 다양화하고 신선한 식재료를 사용했으며 조리법도 개선했다.[23] 한 수감자는 "식단에 요거트가 추가되어 정말 기쁘다"고 말하기도 했다.[24] 또 다른 수감자는 달걀 요리가 훨씬 나아졌다며 "이제 일주일에 적어도 세 번은 음식이 괜찮게 나온다"고 기뻐했다.[25] 수감자 식사 다양화의 중요성은 캘리포니아 주의회가 수감자의 식단 선택권 보장을 위해 추진한 법안에서도 드러난다. 주의회는 2018년 이 법안을 통

감옥 식사 A정식(꽁치구이): 900엔, 아바시리 교도소 박물관, 2021년, 사진.

과시켜 교도소 식단 구성 시 코셔식, 할랄식, 채식뿐 아니라 더 엄격한 비건식 옵션도 반드시 포함하도록 정했다.[26] 이 조치는 인권 개선의 일환인 동시에 수감자들의 오랜 바람이었던 '선택의 자유'를 실현하는 계기가 되었다. 실제로 플로리다 교도소에서는 코셔식 제공이 시작되자 유대교 신자가 아님에도 이를 신청하는 사례가 크게 증가했다고 한다.[27] 개별 포장된 도시락 식사가 주는 신기함과 신선함 때문일 수도 있지만, 미국 농무부 지침에 따라 포장과 밀봉을 거친 식사가 더 위생적이고 안전할 것이라는 믿음도 한몫했을 가능성이 높다.

음식문화 연구자 헨리 보이트Henry Voigt에 따르면 샌퀜틴 교도소에도 크리스마스, 설, 휴전기념일 등 특별한 날의 식단표가 기념품으로 남아 있다.[28] 그중에서도 욤키푸르Yom Kippur, 즉 유대교 속죄일의 식단표는 특별한 의미를 지닌다. 신 앞에 죄를 고백하고 생명책에 다시 이름이 오르기를 기도하는 날이었기 때문이다. 그러나 가장 절절한 '음식의 기록'은 실제로 구할 수도 먹을 수도 없었던 음식을 기억하기 위해 남긴 것, 글조차 남길 수 없어서 말로 남겼던 기록일 것이다. 빌헬미나 패히터Wilhelmina Pächter는 독일이 점령했던 체코 테레진 강제수용소에 수감된 홀로코스트 피해자로, 굶주린 여성들과 함께 기억 속 요리법을 모아《기억의 부엌In Memory's Kitchen: A Legacy from the Women of Terezín》이라는 요리책을 엮었다. 이 책은 같은 수용소 생존자 비앙카 슈타이너 브라운Bianca Steiner Brown이 영어로 번역했다.

또 다른 홀로코스트 피해자인 야로슬라브 부들롭스키Jaroslav Budlovsky는 1943년 테레진으로 향하는 죽음의 행군에 대해 이렇게 기록했다. "극심한 굶주림에 시달리며 꿈에 그리는 음식들을 마음속으로 '요리'했다. 그렇게 만든 상상의 음식 덕분에 모든 것을 견디고 어떻게든 살아남을 수 있었다." 또

108

다른 테레진 생존자 수잔 E. 체르냐크 슈파츠Susan E. Cernyak-Spatz는 수감자들이 이런 상상 속 요리를 '입으로 지은 요리'라고 불렀다고 전한다.《기억의 부엌》은 훗날 영화 〈미나의 요리책Mina's Recipe Book〉(2017)으로도 제작되었다.[29]

이처럼 수감생활의 고통 속에서 음식은 시대와 국경, 성별을 초월한 인간의 기억이 되었다. 여러 전쟁에서 고통받은 수많은 이들이 고난의 이야기와 함께 '입으로 지은 요리'를 기록했다. 제2차 세계대전 중 필리핀 빌리비드 포로수용소에 수감된 미 육군 대령 할스테드 클로트워디 파울러Halstead Clotworthy Fowler 역시 그러한 인물이다. 파울러는 테레진에서 멀리 떨어진 필리핀에서 필리핀군 제71야포연대를 지휘했다. 1942년 1월 부상을 입고 바탄 전투에서 포로가 된 그는 천신만고 끝에 죽음의 행군에서 살아남아 빌리비드 포로수용소에 수감됐다. 그는 수감생활 중 동료 포로들의 요리법을 모아 기록했고, 파울러의 숙모 도로시 와그너Dorothy Wagner는 1946년 그 내용을 엮어《빌리비드 레시피Recipes out of Bilibid》라는 책으로 출간했다.[30] 음식 역사학자 바버라 케첨 휘튼Barbara Ketcham Wheaton은 와그너가 조카의 죽음을 받아들이고 정리하기 위해 이 책을 출간했다고 주장했지만[31], 크리스틴 하워드Kristen Howard에 따르면 책의 출간 시기는 파울러가 세상을 떠나기 4년 전이었다.

빌리비드의 남성 포로들은 어째서 상세한 조리법에 대한 대화를 나눴을까? 와그너는 그들이 가족 대대로 내려오는 조리법을 나누고 기록하며 "생존 의지를 더 강하게 다질 수 있었다"라고 말했다. 가족의 전통적인 레시피를 기억하고 공유하는 '희망의 의식' 같은 대화를 통해 마음속으로나마 고향에 한발 더 다가갈 수 있었다는 얘기다.[32] 다음은《빌리비드 레시피》의 한 구절이다.

대화가 어떻게 시작되었든 끝내는 늘 음식 이야기로 이어졌다. 빌리비드의 포로들이 한때 누렸던, 또 반드시 다시 누리리라 결심했던 바로 그 음식이었다. 이런 얘기를 나눌 때면 모두가 미래 시제로 말했다. 과거를 회상하는 것은 오직 언젠가 다가올 구출의 날을 준비하기 위해서였다. 조리법에 관한 대화는 우리의 꿈에 현실감을 불어넣었다. 우리는 음식의 맛이나 잔치에 대한 향수에 젖기보다 조리법의 세밀한 묘사에 집중했다. 그리고 기억 속 그 요리를 간절히 떠올리며 언젠가 반드시 다시 맛보리라 굳게 다짐했다.[33]

책에 실린 조리법들은 요리 또는 레시피로 불렸으며, 지역 또는 국가별로 분류하여 알파벳순으로 소개됐다. 미국, 영국, 중국, 필리핀, 이탈리아, 자바, 멕시코, 폴란드, 러시아, 스칸디나비아, 스위스 순이었다. 책에는 조리기술에 대한 조언 부분도 있는데, 이는 책을 편찬한 와그너가 덧붙인 것이 아니라 빌리비드 수용소의 포로들이 직접 작성한 것이었다.[34] 각각의 조리법에는 그것을 알려준 인물에 대한 짤막한 소개와 함께 포로가 된 경위, 레시피의 출처, 때로는 파울러와의 관계가 어땠는지에 대한 설명도 덧붙여져 있었다.

이탈리아 레시피를 소개한 부분에서 파울러는 이탈리아 포로들에 대해 재밌는 얘기를 남겼다. 이들의 모두 비슷한 음식을 좋아하지만, 조리법에 대해서는 늘 의견이 격렬히 갈렸다는 내용이었다. 파울러는 할 수 없이 "모두가 동의한 레시피만 수록하기로 했다"고 밝혔다.[35] 그중 '명절 케이크' 레시피에는 파울러 자신이 남긴 해설이 등장하기도 한다.

달걀 12개 분량의 노른자, 설탕 2파운드(약 900g)

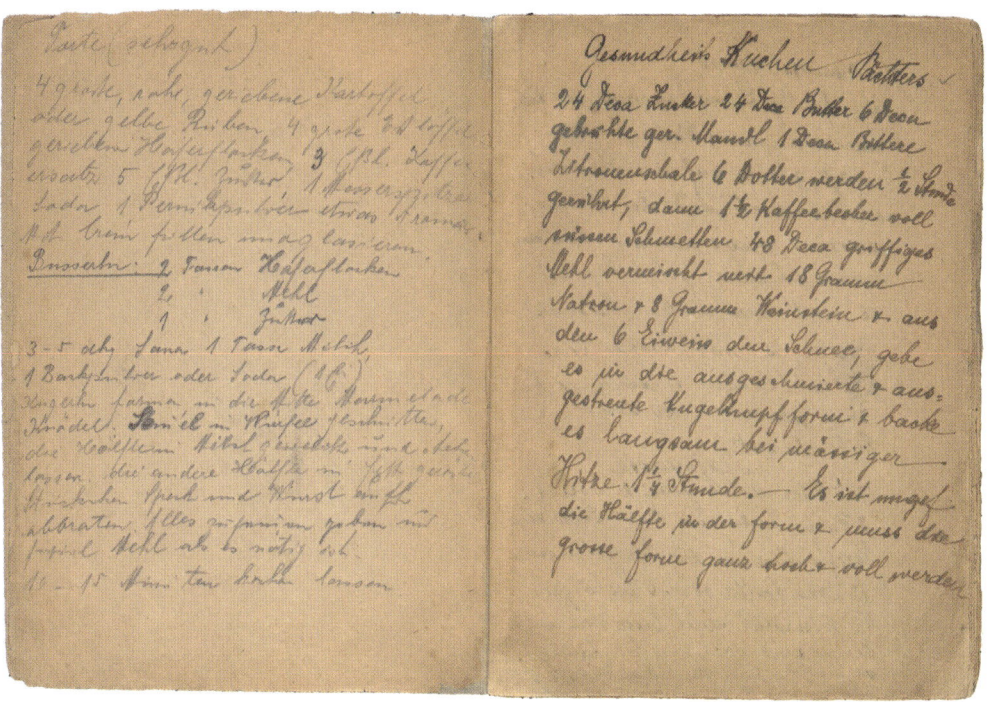

빌헬미나 패히터, 건강케이크 레시피, 1943년경, 요리책 발췌.

밀가루 5파운드(약 2.270g), 우유 1/2컵

잘게 다진 견과류 3컵, 아니스 술 1작은술

달걀노른자를 연한 색이 돌 때까지 잘 휘젓는다. 여기에 아니스 술을 먼저 넣고 설탕을 조금씩 더해가며 고루 섞는다. 이어 밀가루를 넣고 반죽하면서 우유를 적당히 부어 농도를 맞춘다(우유의 양을 정확히 정하기는 어렵지만, 반죽은 되직하면서도 밀어서 펼 수 있는 정도여야 한다). 반죽 위에 다진 견과류를 뿌린 후 고루 섞이도록 잘 치댄다. 그런 다음 밀대로 가볍게 밀어 원하는 모양으로 자른 후 올리브유에 튀긴다(사실상 고급스럽게 만든 도넛이라 봐도 무방하다).[36]

사실 이 튀김요리는 제폴레zeppole, 프리텔레frittelle, 스크레펠레screppelle, 카스타뇰레castagnole 등 다양한 이름으로 불린다. 꿀을 넣어 만든 것들은 스핀지sfingi 또는 **스트루폴리**struffoli라 불리기도 한다. 그러나 중요한 것은 파울러가 밝혔듯 포로들 모두가 이 명절 케이크의 의미와 그 조리법에 동의했다는 사실이다. 이는 비참한 상황 속에서 즐거움의 공유가 얼마나 중요한지를 독자들에게 상기시킨다.

흥미로운 점은 이런 상상의 요리책을 만든 이들 중에 실제 요리 경험이 전혀 없는 사람도 꽤 있었다는 점이다. 중국의 반체제 인사 우훙다吳弘達도 그중 한 명이다. 그는 중국의 강제노동수용소에 19년 넘게 수감되었던 경험을 바탕으로《쓰디쓴 바람Bitter Winds》라는 회고록을 썼다.[37] 그가 수용소에 수감된 시기 중국 전역은 극심한 기근에 시달렸는데, 그래서인지 회고록에는 음식과 굶주림, 기아에 대한 내용이 많이 등장한다. 극한의 굶주림 속에 실제 아사의 위험이 한 발 한 발 다가오자 수감자들은 '음식을 상상하는 모임'을 열었다.[38]

매일 잠자리에 들기 전 우리는 돌아가며 각자 좋아하는 음식에 대해 아주 자세히 설명했다. 고향 지방의 특산 요리인 경우도 있었고, 가족 대대로 내려오는 비법 요리인 경우도 있었다. 재료를 어떻게 써는지, 어떤 양념을 넣고 어떻게 섞는지, 접시에는 어떻게 담는지 설명하고 맛과 향까지 묘사했다. 모두가 말없이 귀를 기울였다.[39]

기념품이 된 메뉴라고 하면 우리는 대개 화려한 장식의 메뉴판이 어딘가에 소중히 보관되어 있는 모습을 떠올린다. 그러나 가장 강렬한 메뉴는 아마도 '입으로 지어서' 기억 속에서 음미한, 오직 마음속에만 존재했던 메뉴였을지도 모르겠다.

필레 미뇽 Filet Mignon au 귀족들의 만찬 문화에서 육류가 대세이던
19세기 프랑스에서 탄생했다. 안심 스테이크 요리이면서 고급 레스토랑
에서 가장 많이 파는 부위 중 하나이기도 하다. 필레는 프랑스어로 '작은
고기 조각'을 의미하고, 미뇽은 '귀여운' '아담한' '섬세한'이라는 뜻을 가지고 있
다. 당시의 식탁에서는 화려한 향신료보다 정확한 굽기와 섬세한 식감이 더 중요
했는데, 필레 미뇽은 바로 그 정점에 있었다. 표면은 단단히 구워 풍미를 가두고,
속은 핑크빛 육즙이 가득한 '우아한 조각'은 프랑스 요리가 만든 미학의 한 부분이
기도 했다.

스위트브레드Sweetbreads 이름만 보면 달콤한 빵처럼 들리지만, 송아지
나 어린 양의 흉선이나 췌장을 사용한 프랑스식 고급 요리다. 핏물을 빼고 살
짝 데친 뒤 팬에 노릇하게 굽는 과정에서 겉은 바삭하고 속은 크리미하게 변
한다. 버섯을 넣고 크림소스나 트러플 소스로 마무리하면 고기의 부드러움과 버
섯의 흙내음이 어우러진 풍미 깊은 요리가 완성된다. 미식가들은 이 조합을 "숲속의
향기와 육즙의 포옹"이라 표현할 만큼 극찬한다. 과거 귀족 식탁의 별미로 불리던
이 요리는 오늘날에도 '진짜 미식가들의 메뉴'로 손꼽히며, 평범한 고기 요리에 지친
사람들에게 새로운 세계를 열어준다.

삼부사Sambuusa 아프리카 동부와 중동 지역에서 즐겨 먹는 삼각형 튀김
간식으로, 인도 사모사에서 유래했지만 현지의 맛과 향을 품은 또 다른 음
식으로 발전했다. 얇게 민 반죽 속에 양고기나 소고기, 양파, 마늘, 고수, 칠
리 같은 향신료를 듬뿍 넣고 바삭하게 튀겨내는데, 한입 베어 물면 매콤하면
서도 짭짤한 육즙이 터져 나온다. 특히 소말리아, 에티오피아, 케냐 등에서는 라마
단 기간에 빠지지 않는 대표 단식 해제용 식사이기도 하다. 단순한 간식처럼 보이
지만, 삼부사는 대륙을 건너온 향신료의 역사와 시간을 함께 담고 있는 음식이다.

검보 미국 남부 루이지애나에서 태어난 진하고 묵직한 스튜로, 프랑스·스페인·아프리카·원주민의 요리 전통이 뒤섞여 만들어졌다. '검보'라는 이름은 서아프리카어로 오크라okra, 즉 끈적한 식감을 내는 채소를 뜻하는 '곰보gombo'에서 왔다. 아프리카에서 온 노예들이 오크라를 들여오면서, 그 말과 재료가 그대로 요리에 스며든 것이다. 여러 문화가 섞인 상징적인 단어이기도 하다. 기본 재료는 기름과 밀가루를 볶아 만든 루와 셀러리·양파·피망, 그리고 닭고기와 소시지다. 지금도 남부식 '따뜻한 공동체의 맛'으로 이어지고 있다.

체리 주빌리cherry Jubile 우리나라에서 아이스크림 맛으로 유명한 체리 주빌리는 사실 화려한 디저트다. 신선한 체리를 설탕 시럽에 익힌 뒤, 브랜디나 키르슈 같은 술을 부어 불을 붙이는 플람베flambé방식으로 완성한다. 파란 불꽃이 피어오르며 향긋한 알코올 향과 체리의 달콤함이 어우러지게 되고, 그 위에 바닐라 아이스크림을 얹으면 차가움과 따뜻함의 대비가 조화를 이룬다. 프랑스의 전설적인 셰프 오귀스트 에스코피에가 빅토리아 여왕의 즉위 60주년, '다이아몬드 주빌리'를 기념해 만든 것으로 알려져 있다. 원래는 남은 체리를 활용한 소박한 레시피였지만, 지금은 가장 드라마틱한 클래식 디저트로 남아 있다.

스트루폴리Struffoli 나폴리의 크리스마스 대표 과자로 밀가루·달걀·버터·레몬 제스트를 섞은 반죽을 작게 빚어 튀긴 뒤 꿀과 설탕 시럽에 버무려 만든다. 우리나라의 약과나 꿀빵 같은 것이다. 겉은 바삭하고 속은 촉촉하며, 꿀의 달콤함과 레몬·리큐르 향이 어우러져 풍미가 깊다. 작은 공 모양 튀김들이 꿀로 엉겨 붙어 탑처럼 쌓이고, 위에 컬러 스프링클, 설탕절임 과일을 장식해 축제 분위기를 낸다. 이탈리아 남부 가정의 명절을 상징하는 달콤한 전통 과자라고 할 수 있다.

세계 무대로
떠난 메뉴

Cultural Encounters

우리는 식탁에서 잠시나마 다른 공간과 시간으로 여행을 떠날 수 있다. 메뉴판은 그 여정을 이끄는 안내자다. 어떤 메뉴판은 한 나라의 역사와 문화를 압축해서 보여주고, 또 어떤 메뉴판은 미래의 상상력을 자극한다.

우리가 해외여행 중 마주하는 메뉴판을 떠올려보자. 익숙하지 않은 언어, 낯선 요리 이름들, 그 안에 숨어 있는 낯선 문화의 정체성까지. 메뉴판은 단순히 우리가 골라야 하는 음식들을 보여주는 것이 아니라 그 나라의 역사와 사회의 가치관이 녹아있는 텍스트라고 할 수 있다. 이번에 살펴볼 내용은 한 장의 종이에 담긴 문화의 교류와 충돌, 그리고 세계화의 흔적에 대한 탐색이다.

19세기 말 세계박람회에서 서구 국가들은 음식으로 '문명'을 전시했다. 프랑스식 만찬은 세련됨의 상징이었고, 제국주의 국가의 레스토랑은 식민지의 재료와 조리법을 '이국적 진미'로 포장해 선보였다. 오늘날 우리가 접하는 로제 파스타, 불고기 타코, 김치 아란치니, 트러플 비빔밥 같은 음식도 이와 같은 퓨전 요리의 역사 속에서 탄생했다고 할 수 있다.

국제적인 단순한 문화 전시가 아니라, 국가별 우열을 드러내는 동시에 자국을 홍보하는 무대가 펼쳐졌던 셈이다. 지금의 K-푸드가 전 세계인의 미각을 사로잡고 있는 것도 결국 이 연장선에 있다. 세계적인 축제와 행사에 나타난 우리나라 음식들이 다른 국가의 재료를 받아들여 퓨전 요리로 나오기도 하고, 현재는 우리나라의 레시피와 음식 이름 그대로 선보이는 일들도 많다. 음식이 문화의 언어로 작동하며, 각 나라가 세계 속에서 자신을 표현하는 방식이 된 것이다.

독자들에게 이번 이야기는 '세계화된 입맛의 역사'를 돌아보는 창이 될 것이다. 우리는 어떻게 파스타와 덮밥을 '일상식'으로 받아들이게 될 수 있었을까? 메뉴판을 통해 보는 문화의 충돌과 재해석의 역사는, 결국 우리가 어떻게 음식과 함께 정체성을 만들어가고 있는지도 보여준다.

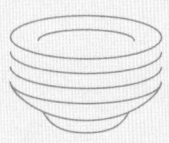

메뉴판은 우리를 상상의 비행으로 초대한다. 이 여정은 식사하는 사람들을 이상적인 현재로, 낭만적인 과거로, 대담한 미래로 이끈다. 반대로 후대의 독자에게는 과거의 한 시점으로 되돌아가는 통로가 되기도 한다. 현대 독자들의 21세기적 시선은 장점이지만, 때로는 한계가 될 수 있다. 이번 장에서는 여러 나라를 여행하듯 각국의 음식을 경험할 수 있도록 구성했다. 각국이 자국의 음식을 통해 세계무대에서 스스로를 어떻게 표현했는지, 또 국가적 음식문화와 타문화의 만남이 어떻게 형상화되었는지를 살펴보고자 한다. 먼저 세계박람회에 참가한 각 나라가 문화·기술·음식을 종합적으로 소개하던 전시관인 파빌리온에서 선보인 메뉴판을 살펴본다. 이 메뉴판은 한 나라의 대표적인 식문화를 보여주는 것이 가장 큰 목적이다. 이어서 메뉴판이 타문화를 어떻게 묘사했는지를 분석하고, 그 과정에서 요리사와 식당이 타자성을 표현하는 방식이 왜곡되거나 오해를 불러일으킨 사건을 함께 볼 것이다. 자국 음식이 외부의 시선 속에서 타자화된 데 맞서, 자신만의 언어로 응답한 일들이 있다. 이는 단순한 '응답'을 넘어, 타문화를 경청하고 새로운 식문화를 식탁 위로 초대한 퓨전 요리의 여정과 같다.

세계무대 위의 음식

사회학자 프리실라 파크허스트 퍼거슨Priscilla Parkhurst Ferguson은 단순한 '조리'와 구분되는 개념으로서 '요리문화cuisine'를 정의했다. 그녀에 따르면 조리cooking는 "음식을 인간이 섭취 가능한 형태로 만드는 일"이고, 요리문화는 "그 조리에 사회적 맥락을 부여하는 행위"다.[1] 요리문화가 형성되려면이를 뒷받침하는 문헌이 필요하다. 음식의 구성 요소와 변화 과정을 기록한자료뿐 아니라, 개별 요리가 풍미 체계나 조리 기술과 어떻게 연결되는지를설명하는 기록이 필요하다. 그러나 요리문화는 단순히 글로만 완성되지 않는다. 그것은 세대를 거치며 축적된 경험과 지식이 몸에 밴 결과다. 언어학자댄 주래프스키의 말처럼, 요리문화는 단순한 맛의 조합이 아니라 "어린 시절부터 체득된 여러 문법적 원칙의 결합"으로 만들어진다.[2]

그렇다면 어떤 문헌이 요리문화를 기록으로 남기는 걸까? 대표적으로 줄리아 차일드Julia Child, 시몬 베크Simone Beck, 루이제트 베르톨Louisette Bertholle 공저의 《프랑스 요리의 기술Mastering the Art of French Cooking》을 떠올릴 수 있다. 혹은 청나라 시인이자 미식가였던 원매袁枚가 18세기 후반에 쓴 《수원식단隨園食單》을 생각해볼 수도 있다. 이 책은 2019년 영어로 번역되어 《음식의 길The Way of Eating》이라는 제목으로 출간됐다. 문학 작품 속 식사 장면이나 음식 묘사를 떠올릴 수도 있을 것이다. 찰스 디킨스의 《크리스마스 캐럴》에 등장하는 크래칫 가족의 성탄절 식사 장면이 대표적이다.[3]

메뉴판 또한 요리문화를 구성하는 핵심 기록물이다. 메뉴판은 짧은 문장으로 특정 시대, 특정 지역에서 즐겼던 음식을 압축적으로 보여준다. 이제 자국의 요리문화를 세계에 알리는 상징적 도구로 쓰인 메뉴판들을 살펴보자. 국제박람회, 만국박람회, 엑스포 등 다양한 이름으로 불린 세계박람회는 각국이 자국의 요리문화를 선보이는 무대였다. 많은 국가가 박람회를 위해 특별히 고안한 메뉴를 선보였고, 빅토리아 여왕Queen Victoria의 부군 앨버트 공

Prince Albert이 기획한 1851년 런던 만국박람회는 이런 국제적 축제의 출발점이었다. 각국은 파빌리온 내에 레스토랑을 설치해 자국의 대표 요리를 세계인에게 선보였다. 박람회는 산업 기술과 제조 역량을 홍보하는 장이었지만, 대중의 마음을 사로잡은 것은 언제나 '음식'이었다. 이를 잘 보여주는 예가 1964~1965년 뉴욕세계박람회 홍보 잡지의 광고다. 큼직한 글씨로 적힌 문구는 이렇게 선언한다. "세계의 놀라운 맛이 당신을 기다린다."

세계박람회의 파빌리온 레스토랑을 따라 상상의 여정을 떠나보려 한다. 출발지는 내 고향인 캐나다이며, 그곳에서 다른 대륙으로 시선을 넓혀갈 것이다. 박람회들을 연대순이 아닌 지리적 순서로 다루는 이유는 이 장이 문화 간 '조우의 순간'을 탐구하는 데 초점을 두기 때문이다. 이를 통해 우리는 메뉴판이 국가 정체성과 세계 속의 위치를 어떻게 드러내는지를 살펴볼 수 있을 것이다. 이번 장에서는 역사적 접근보다는 문화지리적 시선에 집중한다.

1967년 캐나다 몬트리올에서는 건국 100주년을 기념하는 엑스포 67이 열렸다. 캐나다 파빌리온에는 라 툰드라La Toundra라는 레스토랑이 설치되었다. '툰드라'라는 이름은 신비롭고 낭만적인 북부 이미지를 강조하기 위한 전략이었다. 이는 2019년 캐나다의 십대 테니스 선수 비앙카 안드레스쿠Bianca Andreescu의 윔블던 우승이나 토론토 랩터스Toronto Raptors의 NBA 우승 당시 사용된 슬로건 '북부의 자부심We the North'에서도 이어진다. 그러나 '라 툰드라'라는 이름에는 캐나다가 사시사철 눈과 얼음으로 덮여 있다는 외부의 고정관념을 은근히 비트는 유머도 담겨 있었다. 캐나다는 엑스포 67의 메뉴판을 통해 자국의 기원을 다층적으로 풀어냈다. 라 툰드라의 메뉴판은 캐나다 음식문화를 영국, 프랑스, 미국의 영향으로만 설명하지 않았다. 대신 원주민 요리문화의 흔적을 과감히 드러내며 광활한 영토와 혹독한 자연환경을 상징

박람회의 음식, 1964~1965년, 인쇄 광고물.

적으로 표현했다.

캐나다 요리란 과연 무엇일까? 엑스포 67이 끝나고 55년이 지난 지금도 이 질문의 답은 여전히 논쟁적이고 모호하다. 하지만 라 툰드라의 메뉴판은 이에 대한 하나의 명확한 해답을 제시했다. 그것은 바로 들소, 송어, 벨루가, 비버 꼬리처럼 지역 식재료를 독창적으로 조리한 음식이었다. 예컨대 고사리순은 캐나다에서 초봄에 즐기는 별미로, 여러 번 삶아 독성을 제거한 후 요리한다. 이 책에는 실리지 않았지만 메뉴판의 다른 지면에서는 정착민 요리

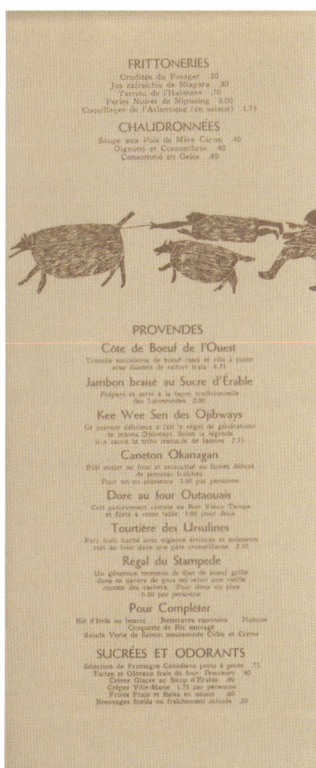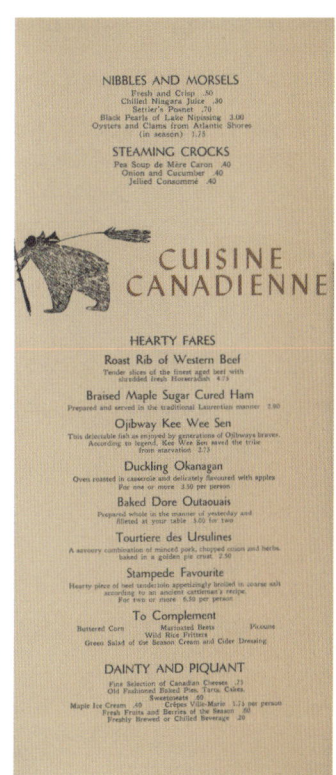

라 툰드라 메뉴판, 1967년.

의 영향도 드러난다. 대표적으로 프랑스의 부르고뉴식 달팽이 요리와 수프인 **비시수아즈**^{Vichyssoise}, 영국의 파슬리 감자 요리가 포함됐다. 메뉴판 뒤쪽의 '세계 요리' 섹션에서는 캐나다가 다문화 국가임을 분명히 보여준다. 예를 들어 몬트리올의 옛 원주민 거주지에서 이름을 따온 '호첼라가^{Hochelaga}'라는 돼지고기 요리는 계피와 정향의 향신료 조합으로 중세 유럽의 풍미를 연상시키며, 돼지고기 자체는 영국계 정착민들의 농업 관행을 떠올리게 한다.

엑스포를 찾은 방문객들 중에는 프랑스에 익숙한 사람도 있었겠지만, 몬트리올이 이중언어 생활권이라는 사실을 쉽게 체감했을 것이다. 그러나 메뉴판에 쓰인 원주민 언어에 별도의 번역이 없다는 점은 눈에 띈다. 프랑스어 사용자든 영어 사용자든 우미악umiak이 무엇인지, 훈제 일칼루Ilkalu가 어떤 음식인지 고개를 갸웃했을 것이다. 프랑스어 메뉴판에는 퀘벡식 조리 용어가 그대로 사용되기도 했다. 예컨대 마르미트marmites는 보글보글 끓는 솥, 프로방드provendes는 푸짐한 음식, 쇼드로네chaudronées는 김이 나는 뚝배기, 프리토네리frittoneries는 한입 거리를 뜻한다. 이러한 단어들은 다른 프랑스어권 국가에서는 잘 쓰이지 않는 표현이었다.

한편 메뉴를 영어로 번역하는 과정에서는 프랑스어 억양 부호가 생략되어 손님들을 혼란스럽게 만들기도 했다. 예를 들어 베이크드 도어Baked dore는 도레doré, 즉 월아이walleye라는 농어목 생선을 뜻하는데 억양 부호 유무가 의미를 좌우한다. 반면 캐나다의 대표 파이인 **투르티에르**Tourtière는 억양 부호가 빠져도 큰 문제없이 이해된다. 사가미트Sagamite의 정확한 표기는 사가미테Sagamité로, 옥수수가루에 고기, 생선, 과일을 넣어 끓인 스튜를 뜻한다.[4] 피쿤Picoune은 감자, 순무, 당근을 으깨 퓌레로 만든 요리다.[5] 영어 메뉴판에서 프랑스어 표제를 그대로 사용한 것은 몬트리올이라는 도시가 두 공용어 사이를 얼마나 자연스럽게 오가는지를 보여준다.

엑스포 67의 또 다른 참가국이었던 자메이카 파빌리온의 칵테일 메뉴판은 캐나다와 대조적인 인상을 준다. 이 메뉴판은 각 음료에 자국의 역사적 사건인 1692년의 지진, 민속 설화 '하얀 마녀', 지역 인물인 '스노우볼 아이스크림 장사꾼 조'와 관련된 이야기를 길게 풀어냈다. 종이 우산, 빨대, 신선한 민트 가지로 장식한 음료 그림을 강렬한 색채로 묘사한 것도 특징이다. 배경에는 햇살 가득한 섬나라의 풍경이 펼쳐진다. 흥미로운 점은 자메이카가 자랑하는 럼Rum을 제외하면 세부 재료 정보가 거의 없다는 것이다. 하얀 마녀에 들어간다는 '지옥불'은 대체 무엇일까? 포트 로열 어스퀘이크Port Royal Earthquake에는 어떤 재료가 들어갔을까? 카리브해의 해적 헨리 모건Henry Morgan의 전리품이 럼이었다는 점을 생각하면, 이 칵테일에도 럼이 들어갔을 가능성이 높다. 이 메뉴판이 그려낸 자메이카의 이미지는 분명하다. 강렬하고 개성 넘치며, 음악과 흥으로 가득한 열대의 섬나라다.

1893년 시카고 세계박람회의 일본 파빌리온에서도 음료 중심의 메뉴판이 등장했다. 자메이카의 자랑이 럼이었다면, 일본의 자랑은 차였다. 메뉴판 서문에는 일본과 차의 긴밀한 관계를 설명하는 글이 실려있었다. 디자인은 자

자메이카 파빌리온의 칵테일 메뉴판, 엑스포 67, 1967년, 인쇄 메뉴.

메이카의 강렬함과 반대로 절제된 우아함을 추구했다. 얇은 일본식 화지和紙와 섬세한 양각 무늬 장식은 일본의 자부심을 드러냈다. 파빌리온의 다실은 일본차 중앙회의 후원으로 '정통' 일본 건축 양식으로 지어졌음을 강조했다. 기획 목적은 '해가 떠오르는 나라' 일본의 차 문화를 보여주는 것이었지만, 사실상 미국 시장에 더 고급스러운 일본차를 소개하려는 의도도 있었다. 당시 일본은 한 해 2,300만 킬로그램의 차를 미국에 수출하고 있었지만, 미국인들은 쿄쿠로나 텐차 같은 일본식 고급 차를 즐길 기회가 거의 없었기 때문이다.

일본의 다도식 정찬인 차 가이세키茶懷石는 이 메뉴판이 제작되기 훨씬 전

THE JAPANESE TEA HOUSE.

THE Japanese Tea House, under the auspices of the Central Tea Association of Japan, is situated in the northern part of the Jackson Park, north of the Restaurant de Paris, fronting the drive-way from the Illinois State Building to the Fisheries Building.

It consists of three parts built in every respect after the style of proper Japanese architecture, and is surrounded by gardens laid out after the fashion of the native landscape gardening.

1st. Common Tea Saloon: admission 10 ¢.　A cup of the genuine Japanese tea served, with Japanese cake; accompanied with a present of some Japanese article.

2nd. Special Tea Saloon: admission 25 ¢.　Best "gyokuro" tea served in pure Japanese style, with Japanese cake; accompanied with a present of a sample of common tea (¼ pound).

3rd. Ceremonial Tea Saloon: admission 50 ¢.　"Tencha", the best quality of powdered tea, served with the "chanoyu" ceremony; accompanied with cake, a present, and a sample of common tea (¼ pound).

Although out of 90,000,000 pounds of tea consumed annually in the United States about 50,000,000 are imported from Japan, yet the "gyokuro" and "tencha" have never been known in foreign markets.

In grateful recognition of this liberal patronage, the Central Tea Association of Japan have gone to great expenses of opening a genuine Japanese tea house, and of showing the people of the United States and all visitors to the exposition, how tea is prepared and drunk in the Land of the Rising Sun.

KOKUBUNKWA TYPE TOKYO, JAPAN.

일본식 다실, 1890~1893년경, 인쇄 광고물.

인 16세기부터 이어져온 차 문화다.[6] 그러나 일본 파빌리온의 메뉴판은 다도 전통을 자세히 설명하거나 이 의식이 소수 특권층의 행사였다는 사실을 밝히지 않는다. 대신 일본에서는 모든 계층이 훌륭한 품질의 차를 즐긴다는 인상을 주는 데 초점을 맞췄다. 다도의 창시자 센노 리큐千利休나 다도의 형성에 기여했으나 종종 간과되는 엔도 겐칸遠藤元閑에 대한 언급은 없다. 일본 음식문화에 대해 더 깊이 알고 싶다면 에릭 라스Eric Rath의 《일본의 음식문화Japan's Cuisines》를 읽어볼 것을 권한다.

이 책에서 라스는 오늘날 일본의 대표적인 음식문화로 세계에 알려진 차가이세키나 와쇼쿠和食가 일상적 관습에서 자연스럽게 발전한 것이 아니라고 말한다. 오히려 전시와 같은 어려운 상황에서 일본 정부가 자국의 음식문화를 특정한 방식으로 보여주기 위해 기획한 국가 주도의 전략적 산물이었다는 것이다. 따라서 일본 파빌리온의 메뉴판과 세계 각지에 설치된 일본식 다실은 단순한 문화 전시가 아니라, 일본차중앙회라는 공식 기관이 주도한 문화 프로그램의 일부였다. 이는 일본 정부가 얼마나 체계적이고 효과적으로 자국 문화를 홍보했는지를 보여주는 대표적인 사례다.

1939~1940년 뉴욕 세계박람회의 소련 파빌리온 메뉴판은 일본의 사례와 극명한 대조를 이룬다. 소련의 메뉴판에는 문화적 상징이 전혀 없고, 음식설명 또한 장식적 요소나 디자인적 요소를 배제한 채 오직 텍스트로만 이루어진다. 그러나 작은 조개류인 무명조개, 다양한 방식으로 조리한 철갑상어, 새우 칵테일, 새우 오믈렛, 바닷가재 요리, 랍스터 뉴버그, 어린 양고기, 필레미뇽, 브로콜리, 완두콩과 감자, 과일을 활용한 다양한 디저트로 이어지는 구성은 충분히 입맛을 돋운다. '발트해 해산물 샐러드'와 '우크라이나식 비토치키Bitotchki Ukrainskia(닭고기를 다져서 튀긴 요리)'를 제외하면 지역의 특산품이

나 특정 산지를 강조하는 언급은 없다. 이는 자국을 여러 지역과 공화국의 집합체가 아닌 소련이라는 단일한 국가로 제시하고자 한 의도였을 것이다.

　박람회 참가국들은 메뉴판을 통해 자국의 가치를 강조하는 동시에 방문객들이 지녔을 수 있는 선입견에 대응하고자 했다. 예를 들어 당시 소비에트 연방(소련) 파빌리온은 다음과 같은 안내문이 붙어 있었다. "저희 직원들은 충분한 보수를 받고 있습니다. 소비에트 관습에 따라 팁 주기를 삼가주십시오." 이 안내문은 단순히 소비에트 팁 문화를 설명하는 데 그치지 않았다.

서로 다른 문화권이 만나는 지점에서 소련의 특성에 대한 선입견과 오해에 '응답'하는 역할을 했다. 나아가 이 메뉴판은 소련의 공산주의적 임금 체계와 서구의 자본주의적 임금 체계가 지닌 차이를 선명하게 보여준다. 현재 이 메뉴를 바라보는 우리는 1939년에 제2차 세계 대전이 발발한다는 사실을 알고 있다. 전쟁이 시작되자 소련과 나치 독일은 폴란드를 침공했고, 메뉴판에 나열된 이 호화로운 음식들은 한동안 연합국과 그밖의 독일·이탈리아·일본에서도 구경하기 어려운 사치품이 되고 말았다.

　이번 여정에서 마지막으로 둘러볼 곳은 1964~1965년 뉴욕 세계박람회다.

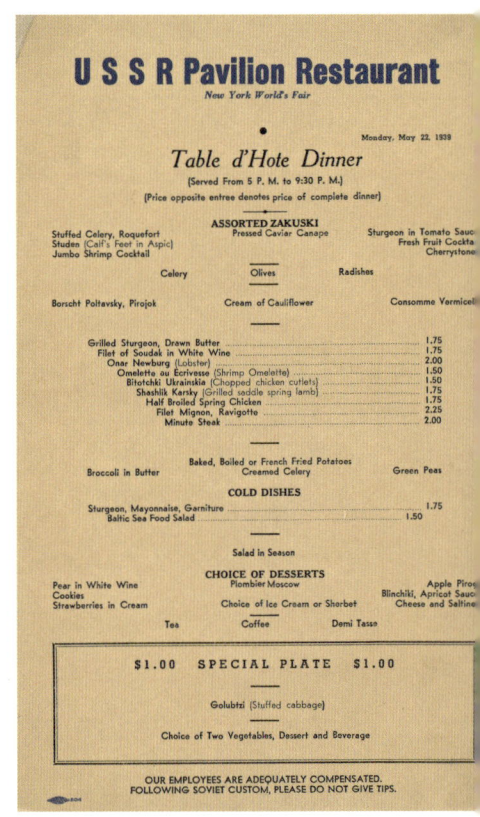

소련 파빌리온 레스토랑의 메뉴판, 1939년, 인쇄 메뉴.

이 박람회에는 한 대륙 전체의 음식문화를 선보이는 중대한 과제를 맡은 전시관이 있었다. 바로 아프리카 파빌리온이다. 아프리카 파빌리온은 당시 사하라 이남 아프리카 24개국을 상징하는 작은 원형 공간들로 구성됐다. 그중 가장 큰 인기를 끈 곳은 트리하우스 레스토랑Treehouse Restaurant이었다. 아프리카의 전통 초가집에서 영감을 받은 다층 구조물로, 지름 4.5미터의 거대한 반얀트리 모형 위에 설치된 식당이었다.[8] 관람객들은 나선형 계단을 올라 식당에 입장하며 기린 조형물의 모습을 즐길 수 있었다. 메뉴판에는 레스토랑의 모습을 반영하듯 커다란 반얀트리와 나뭇잎을 뜯어 먹고 있는 기린의 이미지가 그려져 있었다. 홍보물에서는 식당을 이렇게 설명했다. "아프리카 무기와 가면, 새장 속 이국적인 새들로 장식된 공간에서 전통 복장의 웨이터가 서빙하는 미국 입맛의 아프리카 요리를 즐겨보세요." 홍보 문구는 미국인 입맛을 고려했다고 밝혔지만, 메뉴 구성은 여전히 지역의 정체성을 드러내려는 의도가 뚜렷하다.

예를 들어 메뉴판에는 모리타니아식 땅콩 수프와 곡물 모양의 파스타인 쿠스쿠스Couscous, 그리고 '전통 곁들임 음식'과 함께 제공되는 케냐식 냉 파파야 수프와 소고기 카레가 포함되어 있었다. 트리하우스 레스토랑은 여러 공간으로 나뉘어 있었으며 각기 다른 요리를 선보였다. 그중 전설의 트리하우스The Legendary Treehouse는 디저트 전문 공간으로, 1964년 당시 미국인들에게는 낯설었던 땅콩 무스나 망고 디저트를

트리하우스 레스토랑 저녁 메뉴판, 1964~1965년, 인쇄 메뉴.

내놓았다. 후식과 함께 제공된 과자는 익숙한 맛이었지만, 친친Chin-chin이라는 이국적인 이름을 붙여 새로운 이미지를 강조했다. 또한 콩고 요리 치킨 모암바Chicken Moamba에는 잘게 썬 아보카도가 곁들여졌는데, 이 역시 당시 미국에서는 비교적 생소한 식재료였다. (물론 일부 사람들은 1915년까지 미국에서 통용되던 악어 배alligator pear라는 이름으로 아보카도를 알고 있었을지도 모른다.) 바나나를 구워 먹는 조리법 역시 미국 관람객에게는 신기하게 느껴졌다. 흥미로운 점은 아프리카가 이미 식량난에 시달리고 있었음에도 불구하고 박람회에서는 오히려 풍요로운 이미지를 강조했다는 사실이다. 물론 이는 당시의 문화외교적 전략이었을 가능성이 크다. 메뉴판의 요리는 주로 양고기, 소고기, 닭고기, 바닷가재 꼬리 등 고급 식재료를 중심으로 구성됐으며 모인모인moin-moin, 마하라그웨maharagwe, 차칼라카chakalaka 등 콩을 주재료로 하는 저렴한 채

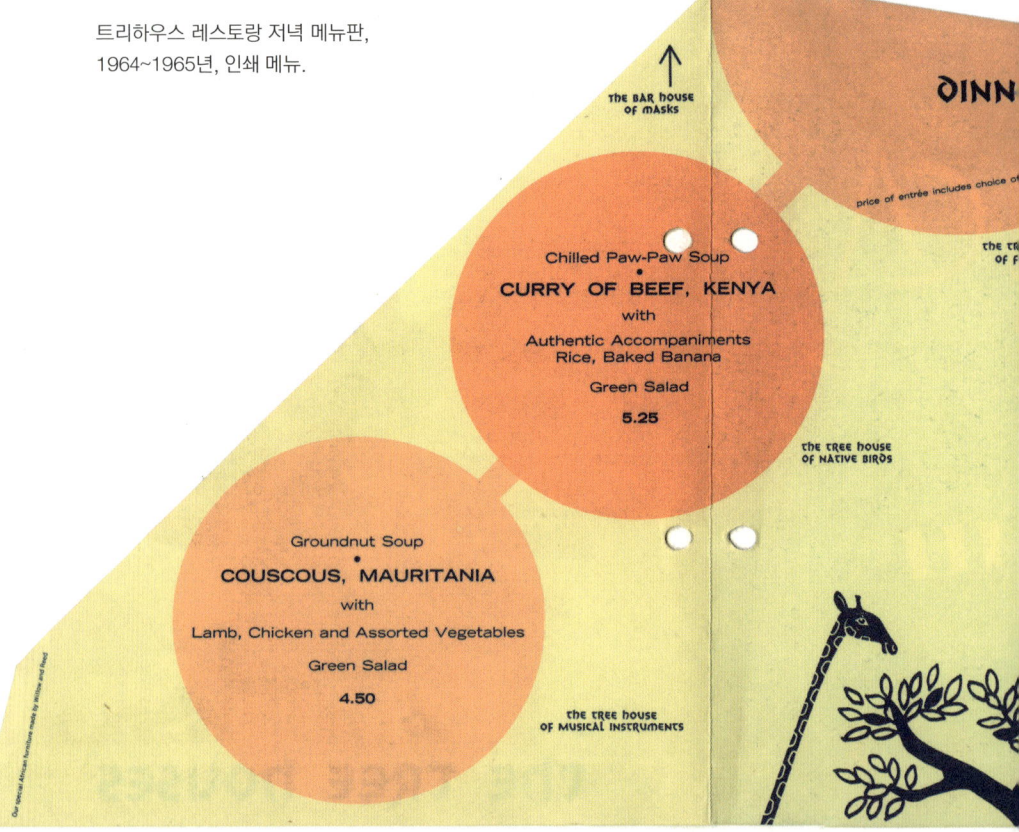

트리하우스 레스토랑 저녁 메뉴판,
1964~1965년, 인쇄 메뉴.

식요리는 제외됐다. 결과적으로 아프리카 파빌리온이 전하고자 하는 이미지는 명확했다. 문화적 다양성과 다채로운 음식 전통을 지닌 활기찬 대륙, 말라가시 바닷가재와 코코넛, 망고, 바나나 같은 훌륭한 식재료가 넘쳐나는 풍요로운 대륙의 이미지였다.

이국을 연출한 메뉴판

세계박람회의 메뉴판은 국가가 자국의 요리문화를 외부에 알릴 수 있는 중요한 기회였다. 물론 박람회라는 특성상, 음식의 정체성을 간결하게 보여주기 위해 어느 정도의 축약과 단순화는 피할 수 없었다. 그러나 외부인의 시선으로 만들어진 메뉴판은 문화권 간 음식 교류의 복합성과 긴장을 오히려 더 잘 드러낸다. 관광업계 기업들은 낯선 문화의 관습을 자국 고객에게

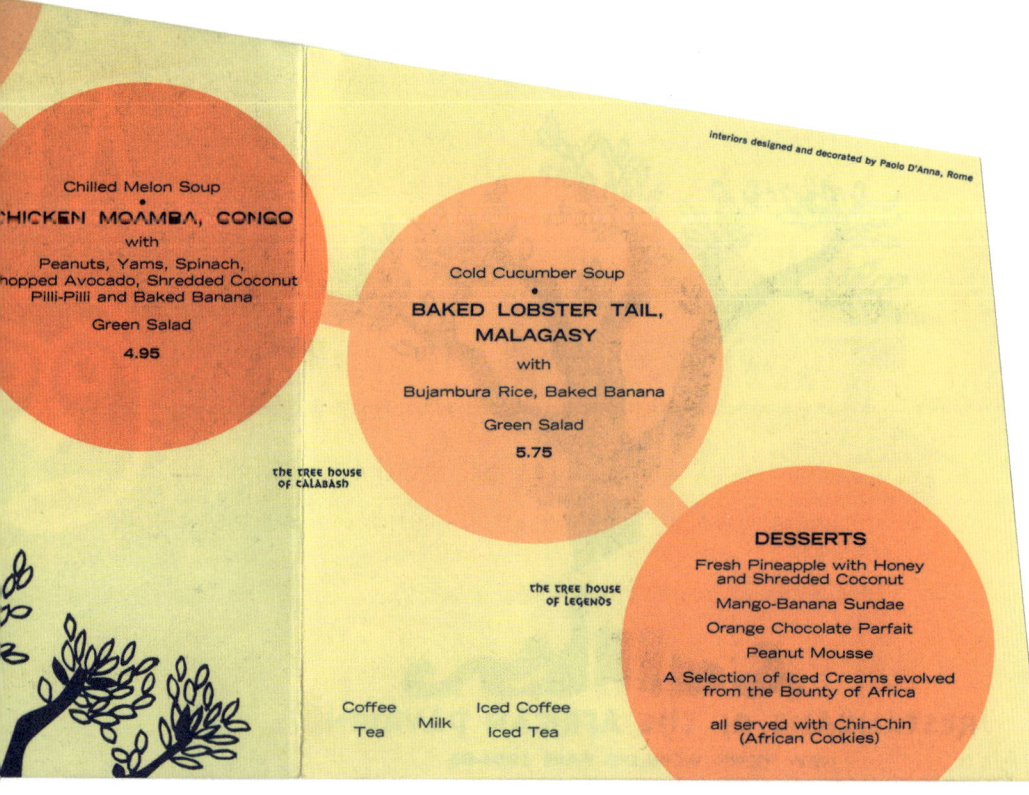

interiors designed and decorated by Paolo D'Anna, Rome

Chilled Melon Soup
•
CHICKEN MOAMBA, CONGO
with
Peanuts, Yams, Spinach,
Chopped Avocado, Shredded Coconut
Pilli-Pilli and Baked Banana

Green Salad
4.95

Cold Cucumber Soup
•
BAKED LOBSTER TAIL,
MALAGASY
with
Bujambura Rice, Baked Banana

Green Salad
5.75

the tree house
of CALABASH

the tree house
of LEGENDS

DESSERTS
Fresh Pineapple with Honey
and Shredded Coconut

Mango-Banana Sundae

Orange Chocolate Parfait

Peanut Mousse

A Selection of Iced Creams evolved
from the Bounty of Africa

all served with Chin-Chin
(African Cookies)

Coffee
Tea   Milk   Iced Coffee
Iced Tea

소개하기 위한 도구로 메뉴판을 활용했지만, 이런 재현에는 늘 뚜렷한 한계가 따랐다. 이는 메뉴라는 형식이 가진 압축적 특성 때문이기도 하고, 메뉴를 제작한 기업이 속한 문화와 여행지의 문화 사이의 간극에서 비롯되기도 했다.

이런 특징은 프랑스 해운회사 메사주리 마리팀이 운항했던 여객선 르 세네갈Le Sénégal의 식당 메뉴판에서 두드러진다. 이 배에서는 대체로 승객들에게 익숙한 유럽식 식사가 제공되었다. 메사주리 마리팀은 해상 여행의 전성기였던 1880년대부터 1920년대 사이 큰 성공을 거두었는데, 이는 프랑스가 동쪽으로 식민지를 확장하던 시기와도 맞물려있었다. 1870년에 첫 항해를 시작한 세네갈호는 스미르나 인근에서 기뢰에 부딪혀 1913년에 폐선되었지만,[9] 1901년 당시에는 프랑스의 마르세이유와 동방을 오가는 노선에서 활약하고 있었다.

1901년 세네갈호 1등석 승객의 점심 메뉴를 살펴보면, 전채 요리는 순무, 올리브, 정어리, 롤빵과 버터를 곁들인 모르타델라Mortadella 햄 가운데서 선택할 수 있었다. 메인 요리로는 달걀, 송아지고기, 대구, 견과류를 곁들인 돼지고기나 소고기가 있었고, 후식으로는 치즈나 과일을 고를 수 있었다. 메뉴판은 강렬한 시각적 요소로 꾸며져 있다. 오른쪽 아래에는 유럽적 이목구비에 서양식 헤어스타일을 한 여성 종업원이 그려져 있는데 그녀의 복장에는 여러 비서양적 요소가 섞여 있다. 샴페인 쟁반을 들고 있는 그녀의 옷에는 메사주리 마리팀의 상징인 유니콘 문양이 새겨져 있고 그림 속 무도회에서 손님을 맞이하는 종업원임을 보여준다. 반면 무도회의 손님들은 19세기 중반 유럽식 드레스를 차려입은 모습으로 등장해 세련된 승객과 이국적으로 표현된 종업원이 대비되어 보인다. 세네갈호의 메뉴판은 아시아 요리와 함께 동

세네갈호의 점심 메뉴판, 1901년, 인쇄 메뉴　　　콩고호의 점심 메뉴판, 1899년, 인쇄 메뉴에 손 글씨.

방이라는 지역의 '이국적' 이미지를 내세워 승객들을 유혹하고자 했지만, 오늘날의 시선으로 보면 불편함을 감출 수 없다. 이 메뉴판이 가장 분명하게 드러내는 미학은 오리엔탈리즘이다. 19세기에 뿌리를 둔 오리엔탈리즘 양식은 비서구 문화를 낯설고 '타자적인' 것으로 재현하는데, 그 과정에서 과장된 성적 이미지나 경멸적인 희화화가 자주 동반된다.[10] 메뉴판의 삽화에는 유럽 백인으로 보이는 승객들과 인종이나 문화적 배경이 모호하게 표현된 동양풍의 여성 종업원이 함께 등장한다. 이 여성은 메사주리 마리팀의 상징 문양이 새겨진 기모노 복장을 하고 있지만, 일본인의 모습과는 거리가 멀다. 여러 문화적 고정관념을 짜깁기한 이 장면은 결국 인간적인 온기가 제거되어 추상화된 '이국적 타자'의 이미지다.

　같은 해운사 소속의 또 다른 여객선 르 콩고Le Congo의 메뉴판은 이러한 경향을 더욱 명확히 보여준다. 이 메뉴판의 삽화에는 출신지를 특정하기 어려운 한 남성이 과장된 모습으로 묘사되어 있다. 여객선의 이름은 '르 콩고'지만, 그 인물은 콩고인으로 보이지 않는다. 메뉴판 상단의 붉은 글씨는 한자를 흉내 내어 이국적인 분위기를 연출하려는 장치였지만, 고개를 기울여 보면 사실 해운사의 이름인 Messageries Maritimes을 장식적으로 변형한 것이다. 남성의 상의에 새겨진 금색과 붉은색 문양도 언뜻 황실 문양처럼 보여도 해운사의 로고를 장식적으로 변형한 것에 불과하다.

　결국 이 메뉴판의 삽화와 서체는 진정한 문화적 교류를 담아내기보다 피상적인 '이국 취향'을 강조한 얄팍한 오리엔탈리즘을 보여준다. 당시 유럽인들에게 익숙했던 여러 요리의 이름을 프랑스어로 적어 넣은 메뉴판 역시 이를 뒷받침한다. 전채 요리는 멜론, 순무, 버터 그리고 고기나 생선을 곱게 다진 페이스트인 파테pâté로 구성되었고, 메인 코스에는 생선, 그릴에 구운 커틀릿 그리고 레드와인 소스를 곁들인 스테이크인 앙트르코트 보르델레즈Entrecôtes Bordelaise가 포함되어 있었다. 그러다 우프 아 라메리켄Oeufs à l'Américaine, 즉 '미국식 달걀 요리' 항목에 이르면 이 메뉴판이 시각적으로는 '동방'을 추구하는 듯하지만 정작 메뉴 구성에서는 그와 관련된 시도조차 없었음이 분명해진다.

응답하는 메뉴

메사주리 마리팀은 앞서 살펴본 두 메뉴판을 통해 승객들에게 이국적인 풍경을 약속했다. 그러나 이와 달리 외부의 선입견에 응답하며 자국의 음식문화와 유산을 스스로 정의하려는 메뉴판도 존재한다.

자국의 독특한 음식을 선보이는 것 외에도 메뉴판이 국가에 대한 애정을 표현하는 방식은 다양하다. 그중 하나는 국가의 가치와 우선순위를 메뉴판 속에 담아내는 것이다. 이런 가치를 명확히 드러낸 사례로는 자메이카 아라와크 호텔Arawak Hotel의 메뉴판을 들 수 있다. 이 호텔의 1962년판 메뉴판 표지에는 자메이카의 노예제 역사를 묘사한 삽화들이 담겨 있다. 문화적 산물로서 이 메뉴판은 자메이카 역사의 변화를 보여주면서도, 동시에 그 변화가 얼마나 더디게 진행됐는지를 드러낸다. 일례로 뒤표지의 삽화 설명을 보면 호텔이 표현 선택에 있어 조심스러워한 흔적이 엿보인다. 이는 아라와크 인디언을 '원 거주민'으로, 스페인인을 '정착민'으로 표현한 것이 그렇다.

메뉴 구성을 보면 정작 자메이카 요리는 많지 않다. 메뉴판을 채운 것은 1960년대에 크게 유행했던 맨해튼 칵테일과 스테이크, 햄, 크림소스를 곁들인 송아지고기 같은 전형적인 미국 요리, 그리고 영국식 후식인 셰리 트라이플sherry trifle이었다. 물론 자메이카의 색채를 띤 음식도 일부 포함되어 있었다. 파인애플 아이스크림과 차가운 망고주스는 열대의 기후를 드러냈고, '진짜' 거북이 수프는 현지 바다의 풍요로움을 과시했다. 댄 주래프스키는 메뉴판에서 '진짜'라는 표현이 어떻게 사용되어 왔는지를 분석하며 이렇게 말한다. "식재료에 '진짜'나 '원조'라는 수식어를 붙여온 역사를 보면, 무엇이 모조품을 만들 만큼 가치 있는 식재료였는지를 알 수 있다."[11]

그는 메뉴판에 '진짜 버터(마가린 아님)'라는 항목이 흔히 보이던 1960년내를 상기시키며, 거북이나 맥주가 '진짜인지 아닌지'를 걱정하던 시절은 이미 지나갔음을 말한다. 그렇기에 수십 년이 지난 1960년대에 다시 '진짜'라는 수

Our Cocktail Suggestion
MANHATTAN
ARAWAK SPECIAL

TUESDAY, 21st AUGUST, 1962

Our Wine Suggestion
BEAUJOLAIS
HAUTES SAUTERNES
CHATEAU DE SELLE

Menu

DINNER

Chilled Mango, Tomato or Prune Juice
Lobster Cocktail　Honey Grilled Grapefruit with Rum

Real Turtle Soup　Cold Cream of Cucumbre

Dover Sole - Grenobloise
Grilled Sirloin Steak - Maitre d' Hotel
Glaced Baked Virginia Ham - Hawaiian Style
Cold Sliced White Meats of Turkey - Cranberry Sauce
Beets or Potato Salad
Roast Leg of Veal with Cream Sauce and Rice

Macedoine of Vegetables　Mustard Greens
Chateau or Boiled Potatoes

Mixed Green Salad

Butterscotch Sundae　Sherry Trifle
Rice Pudding　Pineapple Ice Cream

Cheese Board

Assorted Rolls

Blue Mountain Coffee

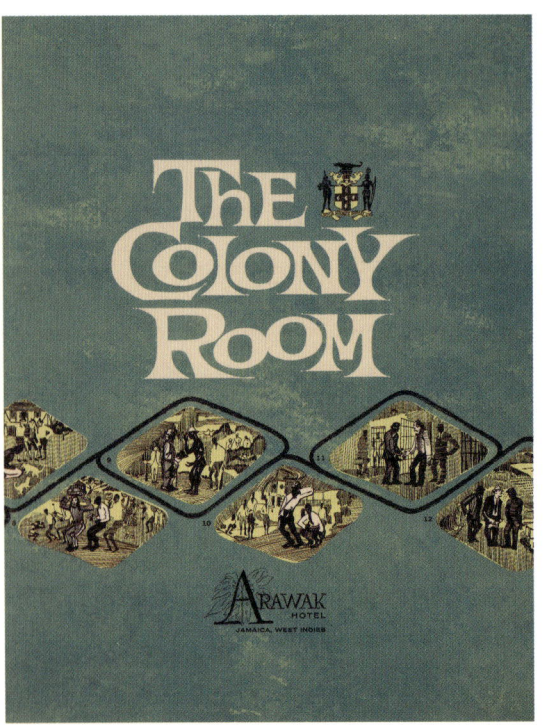

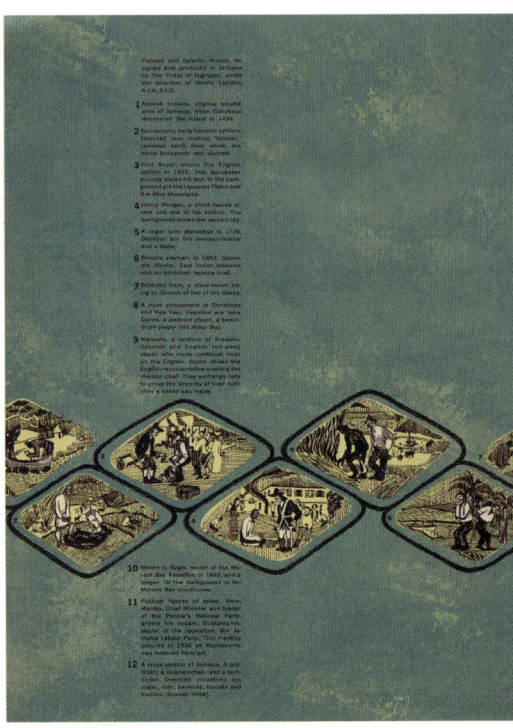

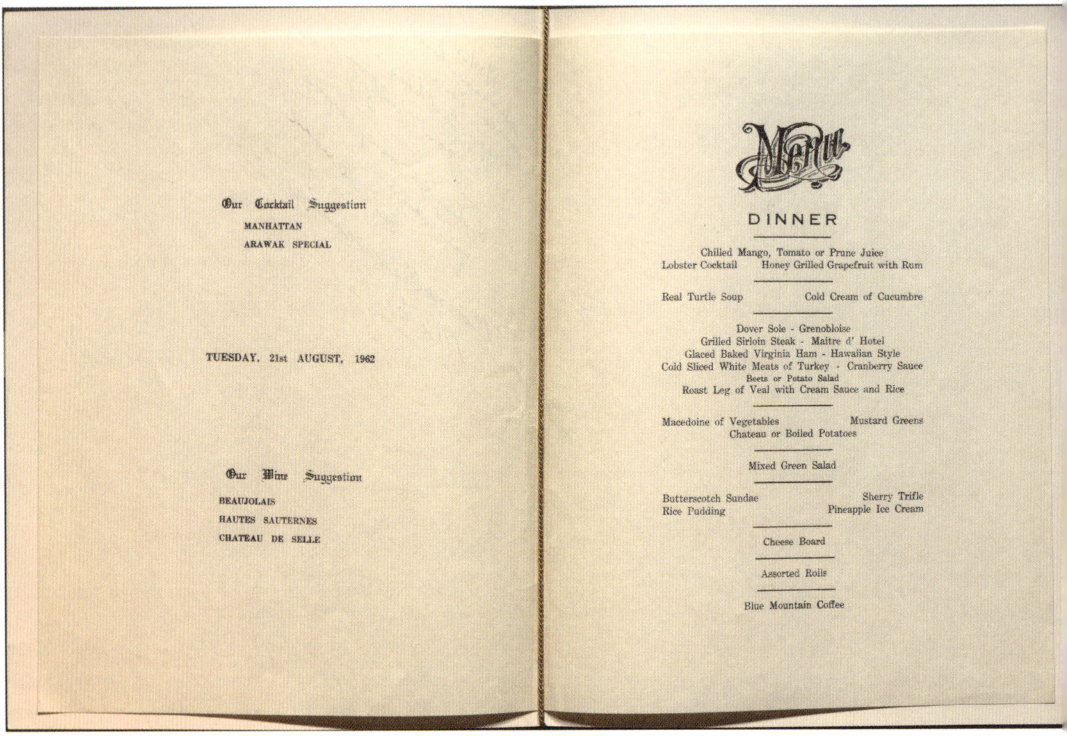

아라와크 호텔 콜로니 룸 메뉴판의 앞표지와 뒤표지, 속지, 1962년, 인쇄 메뉴.

식어가 붙은 거북이 수프가 등장했다는 사실은 당시 사회의 소비 감각과 상징 체계를 함축적으로 보여준다.[12] 그러나 이 호텔이 아라와크라는 원주민의 이름을 지니고 있다는 점을 고려하면, 식당의 음식 구성에 전통적인 요소가 충분히 반영되지 않은 것은 아쉬운 부분이다. 한편 메뉴판 표지에는 자메이카의 공식 국가 문장이 있는데 원래 라틴어 표어였던 두 인도, 하나의 주인Indus Uterque Serviet Uni는 메뉴판이 제작된 1962년에 다양한 민족, 하나의 국민Out of Many, One People이라는 영어 표어로 변경되었다.[13]

앞서 소개된 메뉴판 수집가 버나드 프리드를 기억하는가? 뉴욕에 살았던 그의 컬렉션에는 1960년대부터 특정 문화권의 전통적인 음식을 제공하는 이른바 에스닉 레스토랑Ethnic Restaurant의 메뉴판이 포함되기 시작했다. 이러한 흐름은 대도시뿐 아니라 북미 전역으로 확산되었다. 1960년대 후반부터는 특정한 요리의 틈새를 공략한 식당들이 속속 등장하기 시작했다.

1967년 하와이 호놀룰루의 일본식 레스토랑인 이시이 가든Ishii Garden은 방문객들이 메뉴판을 통해 읽을 수 있도록 전형적인 일본식 찻집 요리에 대한 상세한 정보를 담았다. 표지에는 일본 정원을 배경으로 연꽃무늬 기모노를 입은 여인이 게이샤의 우아한 분위기를 풍기며 서 있고, 메뉴 두 번째 장에는 스키야키 정식의 구성을 항목별로 간단히 소개한 설명이 있다. 사실 미국의 일본 식당에서 제공되는 스키야키와 덴푸라는 미국인의 입맛에 맞춰 변형된 요리로, 식당 주인들이 북미의 손님과 환경에 맞춰 일본요리의 전통적 요소를 재구성한 대표적인 예였다. 메뉴판에 젓가락 사용법이 실려있다는 사실은 당시 손님들이 여전히 젓가락질에 익숙하지 않았음을 보여준다. 동시에 이런 안내를 마련했다는 점은 이 식당이 젓가락을 주요 식사 도구로 고집했다는 걸 의미한다.

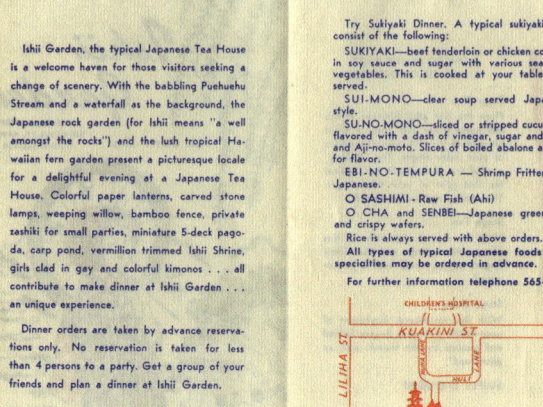

이시이 가든의 메뉴판 표지와 내지, 1967년, 인쇄 메뉴.

오늘날 대중이 가장 쉽게 떠올리는 일본 음식문화는 단연 초밥이다. 초밥은 서구권에서 일종의 패스트푸드 형태로 변형되어 널리 받아들여졌다. 그러나 일본의 자부심이라 할 만한 정통 음식문화는 여러 코스로 정교하게 구성된 가이세키 요리다. 가이세키는 교토에서 센노 리큐가 창안한 것으로, 1671년에 간행된 일본 최초의 요리 목록집《요리식단집料理献立集》에서도 그 기록을 찾아볼 수 있다.[14]

일본의 찻집들은 다도 의례에 아름답게 구성된 음식을 곁들여 세련되고 우아한 식사 경험을 제공하고자 했다. 센노 리큐가 세상을 떠난 뒤 그의 아들들이 가이세키 전통을 계승해 각자의 유파를 형성했으며, 이는 오늘날의 파인다이닝 문화에도 깊은

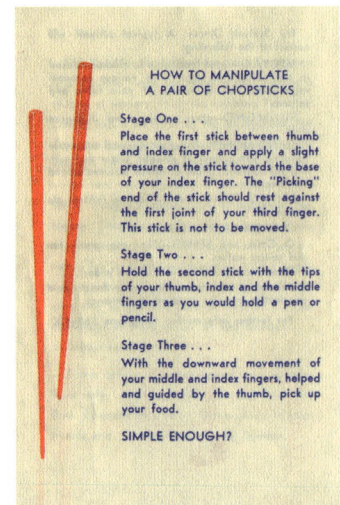

이시이 가든의 메뉴판 뒷면,
1967년, 인쇄 메뉴.

오야도 기요미즈야 료칸의 가이세키 정식, 노보리베츠, 2016년.

영향을 미치고 있다.[15]

요리의 변형과 퓨전 요리의 역사

우리는 앞서 일본 음식문화가 서구의 입맛에 맞춰 변형된 사례를 살펴봤다. 이제 이를 바탕으로 요리의 '적응과 변형'이라는 더 큰 주제로 넘어가보자. 이 과정은 단순한 맛의 변화가 아니라 타문화와의 만남 속에서 새로운 정체성이 형성되는 일종의 '문화적 번역'이라 할 수 있다. 처음으로 살펴볼 것은 변형된 요리, 즉 특정 지역이나 국가의 음식문화를 담고 있지만 손님들의 기호와 식습관을 직간접적으로 반영하여 변형된 요리다.

요리가 변형된 경우는 무수히 많지만 이러한 '문화적 변형'의 대표적인 예로는 국제적 파급력을 가진 두 요리를 들 수 있다. 첫째는 20세기 서구인의 입맛에 맞게 변형된 중국 요리 찹수이. 둘째는 인도의 향신료와 조리법이 스며든 영국식 커리 요리다. 중국과 서구, 인도와 영국의 만남으로 탄생한 이 두 요리는 모두 제국주의와 교류의 역사 속에서 만들어진 문화적 결과물이다. 중국과 서구의 만남, 그리고 인도와 영국의 만남으로 탄생한 이런 퓨전 요리는 모두 여행과 교류, 제국이라는 맥락 속에서 빚어진 산물이라 할 수 있다.

1876년 필라델피아에서 열린 미국 독립 100주년 기념 세계박람회는 많은 미국인이 오리엔트 문화를 처음 접하는 계기가 됐다. 새뮤얼 킹Samuel King은 당시 일본과 중국의 전시관을 찾은 관람객들이 "그곳의 광경과 향기, 진열된 물건들을 통해 현대적이고 산업적인 세계에서 벗어나 오리엔탈리즘적 환상 속으로 들어간 듯한 일종의 마법을 체험했다"고 기록했다.[16] 본래 박람회의 취지는 미국 독립 100주년을 기념하는 것이었지만, 실제로는 동양과 서양의 문화적 차이를 부각시키는 데 더 큰 초점이 맞춰져 있었던 것으로 보인다.[17] 킹은 "오리엔트 문화의 이국성은 특히 레스토랑의 공간과 음식에서 더 두드러졌으며, 백인 관람객들은 아시아 음식을 통해 오리엔트를 여행하는 듯한 경험을 했다"고 덧붙였다.[18]

1884년 런던 국제보건박람회에서 서양 관람객들은 고급스러운 정통 아시아 요리

2. EDIBLES AND ARTICLES OF FOOD SERVED AT THE CHINESE RESTAURANT.

Bicho de Mar.	Vermicelli.
Sharks' Fins.	Dried Cabbage Stalk Peel.
Fish Maws.	White Beans.
Birds' Nests.	Dried Cucumber Peel.
Jelly Fish.	Tree Mushrooms.
Dried Fish.	Ground „
„ Shrimps.	Dried Bean Curd.
Sturgeon Bones.	Salted Cucumbers.
Dried Prawns.	„ Radishes.
Lungngans.	„ Turnips.
Crab Apples.	„ Carrots.
Melon Seeds.	Onions.
Ground Nuts.	Fresh Ginger.
Preserved Jujubes (Zizyphus).	Garlic.
	Essence of " Olea Fragrans."
Pine Seeds.	Bean Flour.
Dried Persimmons.	Gelatine.
Preserved Apricots.	Preserved Ducks' Eggs.
Hazel Nuts, shelled.	Dark Sauce.
Lotus Nuts.	Light „
Preserved Peaches.	Tea of best quality.
Peach Kernels.	Shao-Hsing Wine.
Melon Citron.	This very renowned wine is obtained from rice, and derives its name from being fabricated in Shao-Hsing-fu, in the Province of Cheh Kiang.
Plum Citron.	
Dried Helianthus.	
Fungus.	
Chrysanthemum Shoots.	
Black Seaweed.	
Yellow Seaweed.	

런던 국제보건박람회에서 중국식 레스토랑이 선보인 음식 목록, 1884년

를 선보이는 본격적인 중국 레스토랑을 처음 접했다. 이곳에서는 "상어 지느러미 수프와 제비집 수프 같은 중국식 별미가 제공됐고, 끝부분이 금속이라 사용하기 어려운 젓가락도 식탁에 올랐다."고 기록되어 있다.[19] 그러나 이러한 묘사 또한 유럽 문화의 공간에서 중국 문화를 하나의 오락거리로 소비하는 오리엔탈리즘적 시각에 치우쳐있다. 한편 중국과 일본 요리를 주제로 한 저서에서 브루스 마코토 아널드Bruce Makoto Arnold와 공동 편집자들은 서양의 아시아 식당들이 활용한 '자기 오리엔탈화' 홍보 전략에 대해 이렇게 지적했다.[20]

일부 레스토랑, 특히 캘리포니아 차이나타운의 식당들은 아예 외관을 동양의 탑 모양으로 짓고 외부를 네온사인으로 장식하기도 했다. 이러한 물리적·시각적·언어적 장치를 통해 상품화된 건축은 북미에서 중국 요리의 인기를 높이는 데 한몫했지만, 동시에 20세기 내내 이어질 오리엔탈화의 토대가 되기도 했다.[21]

중국 식당이 서구 문화권에서 자신들의 정체성을 규정하고 화려하게 연출한 사례도 존재한다. 이는 외부의 반응에 대한 적극적인 응답이기도 했다. 퐁완Fong Wan이 캘리포니아에서 구축한 레스토랑 제국은 그 대표적인 사례다. 그가 운영한 클럽 상하이Club Shanghai의 1950년 메뉴판에는 골드러시 시절 처음 미국 서부로 이주했던 경험에서부터 가족을 부양하기 위해 레스토랑 사업에 뛰어들게 된 사연까지 그의 긴 여정이 상세히 소개되어 있다. 클럽 상하이는 식사 중 제공하는 엔터테인먼트로 차별화를 꾀했다. 그는 곡예사와 마술사, 화려한 쇼걸로 구성된 공연단을 고용해 '중국 쇼 비즈니스 최고의 볼거

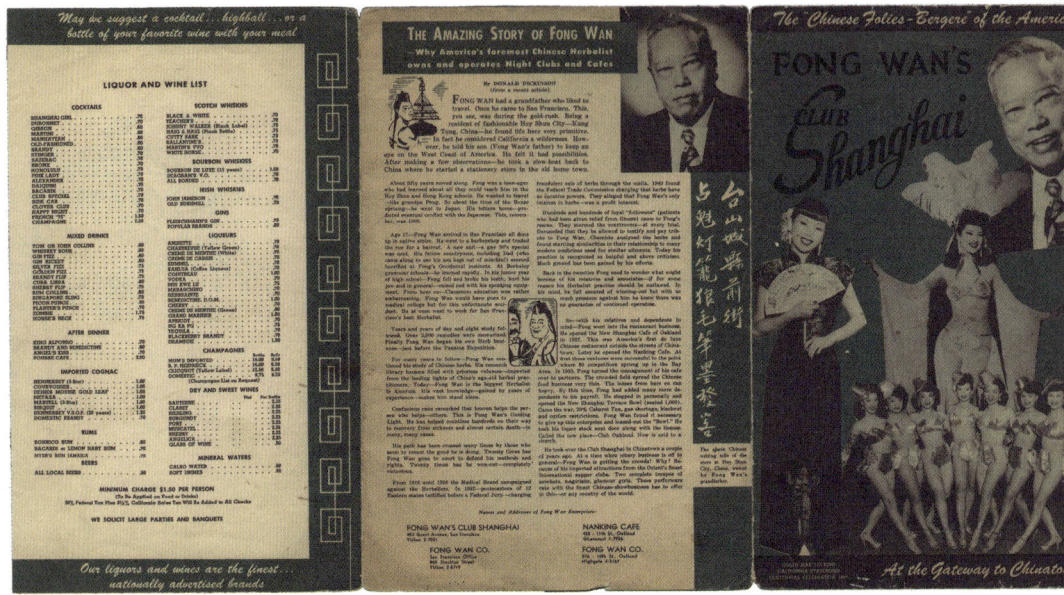

풍 완의 클럽 상하이, 1950년, 인쇄 메뉴.

리'를 무대에 올렸다. 그의 목표는 정통 중국 요리를 선보이는 게 아니었다. 그는 손님들이 선호하는 음식과 오락거리를 결합하여 업계에서 성공을 거두고자 했다. 그의 레스토랑은 미국 속의 '중국판 폴리 베르제르Folies-Bergère*'에 가까웠다.

미국의 다른 중국계 외식업자와 마찬가지로 풍 완도 자신의 식당에서 '중국 음식 메뉴판'과 '미국 음식 메뉴판'을 함께 제공했다. 당시의 미국 음식 메뉴판을 보면 1950년대 외식업자들이 생각한 미국식 요리의 전형을 엿볼 수 있다. 이 메뉴는 닭고기를 비롯한 육류 요리, 샌드위치와 수프로 구성됐는데

---

* 파리의 유명한 카바레 식당

144

풍 완의 미국 음식 메뉴판, 1950년, 인쇄 메뉴.

미국인들에게 친숙한 클램차우더Clam chowder, 감자튀김, 클럽하우스 샌드위치 등이 핵심을 이뤘다. 상하이제스처Shanghai Gesture라는 샐러드는 토마토, 달걀, 파인애플, 코티지치즈, 앤초비, 후추에 샐러리를 한데 섞은 다소 기묘한 조합이었는데 동양적인 요소라고는 이름뿐이었다. 중국 음식 메뉴판 항목은 단맛과 감칠맛을 강조하여 미국 입맛에 맞게 북미화된 요리들이 주를 이뤘다. 메뉴판은 대개 볶음국수 요리인 차우멘chow mein 그리고 달걀 오믈렛인 에그푸영egg foo yeong, 찹수이 종류로 채워졌다. 맨 아래에 작게 적힌 "요청 시 전통 요리 제공 가능"이라는 문구만이 주문할 줄 아는 사람에게는 정통 중국 음식을 내줄 수도 있음을 은연중에 드러냈다.

　'응답'이라는 개념을 잘 그려낸 작품으로는 수 청Sue Cheung의 인기 그래픽

노블《칭글리시Chinglish》가 있다. 중국 식당을 운영하는 부모 밑에서 성장한 저자의 경험을 바탕으로 쓰여진 책이다. 영국 코번트리의 중국 테이크아웃 식당을 배경으로 주인공인 조애너 콴과 그 가족의 삶을 따라가며 요리적 융합의 순간들을 그려낸다. 작품 속에는 서양의 중국 식당에서 판매되는 음식 이야기와 주인공 조애너가 '칭글리시'라고 부르는 혼종 언어에 대한 언급이 여러 차례 등장한다.[22] 가족의 식당은 중국 테이크아웃 식당이라 불렸지만 실제로 파는 것은 스테이크와 감자튀김, 프라이드치킨, 버섯오믈렛 같은 영국요리와 스프링롤, 튀긴 돼지갈비, 찹수이 같은 서구인에 입맛에 맞춘 가짜 중국 요리였다.[23] 이 가짜 중국 요리는 조애너의 가족이 집에서 먹던 찐 배추나 족발탕, 생선 대가리 요리, 닭발, 크리스마스에 즐기던 가재 요리 같은 '제대로 된' 중국 음식과 대조를 이룬다.[24] 책 속에는 또 중국인만 가는 중국 식당에서 맛볼 수 있는 소 양이나 창자같은 진짜 중국 별미 요리에 관한 언급도 등장한다.[25]

이러한 혼종 요리는 20세기 중국계 이민자가 운영하는 중국 식당에서 흔히 볼 수 있었다. 중국에서 온 방문객이 이런 메뉴판을 본다면 아마 아는 요리를 하나도 찾지 못했을 것이다. 메뉴판에 실린 혼종 음식들은 타협의 산물이었다. 현지에서 구할 수 있는 식재료의 한계, 해당 사회의 음식문화 전통 속에서 훈련받은 요리사와 외식업자의 역량, 새로운 시도를 꺼려하는 현지인의 보수적인 입맛이 빚어낸 타협의 결과물이었다.

캐나다에서는 이런 요리를 '찹수이 중국 요리'라고 부른다. 모든 메뉴판에 빠짐없이 등장하는 찹수이의 존재 때문이기도 하다. 메뉴판에 찹수이가 있다는 것은 그 식당이 북미적 기원을 지녔다는 의미다. 애초에 찹수이는 중국에서 비롯된 요리가 아니기 때문이다. 찹수이라는 명칭은 아마도 '잡다한 남

은 것들'를 뜻하는 광둥어 '자수이雜碎'에서 변형된 것으로 추정된다.[26]

북미의 요리책들도 점차 변형된 퓨전 요리 조리법을 수록하고 이를 시각적으로 담아내기 시작했다. 예를 들어 1929년에 나온 이 요리 책자에는 한 여성이 주방에서 참수이를 만드는 장면이 등장한다. 여성의 곁에서 조리법을 알려주는 유령 같은 모습의 동양인 요리사는 여성의 상상 속 영감을 형상화한 것으로 보인다.

우리는 근대적인 의미에서 최초의 레스토랑이 18세기 말 파리에서 등장했다고 말하곤 한다. 그러나 '동방'에는 그보다 훨씬 앞서 이미 음식을 조리하고 판매하는 전통이 존재해왔다. 동아시아의 레스토랑 역사

라초이식품La Choy Food Products 중국 요리 소책자, 1929년, 인쇄물.

를 인정하지 않으려는 서구의 태도는 책의 역사와 인쇄술 발전에서 중국의 기여를 인정하지 않으려 하는 태도와도 겹친다. 물론 책의 본격적인 역사가 1450년 독일 구텐베르크 인쇄기의 등장으로 시작된 것은 맞지만 가동 활자술 자체는 그보다 훨씬 앞선 1080년 중국 저장성의 수도였던 항저우에서 발명됐다.[27] 또한 희귀본 수집가이자 연구자인 제러미 노먼Jeremy Norman이 지적했듯 최초의 목판인쇄물 역시 중국에서 간행됐다.[28]

유럽 중심의 선입견은 레스토랑 역사에서도 드러난다. 이와 관련해 니컬러스 키퍼Nicholas Kiefer를 비롯한 여러 연구자는 이렇게 지적했다. "많은 이가

근대적 레스토랑의 발상지로 프랑스 혁명기의 파리를 지목하지만, 사실 식당은 경제적·사회적 조건이 갖춰져 있던 다른 여러 지역에도 이미 존재했다."[29] 케이티 로슨Katie Rawson과 엘리엇 쇼어Elliott Shore 역시 우리가 생각하는 형태의 레스토랑이 등장하기 전에도 여행자들은 어디선가 반드시 식사를 했다는 점을 강조했다. 로슨과 쇼어는 그 예시로 기원전 3300년 메소포타미아에서 도자기 그릇에 담긴 음식을 일종의 카페테리아 형식으로 제공했던 것과 고대 아테네의 사교 모임에 차려졌던 연회 음식을 언급했다.[30] 이들은 레스토랑이 유럽에서 비롯됐다는 가정을 잘못된 것으로 보며 레스토랑을 정의하는 핵심 조건으로 '서비스와 선택'을 꼽았다. 그리고 이 조건을 충족한 최초의 식당들은 "파리 혁명기보다 700년이나 앞선 서기 1100년경 중국 송나라의 도시들에서 나타나기 시작했다"고 지적했다.[31]

저널리스트인 데이브 루스Dave Roos의 말에 따르면 이 초기 식당들은 주로 여관, 주점, 유곽이 모여 있는 유흥 지구에 자리 잡고 있었으며, 그 모습은 대체로 "21세기 도시의 번화가 관광지"와 비슷했다. 카이펑과 항저우는 이러한 유흥과 교역의 중심지로 번성했다.[32] 흥미로운 점은 당시의 식당들이 특정 음식을 독점적으로 판매하는 방식을 취했다는 점이다. 송나라 식당들에 대한 생생한 기록은 맹원로孟元老가 남긴 《동경몽화록東京夢華錄》에서 찾을 수 있다. 이 책은 스티븐 웨스트Stephen West의 뛰어난 번역과 해설을 통해 서구에도 소개됐다. 맹원로는 여러 식당에서 판매한 각 가문의 고유 음식을 다음과 같이 열거했다.

왕씨 주루의 매화만두, 조씨 노파의 고기 전병, 설씨 가문의 양고기 밥, 매씨 가문의 오리와 거위 요리, 조씨 가문의 소만두, 서씨 가문의 호

박탕, 정씨 가문의 기름전병, 왕씨 가문의 유제품, 가씨 가문의 튀긴 밥과 삶은 요리.[33]

개인적으로 가장 흥미로운 점은 이들 식당이 각자 소수의 요리만 전문적으로 내놓았다는 사실이다. 이는 현대의 중국계 이민자 식당에서 볼 수 있는 끝도 없이 방대한 메뉴와 뚜렷한 대조를 보인다.

한 국가의 음식문화가 시대와 대륙을 넘어 다른 지역에 큰 영향을 미친 또 다른 사례로는 인도 요리를 들 수 있다. 1851년 대박람회 이전부터 런던에는 제국 곳곳에서 들어온 음식을 맛볼 수 있는 레스토랑이 즐비했다. 토머스 프라쉬Thomas Prasch의 지적과 같이 "영국이 정복한 것은 곧 영국이 먹는 것"이 되었다.[34] 영국 식민지 간의 활발한 교류 덕에 인도 향신료와 소스를 활용한 음식은 중국 음식보다 훨씬 이전부터 인도 밖에서 인기를 얻기 시작했다. 해외에서는 인도 향신료로 맛을 낸 소스가 들어가는 모든 음식을 '커리'라 불렀고, 이는 오늘날까지도 이어지고 있다. 커리의 역사를 연구한 콜린 테일러 셴Colleen Taylor Sen과 로즈메리 라자Rosemary Raza는 영국에서 이미 18세기 말부터 커리를 먹기 시작했다고 지적한다.[35] 기록에 따르면 이 무렵 런던 헤이마켓의 노리스스트리트 커피하우스에서 커리를 판매했다. 데이비드 버튼David Burton은 "1773년 무렵에는 런던 내에 커리를 전문적으로 판매하는 커피하우스가 최소 한 곳 있었고, 1780년경

힌두스탄 커피하우스가 있었던 자리를 알리는 명판, 웨스트민스터, 2012년.

에는 최초의 상업용 커리 가루가 판매되기 시작했다"고 전한다.[36] 영국 최초의 본격적인 인도 레스토랑은 1809년 런던 메이페어 지역 포트먼 광장 근처의 조지스트리트 34번지에 문을 연 힌두스탄 커피하우스Hindoostane Coffee House 였다.[37]

1848년에 이르러 커리는 이미 영국인에게 매우 익숙한 음식으로 자리 잡았다. 그러나 그 과정에서 커리는 인도의 전통 요리와는 전혀 다른 변형된 영국식 인도 요리로 바뀌어버렸다. 윌리엄 메이크피스 새커리William Makepeace Thackeray의 1840년대 인기 소설《허영의 시장Vanity Fair》에는 커리에 익숙하지 않은 인물을 세상물정에 어두운 사람으로 풍자하는 장면이 등장한다. 동인도회사가 있는 인도에서 돌아온 새들리가 아주 매운 염소고기 카레를 차려놓고 매운 향신료 때문에 쩔쩔 매는 레베카 샤프에게 "고추도 곁들여 먹어 보라"고 권하는 장면이다.[38]

런던에서 첫 세계박람회가 열린 1851년 무렵에는 이미 인도 요리가 영국의 소비 시장과 요리책에 깊숙이 침투해있었다. 최초의 인도 레스토랑 힌두스탄 커피하우스를 시작으로 인도 음식의 확산은 거대한 흐름을 형성했고, 시간이 흘러 2001년에는 당시 외무장관이었던 로빈 쿡Robin Cook이 '치킨 티카 마살라'를 영국을 대표하는 음식으로 꼽기에 이르렀다. 물론 로빈 쿡은 치킨 티카 마살라를 인도 요리로 보았고, 실제로도 이 음식은 영국에서 인도 음식을 먹으러 갈 때 가장 흔히 떠올리는 메뉴이기도 하다. 그러나 엘리자베스 뷔트너 Elizabeth Buettner가 지적했듯이 치킨 티카 마살라는 실제 인도에서 유래한 음식이 아닐 가능성이 높다. 이 요리를 비롯해 영국적 맥락에서 탄생한 다양한 변형 인도 요리들은 끊임없이 진화해온 융합적 인도 요리의 일부라 할 수 있다.

그런 맥락에서 생각하면 런던에서 현존하는 가장 오래된 인도 레스토랑

비라스와미Veeraswamy가 '인도 요리'라는 광범위하면서도 모호한 장르를 그 복잡한 역사만큼이나 다층적으로 선보이고 있다는 점은 전혀 놀랍지 않다. 비라스와미는 1960년대나 1970년대 것으로 추정되는 메뉴판에서 "파키스탄, 실론, 파르시, 말라야 음식에서 영감을 받았다"고 밝히고 있다. 메뉴판에는 커리 요리 외에도 고기나 채소, 향신료를 넣고 끓인 멀리거토니 수프mulligatawny soup나 과일, 채소, 향신료를 넣어 만든 소스인 처스티chutney 등 대표적인 영국식 인도 요리가 등장한다. **봄베이 덕**Bombay duck이라는 요리도 눈에 띈다. 이름과는 달리 오리가 아닌 생선 요리인데, 이 생선이 우편물(벵갈어로 닥Daak) 기차에 함께 실려 왔던 연유로 이런 이름이 붙었다. 특히 흥미로운 점은 메뉴에 소고기 커리가 포함되어 있다는 사실이다. 힌두교도가 다수를 차지하는 인도에서는 소고기 요리 판매를 불경하게 여기는 전통이 있었기 때문이다. 이 점에서 비라스와미의 메뉴는 인도 본토의 음식문화보다 영국 사회의 미각과 식문화를 적극적으로 반영한 결과물이라 할 수 있다. 중국계 이민자들의 식당처럼 인도 식당의 메뉴판에도 '유럽 음식' 항목이 별도로 마련되어 있었다. 새로운 시도를 꺼리는 손님들은 미니 양배추인 브뤼셀 스프라우트Brussels sprout나 콜드 햄 등을 주문할 수 있었고, 그 외에도 다양한 생선과 육류, 감자와

비라스와미 레스토랑의 메뉴판 표지, 연대 미상, 인쇄 메뉴.

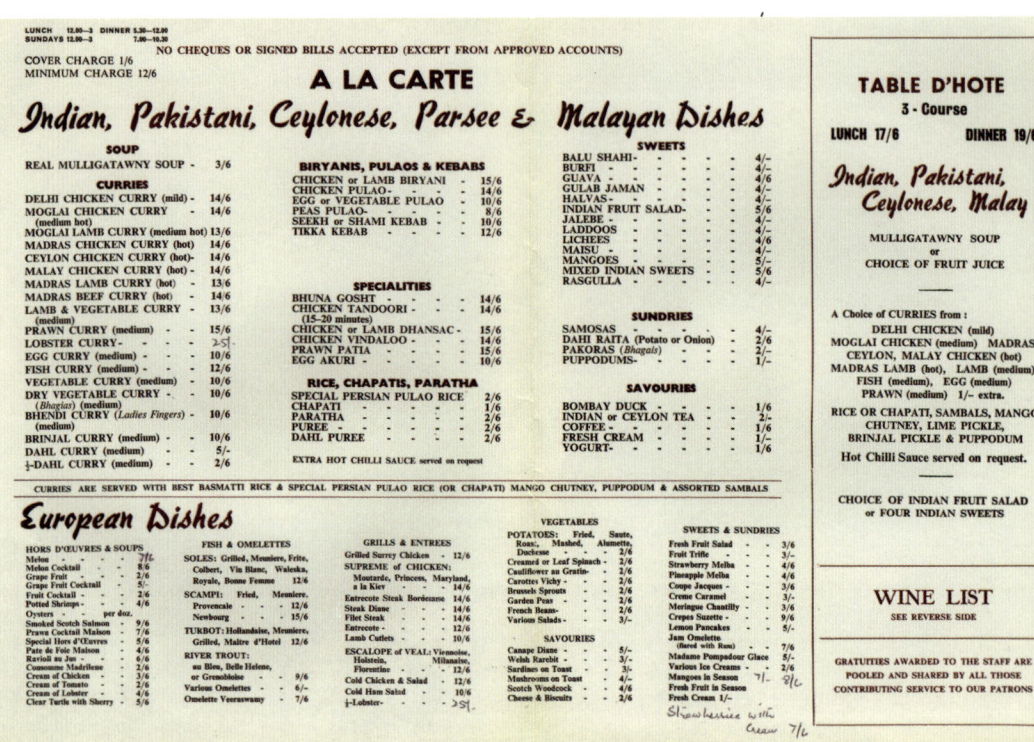

비라스와미 레스토랑의 메뉴판 내지, 연대 미상, 인쇄 메뉴.

채소, 셰리주를 넣은 거북이 수프, 굴 등의 요리가 준비되어 있었다. **웨일스식 레어빗**, 스코치 우드콕Scotch Woodcock, 과일 **트라이플**fruit trifle 등 전형적인 영국 음식도 메뉴에 자리하고 있었다.

참수이 요리와 영국식 인도 요리는 한 나라의 음식문화가 외부에서 유입 되어 정착지의 맛과 기호에 깊은 영향을 미친 대표적인 사례라 할 수 있다. 동시에 이들은 새롭게 등장한 융합 요리를 보다 전략적인 방식으로 대중에 게 소개하기도 했다. 이런 새로운 요리는 자국의 문화와 음식이 외부에 소비되면서도 자기 목소리를 내지 못하던 과거를 거부한다. 이는 앞서 살펴본 메사주리 마리팀의 선상 메뉴판에 드러난 오리엔탈리즘적 묘사와는 뚜렷한 대조를 이룬다.

대화를 나누는 메뉴들

그렇다면 메뉴들이 서로 대화를 시작한다면 어떤 일이 벌어질까? 메리 루이즈 프랫Mary Louise Pratt이 말한 접촉 지대는 "서로 다른 문화가 만나 충돌하고 씨름하는 사회적 공간"을 뜻한다.[39] 바로 이 접촉 지대에서 서로 다른 요리 문화가 만나면, 메뉴들 사이의 대화가 이루어진다. 지금까지 살펴본 많은 메뉴들은 세계박람회의 국가별 파빌리온이나 여행객을 태운 선박, 비행기처럼 제한된 공간, 즉 작은 접촉 지대 안에서 등장했다. 이질적인 음식문화가 서로의 맛과 개념을 주고받을 때, 진정으로 '대화'하고 응답할 때 비로소 진짜 퓨전 요리가 탄생한다.

브루클린의 레스토랑 샬롬 재팬Shalom Japan은 그 훌륭한 예다. 1980~1990년대 초 뉴욕에서 세계주의가 유행하던 시기에 생겨난 이곳은 이곳은 글라트 Glatt* 코셔 유대식과 일본 요리라는 의외의 조합을 선보였다. 샬롬 재팬은 새로운 시도에 부담을 느끼는 손님들을 위해 별도의 '미국 요리'를 마련했지만 그 구성은 함박 스테이크인 솔즈베리 스테이크Salisbury steak, 특정 부위를 잘라낸 초이스컷 스테이크Choice cut steak 몇 가지 샐러드, 그리고 캔 참치 정도로 제한적이었다.

---

*글라트는 '매우 깨끗한' 또는 '엄격한'이라는 의미이며, 전통적인 유대인 법에 따라 고기의 허용 여부를 판단하는 중요한 기준이다.

샬롬 재팬의 메뉴 표지와 내지, 1980년경, 인쇄 메뉴.

글라트 코셔와 일본 음식이 "샬롬*"이라며 인사를 나누면 어떤 결과가 나올까? 바로 후지산 맛초볼 수프Mount Fuji Matzo Ball Soup 같은 혁신적인 메뉴가 나온다. 유대 전통 음식 맛초matzo와 일본의 콩국물이 만나 탄생한 이 음식은 두 문화의 단순한 병치가 아니라 진정한 융합의 결과다. 1970~1980년대 토론토에서 인기를 끌었던 긴즈버그 앤드 왕Ginsberg and Wong이라는 식당도 유대식 델리 음식과 중국 음식을 함께 내놓았지만, 두 문화는 섞이지 않고 나란히 존재했다. 반면 샬롬 재팬에서는 유대인의 명절 음식인 '다진 간' 요리를 일본식으로 변주하거나, 미국인에게 익숙한 유대인들의 감탄사 오이 게발트Oy

---

* 히브리어로 '평화'를 의미하며 유대인들이 자주 사용하는 인사말이다.

Ge'vald를 이름에 붙인 사시미 요리를 선보였다.

이곳은 1990년대에 문을 닫았지만 이들이 만든 퓨전 요리 철학은 이후 브루클린에서 같은 이름으로 문을 연 또 다른 레스토랑에 영감을 주었다. 현재도 레스토랑을 운영 중인 공동셰프이자 운영자 아론 이스라엘Aaron Israel과 오코치 사와코大河内佐和子 부부는 "다문화 가정으로 살아가는 이야기를 전하고 그 과정에서 태어난 레시피를 나누고 싶었다"며 《러브 재팬Love Japan》이라는 요리책을 출간했다.[40]

샬롬 재팬의 2023년 6월 저녁 메뉴판을 보면 두 전통이 어떻게 조화를 이루는지 한눈에 알 수 있다. 이곳에서는 파스트라미와 사우어크라우트가 오코노미야키와 가쓰오부시를 만난다. 현재 샬롬 재팬의 음식은 코셔식이나 코셔 스타일을 고수하지 않지만, 여전히 아슈케나지 유대인의 대표 음식인 할라challah(달걀을 넣은 유대교 전통 빵), 훈제연어인 록스lox, 맛초볼은 빠지지 않는다. 맛초볼은 닭 육수를 사용한 라멘에 넣고, 파와 김을 곁들여낸다.

음식문화 교류 과정에서 작은 오해나 실수로 아쉬운 결과를 낳은 경우도 있다. 첫 번째는 용어상의 오류다. 시드니 타운홀에서 열린 한 만찬 메뉴판에서는 후식 전에 나오는 코스를 앙트르메 쉬브(entremets suive)라고 표기했다. 아마도 '뒤따르다'라는 의미의 프랑스어 동사 'suivre'를 써서 '뒤이어 나오는 앙트르메'라는 뜻을 전하려 한 듯하지만 어색한 표현이었다. 이를 본 한 참석자가 연필로 '쉬브'를 지우고 그 옆에 '슈크레(sucrés)'라고 고쳐 썼다. '앙트르메 슈크레(entremets sucrés)'는 실제 프랑스어 메뉴판에서 흔히 볼 수 있는 표현으로, 주로 식사의 마지막 부분에 등장하는 작고 섬세한 요리를 가리킨다. 과거에는 이 코스에서 간단한 채소 요리가 나오기도 했지만 설탕이 널리 쓰이면서 점차 달콤한 요리로 대체됐다.(앙트르메 코스는 앞서 소개한 1750년 슈아

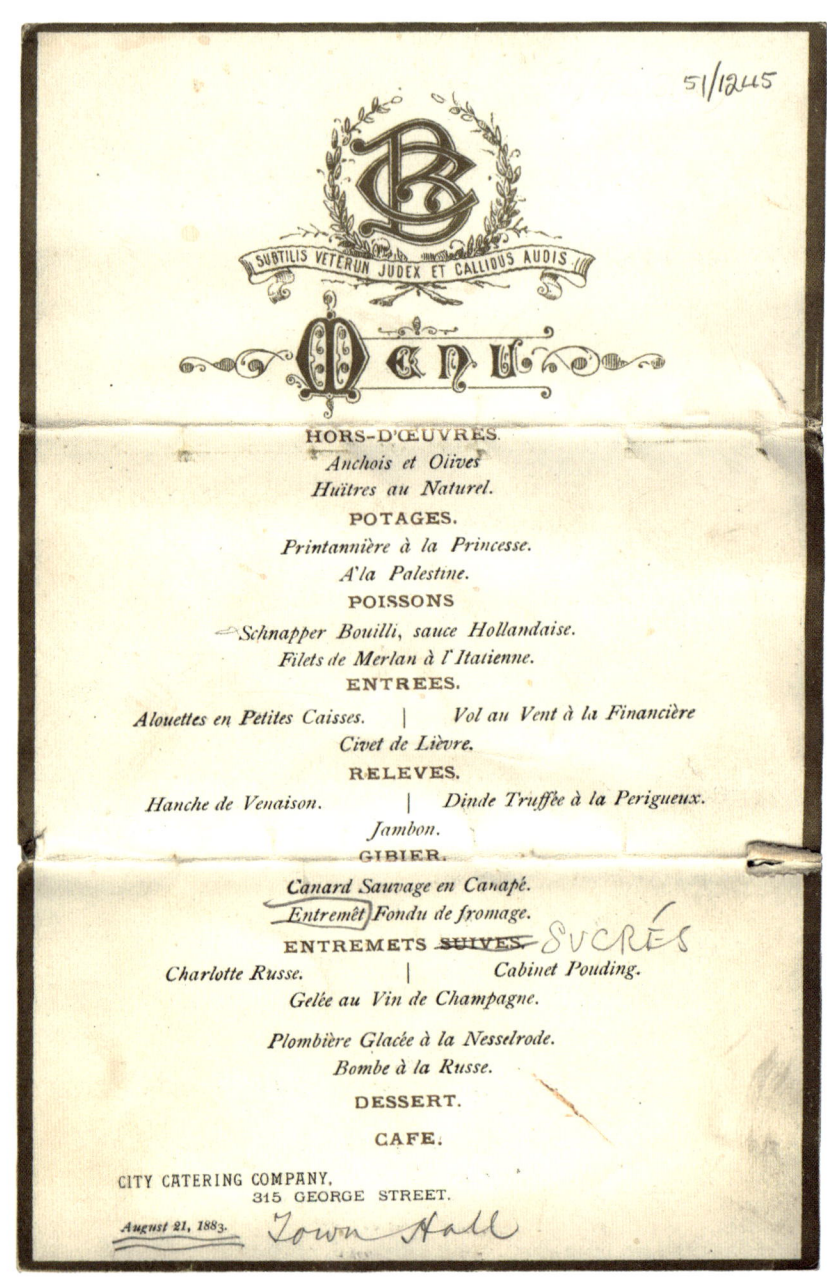

51/1245

MENU

HORS-D'ŒUVRES.
Anchois et Olives
Huïtres au Naturel.

POTAGES.
Printannière à la Princesse.
A'la Palestine.

POISSONS
Schnapper Bouilli, sauce Hollandaise.
Filets de Merlan à l'Italienne.

ENTREES.
Alouettes en Petites Caisses. | *Vol au Vent à la Financière*
Civet de Lièvre.

RELEVES.
Hanche de Venaison. | *Dinde Truffée à la Perigueux.*
Jambon.

GIBIER.
Canard Sauvage en Canapé.
Entremêt Fondu de fromage.

ENTREMETS ~~SUIVES~~ *SUCRÉS*
Charlotte Russe. | *Cabinet Pouding.*
Gelée au Vin de Champagne.

Plombière Glacée à la Nesselrode.
Bombe à la Russe.

DESSERT.

CAFE.

CITY CATERING COMPANY,
315 GEORGE STREET.

August 21, 1883. *Town Hall*

시드니 타운홀 만찬 메뉴, 1883년, 인쇄 메뉴

지궁 메뉴판에서도 볼 수 있다.) 이 참석자의 수정은 충분히 타당했다. 음식 용어에는 프랑스어가 많기 때문에 영어 사용자가 옮기는 과정에서 실수를 저지르는 일은 흔하다. 이 사례에서는 세심한 참석자가 'suive'를 'sucrés'로 바꿈으로써 앙트르메가 오늘날 우리가 즐기는 디저트의 전신이며 식사의 마지막을 달콤하게 장식하는 단계임을 더욱 분명히 보여준다. 그렇다 해도 한 가지 의문은 남는다. '달콤한 앙트르메'를 이미 후식으로 본다면 그다음에 적힌 '후식' 코스에는 대체 어떤 요리가 나왔을까?

이어서 살펴볼 두 사례는 보는 이의 웃음을 자아내는 번역 실수다. 먼저 유럽에서 흔히 즐기는 과자 가운데 링구아 디 가토Lingua di Gatto라는 쿠키가 있다. '고양이 혀'라는 의미로, 영어권에서도 캣츠 텅Cat's tongue이라 부른다. 그런데 나폴리의 엑셀시어 호텔Hotel Excelsior Napoli 메뉴판에서는 이 쿠키를 영어로 번역할 때 고양이를 Ket으로 번역하는 실수는 저질렀다. (오늘날 영어 사용자라면 'Ket'이라는 단어를 보고 케타민ketamine을 떠올릴 수도 있겠지만, 이 약물이 처음 합성된 것은 한참 뒤인 1960년대였다.) 이 과자를 모르는 사람이 이 이름을 접한다면 보통은 재료를 전혀 예상할 수 없다. 게다가 메뉴판 어디에도 이것이 쿠키라는 설명이 없었으니 손님들은 선뜻 주문하기가 어려웠을 것이다.

두 번째는 팬아메리칸 항공 기내 메뉴를 번역하는 과정에서 생긴 해프닝이다. 파리의 유명 레

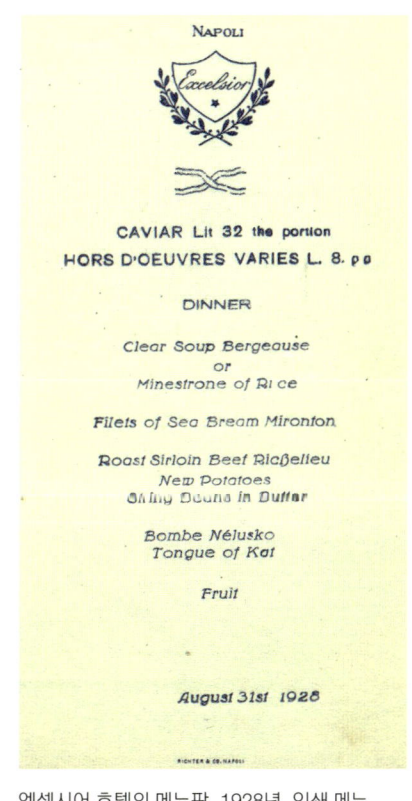

엑셀시어 호텔의 메뉴판, 1928년, 인쇄 메뉴.

THE PRESIDENT SPECIAL

DÎNER

BOISSONS

APÉRITIFS
Sherry   Dubonnet   Campari   Dry Vermouth

COCKTAILS
Bloody Mary   Manhattan   Martini
Vodka Martini   Screwdriver   Whiskey Sour

WHISKIES
Scotch   Bourbon   Canadian

Gin and Tonic   Tom Collins   Vodka Collins   Gin   Vodka
Beer and Soft Drinks

NOTRE SÉLECTION DES GRANDS VINS DE FRANCE
OUR SELECTION OF VINTAGE FRENCH WINES
Bourgogne Blanc Tête de Cuvée   Bordeaux Rouge Grand Crû classé
WHITE BURGUNDY   RED BORDEAUX
Champagne Brut Millésimé—Cuvée spéciale pour Pan American
CHAMPAGNE SPECIALLY SELECTED FOR PAN AMERICAN

LIQUEURS
Crème de Menthe   Bénédictine   Cointreau
Bénédictine and Brandy   VSOP Cognac   Drambuie

HORS D'OEUVRE
Les Délices culinaires de la Voiture
SELECTED DELICACIES FROM THE CART
Bourgogne Blanc

ENTRÉES
Notre Spécialité: La Roulade de Veau aux Rognons
OUR SPECIALTY: ROAST LOIN OF VEAL WITH KIDNEYS
Bordeaux Rouge

Le Filet de Boeuf Metropolis   Le Caneton aux Pêches
FILLET STEAK METROPOLIS   DUCKLING WITH PEACHES
Bordeaux Rouge   Bordeaux Rouge

La Sole Amandine
SOLE FRIED IN BUTTER AMANDINE
Bourgogne Blanc

Les Épinards à la Crème   Le Riz Pilaff
CREAMED SPINACH   PILAFF RICE

FROMAGES
La Sélection de Fromages de Pays
SELECTION OF CHEESE
Bordeaux Rouge

DESSERT
Le Gâteau au Kirsch Zougois
KIRSCH CAKE "ZOUGOIS"
Champagne
Un Choix de Fruits du Continent
FRUIT BASKET

Café Américain   Café Sanka   Thé Orange Pekoe
AMERICAN COFFEE   SANKA COFFEE   ORANGE PEKOE TEA
                      Liqueurs

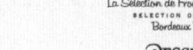
AIR AFRIQUE   PAN AMERICAN

PAN AMERICAN CUISINE BY MAXIM'S DE PARIS
"La bonne Cuisine est la base du véritable bonheur." A. Escoffier
"GOOD FOOD IS THE BASIS FOR TRUE HAPPINESS"

팬아메리칸 항공 프레지던트 스페셜 서비스 기내식 메뉴판, 1965년, 인쇄 메뉴

스토랑 막심 드 파리Maxim's de Paris가 제공한 기내식 메뉴에서 영어로 명시된 '카트에서 엄선한 별미들(selected delicacies from the cart)'이라는 항목이 프랑스어로 옮겨지며 '레 데리스 퀼리네르 드 라 부아티르'라는 어색한 표현으로 바뀐 것이다. 프랑스어에서 '부아티르 아 브라'가 손수레나 카트를 뜻하기도 하므로 억지로 이해할 수는 있겠지만, '부아티르'를 단독으로 쓰면 자동차라는 뜻이 된다. 결국 이 번역대로라면 승객들에게 '비행기에서 자동차 별미를 즐기라'고 권한 셈이다.

메뉴 번역 실수만 모아도 책 한 권은 충분히 쓸 수 있을 것이다. 혹시 시간이 된다면 여행 전문 출판사 러프 가이드Rough Guides가 블로그에 올린 메뉴 오역 관련 글을 읽어보길 권한다.**41** 이 글에는 폭발 가지(detonation eggplant)에서 똥 막대기(crap sticks)까지, 그리고 개인적으로 1등을 주고 싶은 뜨거운 캐서롤 속 행복한 가족(Happy Family in hot casserole)까지 20여 개의 기상천외한 오역 사례가 소개돼 있다.(마지막 사례는 2009년 스페인 란사로테의 한 식당에서 발견한 것이다.)**42**

여기에 뒤질세라 온라인 잡지 〈보어드 판다Bored Panda〉도 80개에 달하는 메뉴 오역 사례를 모아 공개했다.**43** 폭소를 자아내는 이 사례들은 대부분 아시아 메뉴를 영어로 번역하는 과정에서 생긴 것이지만, 언제 어느 식당에서 발견된 것인지는 밝히지 않았다.(아마 번역자를 보호하기 위해서일 것이다.) 게시글은 중국 음식점으로 보이는 한 식당의 흥미로운 메뉴판 사진으로 시작한다. 메뉴에는 심해의 인어(Mermaid in deep sea), 구글에는 안 나오는데 맛있음(I can't find it on google but it's delicious), 맥도날드의 절친(McDonald's best friend), 미스터 굴(Mr. Oyster), 미스 감자튀김(Ms. French fries) 같은 항목이 당당히 자리하고 있다. 특히 마지막 두 항목에서 문장부호가 정확히 쓰인 점도 흥미롭고, 두 음식의 성별을 정한 기준이 무엇인지도 궁금해진다.

이런 엉뚱한 번역은 문화적 교류의 장에서 외부의 시선에 응답하지도, 진정한 대화를 만들어내지도 못한다. 또한 문화 간의 소통에 참여하지도 못한다. 그럼에도 때로는 이런 실수조차 단순한 웃음을 넘어, 요리사와 메뉴 기획자, 식사자와 독자들의 미식적 호기심을 자극하고 상상의 여정에 활력을 불어넣는 역할을 한다.

지금까지 우리는 상상 속 여정과 실제 여행을 통한 문화권 간의 만남을 살펴봤다. 이제 이번 장을 마무리하며 시카고인들을 상상의 세계 여행으로 초대했던 한 장의 메뉴판을 소개하고자 한다.

1933년 일리노이주에서 금주법이 폐지되자, 칵테일을 즐기던 1930년대 시카고인들은 기쁨에 겨워 축배를 들었다. 이들은 이 음료 메뉴판 표지를 바라보며 유럽의 세련미에 건배하고, 저 멀리 유럽 어딘가에 있는 자신을 상상했다. 세계화가 가속화되던 시대의 분위기에 맞춰 메뉴판 표지에는 세계 각국의 고급 호텔 이미지가 모자이크 형식으로 배치됐다. 아르데코풍으로 표현된 제네바의 보 리바주Hotel Beau-Rivage, 피렌체의 호텔 드 롬Hotel de Rome, 밀라노의 호텔 메트로폴Hotel Metropole 등 유수의 호텔 이미지가 비스듬히 배열된 이 표지는 도시적인 감각과 국제적인 세련미를 담은 동시에, 다가오는 코스모폴리탄 세계를 예고하고 있었다.

일리노이주 시카고의 블루리본 스파 음료 메뉴판, 1934년, 인쇄 메뉴.

비시수아즈Vichyssoise 차갑게 즐기는 프랑스식 여름용 크림수프다. 전통적으로는 감자로 만들며 흰 부분의 대파로 장식하는 따뜻한 수프였고, 현대의 비시수아즈는 20세기 초 뉴욕 리츠칼튼Ritz-Carlton의 프랑스 셰프 루이 디아Louis Diat가 고향인 온천 마을의 이름(비시)를 따서 만든 것이다. 유럽보다 미국·영국에서 더 큰 인기를 얻었고, 1920~1930년대부터 냉장 기술 발달과 맞물려 '여름철 차가운 수프'로 자리잡게 되었다.

투르티에르Tourtiere 캐나다 퀘벡에서 유래한 전통 프랑스계 미트파이로, 돼지고기·송아지·소고기·감자 등을 넣어 만든다. 원래 '투르트'라는 비둘기를 속재료로 사용한 데서 이름이 비롯되었으며, 크리스마스와 새해 전야 식사에 빠지지 않는 대표 음식으로 사랑받고 있다. 이후 뉴잉글랜드 등 미국 북동부 지역으로 전해져 현지화되었고, 지역마다 속재료가 달라 해안에서는 생선, 내륙에서는 돼지고기와 사냥감을 주로 사용한다. 특히 생장 호수 지역의 버전은 제2차 세계대전 이후 퀘벡 요리의 상징으로 자리 잡고 있다.

트라이플trifle 영국을 대표하는 디저트로, 투명한 유리 볼 속에 셰리와 같은 강화 와인에 적신 스펀지 케이크, 과일, 커스터드, 크림을 층층이 쌓아 올린다. 알코올의 은은한 향과 크림의 부드러움, 과일의 상큼함이 어우러져 크리스마스나 파티에서 빠지지 않는 메뉴로 사랑받고 있다. 원래는 16세기에는 남은 케이크 조각을 활용하거나 단순한 크림 요리였지만, 18세기에 들어 현재처럼 케이크와 커스터드를 겹겹이 쌓는 형태로 발전했다. 요즘은 초콜릿, 커피, 바닐라도 변형된 버전도 많다. '사소한 것trifle'이라는 이름과 달리 영국 가정의 유쾌한 미식 감각을 상징하는 디저트로 자리 잡았다.

봄베이 덕 Bombay duck 놀랍게도 오리 요리가 아닌, 인도 서해안에서 잡히는 도마뱀고기과 생선이다. 잡은 뒤 햇볕에 말리면 강렬한 바다 냄새가 나는데, 그 향 덕분에 식민지 시대 영국인들 사이에서도 "잊을 수 없는 향의

생선"으로 불렸다. 건조된 생선을 바삭하게 튀기면 바다의 짠내와 해풍이 입안 가득 퍼지며 독특한 풍미를 낸다. 이름의 유래도 흥미롭다. 영국 식민 시절, 봄베이에서 내륙으로 향하던 '봄베이 메일Bombay Mail' 기차에서 생선 냄새가 진동하자, '우편dak'이 '덕duck'으로 와전됐다는 이야기다. 이렇게 태어난 이름은 엉뚱하지만, 맛은 진지하다. 봄베이 덕은 오늘날까지 인도 연안 가정식에서 빠지지 않는 반찬이자, 영국과 인도의 식민 교류사를 품은 향기로운 전설 같은 요리다.

웨일스식 레어빗 Welsh Rarebit 버터 바른 토스트 위에 진한 치즈 소스를 녹여 올린 영국식 오픈샌드위치다. 이름에 '래빗(토끼)'이 들어가지만 실제로는 토끼 고기가 아닌, 18세기 영국의 유머에서 비롯된 말장난이다. 당시 가난한 웨일스 사람들이 토끼 대신 치즈로 식탁을 채웠다는 풍자를 담고 있다. 체다 치즈에 버터, 겨자, 우스터소스, 맥주나 에일을 섞어 만든 소스를 빵 위에 올리고 그릴에서 노릇하게 구우면 완성된다. 짭짤하고 고소하면서도 맥주의 쌉쌀한 향이 어우러진 맛이 특징이다. 간단하지만 중독성 있는 이 요리는 영국인의 유머와 생활 감각이 녹아 있는 음식으로, 지금도 펍 메뉴의 고전으로 사랑받고 있다.

맛초Matzo 유대교의 유월절Passover에 먹는 발효되지 않은 납작한 빵이다. 밀가루와 물만 섞어 반죽한 뒤, 발효되기 전에 빠르게 구운 가장 기본적인 빵이기도 하다. 이스라엘 민속이 이집트를 급히 떠나며 빵을 부풀릴 시간조차 없었다는 구약성서의 이야기에 뿌리를 두고 있다. 그래서 '속박의 빵이자 해방의 빵'으로 불리며, 단순한 음식이 아니라 믿음과 기억의 상징이 되었다. 유월절 동안은 누룩이 든 어떤 음식도 금지되기 때문에 맛초가 식탁의 중심이 된다. 오늘날에는 이를 응용한 맛초볼 수프나 맛초 라자냐 같은 현대식 요리도 인기를 얻고 있다.

4

우리 안의
어린 시절을 위한 메뉴

Menus for Children and
for the Children We Once Were

지금은 '어린이 메뉴'가 너무나 당연하게 여겨진다. 하지만 20세기 초반까지도 식당의 손님은 성인이 중심이었다. 아이들은 부모와 동행하는 존재였을 뿐이고 그들의 취향이나 식사 경험은 고객의 고려 대상이 아니었다. 그러나 산업화 이후 소비 문화가 더 자유로워지고 '가족 단위'의 외식이 증가하며 식당들은 어린이를 '고객'으로 바라보기 시작했다.

어린이 전용 메뉴는 1920년대 미국에서부터 나타났다고 전해진다. 그 배경에는 교통의 발달과 함께 장거리 여행자가 늘었던 상황, 호텔이나 패밀리 레스토랑의 확산이 있다. 특히 금주법 시절, 술 대신 가족 단위 손님을 유치해야 했던 레스토랑 업계는 어린이라는 새로운 소비 타깃을 겨냥했고, 비로소 '어린이 메뉴'판이 만들어졌다.

색깔이 화려한 삽화나 동화 속 캐릭터가 담긴 메뉴판, 점 잇기나 미로 찾기를 할 수 있는 메뉴판은 일종의 놀이 도구이자 광고물이었다. 호텔에서는 어린이를 위한 소량의 음식이나 소화가 쉬운 음식, 가격을 낮춘 '키즈 플레이트'를 제공했다. 아이들이 지루해하지 않고, 가족 고객들이 더 오래 머물게 하기 위한 일종의 전략이었다.

1950년대에 들어서 글로벌 패스트푸드점인 맥도날드와 하워드 존슨 같은 패밀리 레스토랑 체인은 어린이 메뉴를 더 적극적으로 활용했다. 행복한 식사를 뜻하는 해피밀Happy Meal의 시초가 된

장난감 세트, 캐릭터 로고, 어린이가 좋아하는 모양의 음식은 식사 이상의 경험을 팔았다. 한국에서는 1980~1990년대에 외식문화의 확산과 패밀리 레스토랑의 도입으로 '어린이 고객'이 중심이될 수 있었다. TGI·베니건스 등의 레스토랑에는 키즈 세트와 함께 놀이방까지 갖춰줬다. 나아가 메뉴판에 "우리 아이에게 좋은음식" "아이들을 위한 음식"이라는 메시지를 담아 브랜드의 교육적이고 정서적인 면을 부각했다. 이렇듯 어린이 메뉴판은 한 시대의 외식 산업, 가족문화와 소비의 변화가 고스란히 담고 있다.

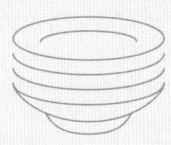

지금까지 우리는 메뉴판을 바라보는 주체가 식사자와 독자라는 두 부류로 나뉜다고 보고, 그 사이에 존재하는 시간적 간극에 주목해왔다. 독자는 실제 식사가 이루어진 순간으로부터 몇십 년, 길게는 수 세기가 지난 뒤 메뉴판과 마주한다. 그리고 그 시간 동안 습득한 '시대적 지식'은 음식에 대한 이해를 돕기도 하고, 때로는 오해를 낳기도 한다. 이번 장에서 살펴볼 '어린이용 메뉴판'은 처음부터 서로 다른 두 부류의 대상을 염두에 두고 만들어졌다는 점에서 특별하다. 다시 말해 어린이용 메뉴판은 어린이 식사자의 취향을 사로잡는 동시에 비용을 부담하는 보호자의 관심도 끌어야 하는 이중의 과제를 안고 있다.

외식 공간에 어린이 전용 메뉴가 등장한 것은 비교적 최근의 일이다. 아이들이 외식 자리에 동참하게 된 문화적 배경에는 20세기 초 개인의 소비와 저축이 자유로워진 분위기가 있었다. 어린이 메뉴가 등장하기 직전인 19세기 말에는 노동 운동의 성과로 노동 시간이 단축되고 산업 생산이 급격히 증가했다.(예컨대 켈로그 같은 기업은 1930년대에 6시간 교대제를 도입하기도 했다.) 여기에 급격히 늘어난 소매업체들이 인쇄 광고와 라디오를 통해 적극적인 마케팅을 펼치며 소비자를 상점으로 끌어들였고, 그 결과 인근의 식당에서 외식을 즐기는 이들도 더 많아졌다.[1]

1900년 1월에 제작된 런던 크리스털 팰리스Crystal Palace 메뉴판에 짧게 포함된 어린이 세트 항목은 레스토랑을 찾은 손님들이 아이를 동반하기도 했다는 사실을 보여준다. 그러나 본격적인 어린이 전용 메뉴판의 등장은 20세기가 좀 더 지난 후에 이루어졌다. 크리스털 팰리스의 어린이용 음식은 사실상 아이가 아니라 아이를 동반한 어른을 겨냥한 것이었다. 어른들은 아마도 메뉴판을 훑어보며 가장 중요한 정보인 가격 정도만 확인했을 것이다. 실제로 어린이 세트 메뉴는 세부 설명도 없이 단순히 '고기요리, 채소, 단 후식(Joint, Veg & Sweet)' 정도로만 짧게 적혀 있다.

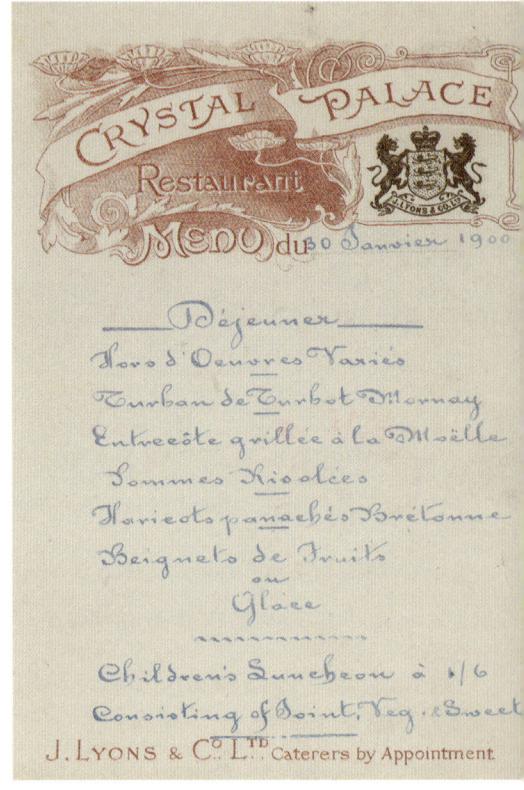

크리스털 팰리스 레스토랑, 1900년, 인쇄 메뉴와 손글씨.

이번 내용은 연대기적 흐름을 따라 전개된다. 먼저 어린이를 하나의 독립적인 인격체로 인정하고 그들의 취향 형성에 관심을 두기 시작한 20세기 전환기에 주목한다. 이어서 전쟁이 어린이들의 음식문화에 끼친 영향에 대해 알아보고 그들이 전시에 무엇을, 언제, 누구와 먹었는지 구체적으로 들여다본다. 마지막 부분에서는 레스토랑의 어린이 전용 코너 설치를 비롯해 아동의 취향을 최우선으로 고려하는 콘셉트가 등장하며 전성기를 맞이한 어린이 메뉴 문화를 살펴본다.

어린이 식사에 대한 고민

어린이를 직접 겨냥한 메뉴가 등장한 것은 19세기에 들어서였다. 이런 메뉴는 주로 기차나 선박처럼 아이들의 끼니를 반드시 챙겨야 하는 장소에서 볼 수 있었다. 당시 프랑스의 대중 출판물 가운데는 어린이를 위한 삽화를 곁들인 것들이 있었는데, 그중 음식 관련 삽화들은 단순히 아이들을 즐겁게 하는 데 그치지 않고 음식 선택에 대한 정보를 함께 전달하고자 했다. 이런 점에서 어린이 메뉴는 단순히 특정 장소에서의 실용적 필요를 넘어 아이들의 미각을 길러주려는 의도까지 담고 있었던 것이다.

1888년에 출간된 귀여운 삽화 요리책에서도 그런 의도를 읽을 수 있다. 프랑스의 연구자 프랑수아즈 아슈 비세트 Françoise Hache-Bissette는 이렇게 지적했다.

같은 시기 캐나다나 미국의 철도 식당 메뉴를 보면 어린이들에게는 지극히 단순하고 밋밋한 음식만 제공됐던 것을 알 수 있다. 삽화가 들어간 어린이용 요리책은 당시 프랑스 어린이들이 세련된 미각을 키워가고 있었음을 짐작하게 해준다.[2]

《어린이 코르동 블뢰Bébé Cordon bleu》 같은 요리책이나 조르주 들로Georges Delaw의 삽화는 적어도 19세기에서 20세

마리 블랑데스Mary Brandès, 《어린이 코르동 블뢰》, 제3판, 1888년, 삽화 소책자.

기로 넘어가는 전환기 프랑스에서 어린이와 음식의 관계가 이미 공적이고 상업적인 관심사로 자리 잡고 있었음을 보여준다. 예쁘고 흥미로우면서도 교육적인 이런 책자와 삽화들은 부모 세대가 향유하는 요리 세계를 소개하고, 부모가 구매하는 식품 브랜드에 아이들이 자연스럽게 노출되도록 이끌었다.

상상력을 자극하는 조르주 들로의 기발한 삽화는 아이들의 미각뿐 아니라 시각적 감각까지 함께 길러주고자 했다. 〈포토푀, 요리적 환상Le pot-au-feu, fantaisie culinaire〉은 들로의 대표작 가운데 하나로, 익살스럽게 표현된 캐리커처를 보면 영국의 윌리엄 히스William Heath가 성인 식사자를 위해 그린 풍자화가 떠오를 정도다.[3]

조르주 들로, 〈포토푀, 요리적 환상〉, 1896~1903년경, 인쇄 이미지.

아이들을 위한 단체 식사

전쟁은 아이들의 식사에 어떤 영향을 미쳤을까? 우리는 각자 자국의 전쟁사를 잘 알고 있다고 착각하지만, 실제로는 몇몇 기념일이나 역사서 속 주요 사건의 날짜 정도만 알고 있는 경우가 대부분이다. 전쟁 시기의 경험을 놀라울 만큼 솔직하게 보여주는 자료가 바로 메뉴다. 제1차 세계대전 당시 영국에서는 지방 정부와 의회가 '저소득 아동'으로 분류된 학생들에게 급식을 제공했다. 부모의 부상이나 부재, 또는 군 복무 중인 아버지의 적은 봉급 지급이 지연되는 경우에도 아이들이 굶지 않도록 하기 위한 조치였다. 버밍엄에서 학교를 다닌 앨리슨 레이트너Alison Laitner와 캐시 페이튼Cathie Paton의 기록에 따르면 당시 학생들은 전쟁 이전에도 학교에서 무상으로 아침을 먹었지만 전쟁 발발로 그 수요가 폭증했고, 1915년에 가서는 주말에도 급식이 제공됐다고 한다.[4]

시의회 예산으로 제공된 메뉴는 아이들 입맛에 맞으면서도 든든하게 먹을 수 있고 학교에서 저비용으로 손쉽게 조리 가능한 음식을 찾으려 애쓴 흔적이 보인다. 단백질 공급원으로는 소고기 스튜, 양고기, 영국의 전통 소시지인 **토드 인 더 홀**toad in the hole과 때로는 생선이 나왔다. 감자가 포함된 끼니가 많았고 빵과 다양한 푸딩도 제공됐다. 아침은 곡물에 물이나 우유를 넣고 끓인 **포리지**porridge, 빵, 코코아, 우유 등으로 구성됐다. 눈에 띄는 점은 과일이 거의 없고, 신선한 채소는 아예 보이지 않는다는 사실이다. 부디 아이들의 가족이 집 근처에서 가꾸던 '승리의 텃밭victory garden*'에서 필요한 채소를 얻을 수 있

제1차 세계대전 시기의 학교 급식 메뉴, 런던, 1914~1918년경, 인쇄 메뉴.

---

* 전쟁 중 식량난 해결을 위해 각 가정에서 가꾸던 작은 텃밭

었기를 바랄 뿐이다.

1940년 시애틀의 배글리 초등학교 급식실에서 촬영된 흑백 사진은 영국과 대조적인 풍경을 보여준다. 사진이 찍힌 시기의 미국은 아직 제2차 세계대전에 참전하기 전이었고, 전시 배급 체계에 따라 식량을 배분하던 영국에 비해 풍족한 상황이었다. 여기서도 아이들이 좋아했던 음료는 우유와 코코아다.

시애틀 급식실의 메뉴판과 줄 선 학생들, 시애틀, 1940년경, 사진.

그중에서도 우유는 20세기 초 저온살균 규정이 도입되면서 맛과 영양이 풍부한 음료로 널리 인정받았다. 메뉴에 '몰드 과일 샐러드Molded Fruit Salad' 같은 것도 있지만, 아마도 아이들은 같은 값이면 컵케이크나 초콜릿 아이스크림 같은 달콤한 간식을 선택했을 것이다. 줄 선 아이들 뒤에 서 있는 교사로 추정되는 어른은 과일 샐러드를 권하고 있었을 수도 있다. 단백질이 포함된 유일한 음식은 핫도그인데, 주식으로 선택할 수 있는 다른 대안이 토마토 수프와 밥이었던 점을 고려하면 아마 핫도그가 가장 인기있었을 것이다.

메뉴판과의 철도 여행

1920~1930년대는 흔히 철도 여행의 황금기로 불린다. 이 시기의 철도는 단순한 이동 수단을 넘어, 속도와 호화로움을 상징했다. 사람들은 목적지에 도달하기 위해서만이 아니라, 탑승하여 이동하는 여행을 즐기기 위해 기차에 올랐다. 1920년 이전만 해도 철도는 업무든 여가든 거의 모든 이동을 독점했다. 1916년 기준으로 미국 철도는 도시 간 화물 운송의 77퍼센

트, 여객 수송의 98퍼센트를 담당했다.[5] 여행 산업이 확장되면서 철도 회사는 이제 아동을 포함한 모든 연령층의 승객을 만족시켜야 했다.

유럽에서는 이미 19세기 전반부터 철도 여행이 활발했지만 미국은 1869년에 이르러서야 대륙 횡단 철로를 완공했다. 캐나다는 그보다 늦은 1885년에 대륙을 잇는 철도가 완성됐다.[6] 끝없이 이어지는 대륙 횡단 노선은 사람들의 상상력을 자극했고, 철도 회사들은 긴 여정 동안 승객에게 먹을거리와 즐길 거리를 제공해야 하는 새로운 과제에 맞닥뜨렸다. 공공 식당에서 어린이를 독립된 고객층으로 인식하기 훨씬 전부터 철도 회사는 어린 승객에게 음식을 제공해야 할 필요성을 이미 이해하고 있었다. 장거리 여행에서는 아이들도 기차 안에서 아침, 점심, 저녁은 물론 간식과 차까지 해결해야 했기 때문

고급스러운 철도 여행, 1955년, 사진.

유니언 퍼시픽 오버랜드 노선의 어린이용 디너 메뉴판, 1933~1939년경. 인쇄 메뉴.

어린이를 위한 기차 식당칸 메뉴판, 1928년, 인쇄 메뉴.

이다. 이 때문에 20세기 초 등장한 어린이용 메뉴 가운데 가장 다채롭고 풍성한 것은 대개 철도 회사의 메뉴였다.

1930년대 유니언 퍼시픽 철도가 대륙 횡단 노선에서 선보인 어린이용 디너 메뉴판은 귀엽고 발랄한 디자인으로 눈길을 끌었다. 표지에는 쪼그려 앉은 토끼 그림이 그려져 있었고 '꼬마 신사와 숙녀를 위한 식사'라는 문구가 적혀 있었다. 메뉴에는 으깬 시금치, 당근, 완두콩, 채에 거른 토마토 등이 포함되어 있었는데, 이는 이유식을 막 시작한 유아의 식사까지 고려한 구성임을 보여준다. 달걀을 장식하는 토끼 그림은 이 메뉴가 부활절 시즌을 겨냥했음을 암시한다.

몇몇 철도 회사는 단순히 음식 목록을 나열하는 데 그치지 않고, 메뉴판을 통해 장거리 여행의 특별한 경험을 전달하고자 했다. 예를 들어 캐나다 국영 철도의 1928년 메뉴판은 운율감 있는 문체로 열차에서의 식사가 단순한 끼니가 아니라 '국가적 양식'으로 마련된 특별한 경험임을 강조했다. 음식의 구성은 비교적 단출했고, 거의 모든 메뉴에 우유나 코코아가 포함되어 있었다. '차' 항목에는 맥아 우유가 포함되어 있는 것도 흥미롭다. 아침식사에 있는 옥수수 머핀과 구운 사과는 온타리오나 퀘벡, 오카나간 밸리 지역에서 생산된 재료로 만들었을 가능성이 높다. 저녁 메뉴에 포함된 신선한 생선은 대서양에서 브리티시컬럼비아까지 이어지는 캐나다의 광활한 영토를 연상시킨다.

부모들은 아침과 차 메뉴에 빠지지 않고 등장하는 토스트를 보며 '빵 바구니'라 불린 캐나다 대평원의 곡창지대를 떠올렸을 것이다. 전반적으로 캐나다 음식문화에 깔린 영국적인 뿌리가 드러나고 있지만, 그레이엄 비스킷 Graham Biscuit과 건포도 토스트에서는 미국의 영향도 엿보인다. 이 메뉴판은 겉으로는 어린이용 메뉴처럼 보이지만, 대부분 글씨로만 구성되어 있어 어

어린이를 위한 기차 식당칸 메뉴판, 1928년, 인쇄 메뉴.

린이가 직접 이해하기 어렵고 실제로는 어른을 위한 안내서이기도 했다. 반면 1938년 뉴헤이븐 철도의 어린이 메뉴판은 진정한 의미의 '어린이를 위한 디자인'을 보여주었다. 표지에는 장난기 어린 눈빛의 코끼리가 그려져 있었고 메뉴 항목은 동물원 동물들과 연결되어 있었다. 아이들은 그림을 기억하며 자신이 고른 메뉴를 스스로 주문할 수 있었다. 메뉴에는 양갈비, 닭고기 슬라이스, 크림 치킨 같은 고기요리부터 채소요리, 바닐라 아이스크림까지 포함되어 있었다. 모든 항목에는 '홀릭스 맥아 우유Horlick's Malted Milk'가 들어가 있었는데, 이 제품은 1880년대 미국에서 유아용 식품으로 개발된 후 영국으로 역수출되어 생산됐다.[7] 아마 채소 메뉴는 부모들이, 아이스크림은 아

뉴헤이븐 철도 메뉴판, 1938년, 인쇄 메뉴.

이들이 각각 관심을 가졌을 것이다. 당시 아이들 입맛이 지금과 얼마나 달랐을지는 알 수 없지만, 아마 채소 메뉴는 주로 부모들의 관심을 끌었을 것이고 아이들의 눈길은 아이스크림이 포함된 메뉴로 향했을 것이다.

　비슷한 시기 프리스코 철도의 어린이 메뉴판은 화려한 삽화와 함께 세 부분으로 구성되어 있었다. 프리스코는 '세인트루이스 - 샌프란시스코 철도'의 별칭이었지만 실제로 샌프란시스코까지 연결되지는 않았다. 메뉴판에는

프리스코 철도의 어린이 메뉴판, 1930~1950년대, 인쇄 메뉴.

날짜가 없지만, 음식 가격으로 미루어보아 1940~1950년대에 사용된 것으로 보인다. 표지에는 전래동요 속 캐릭터들이 총출동해 "즐거운 식사가 되기를!"이라고 외치며 손님을 맞이했다. 뒷면에도 험프티 덤프티, 파란 옷을 입은 리틀 보이 블루 같은 영국 전래동요 속 캐릭터들이 등장한다.

메뉴 항목은 읽기 쉬운 대문자 표기로 구성되어 있고, 삽화까지 곁들여져 아이들이 원하는 음식을 손가락으로 가리키며 "이거 주세요"라고 말하기 쉬웠다. 다만 '달걀 조리 방식 선택 가능' 같은 문구는 어린이에게 다소 난해했을 수 있다. 그림에는 있지만 메뉴에는 없는 말린 자두나 파이를 찾았다면 실망했을지도 모른다. (물론 파이라면 모를까, 말린 자두를 주문할 아이는 드물었을 것이다.) 동요 속 캐릭터들은 식사에 즐거움을 더했지만 어디까지나 조연이었다. 식사의 주연은 요리사와 웨이터, 그리고 메뉴를 읽고 주문을 도와주는 보호자였다. 다른 어린이용 메뉴와 마찬가지로 이 메뉴 또한 아이와 어른, 모두를 염두에 두고 만들어진 것이었다.

백화점의 어린이 메뉴 마케팅

20세기 초가 되자 아이들은 가족과 함께 하는 장거리 여행뿐 아니라 부모님의 백화점 쇼핑에도 동행하게 됐다. 이에 따라 많은 백화점 내 식당 메뉴판에 아동용 식사를 포함하기 시작했다. 보통 아이들은 집안의 주요 소비자인 어머니를 따라 오는 경우가 많았는데, 어린 고객들의 필요와 입맛을 잘 공략하면 쇼핑객의 매장 체류 시간을 늘리고 나아가 더 많은 소비를 유도할 수 있었기 때문이다.[8]

1939년 12월의 뉴욕 메이시스 백화점 점심 메뉴판 표지에는 영사기 불빛 속에 향수를 불러일으키는 장면이 담겨 있다. 젊은 부모와 어린 딸이 명절 만찬이 차려진 저녁 식탁에 둘러앉은 모습이다. 부모의 와인잔은 가득 채워져 있고, 뒤쪽 벽에는 "홈 스위트 홈"이라는 문구가 새겨진 태피스트리가 걸려 있다. 이 이미지만 본다면 대서양 건너편에서 이미 제2차 세계대전이 격화되고 있다는 사실도, 머지않아 식량 배급제가 시작되리라는 사실도 전혀 짐작할 수 없다. 표지는 온 가족의 모습을 담고 있지만 메뉴 자체는 주로 성인 손님을 대상으로 했다. 저녁용 메뉴판의 와인 리스트가 상당히 길고, 점심 메뉴에는 어린이용 항목이 별도로 마련되어 있지 않다. 다만 케이크, 아이스크림 선데Sundae, 병에 든 초콜릿 우유 등 연필로 표시된 항목은 아이들이 주문했을 법하다. 감자와 콩 요리에 주스가 곁들여 나오는 메뉴까지는 아이들이 먹었을 수도 있지만 그 외의 음식은 아이들 입맛에는 맞지 않았을 것이다. '밀기울 빵에 올린 매운 송아지 혀 요리deviled tongue on bran bread' 같은 음식은 솔직히 쇼핑에 따라온 어린이가 먹기에는 무리가 있다.

시애틀의 프레더릭 앤드 넬슨 백화점은 일찍이 어린 고객을 직접 겨냥한 전략을 펼쳤다. 프레더릭 앤드 넬슨은 1950년대에 본점을 대대적으로 증축하며 지하 1층에 폴 버니언Paul Bunyan 식당을 열었는데, 당시 제작된 메뉴판은 이런 전략을 분명히 드러낸다.[9] 이 메뉴판은 종이접기 형식으로 제작되어 정해진 방식대로 접으면 상자 모양이 되고 그 속에서 'F&N'이라 쓰인 백화점의 로고가 깜짝상자 속 인형처럼 튀어나왔다. 어른들이 식사를 하고 긴 대화를 즐기는 동안 이 메뉴판은 아이들에게 훌륭한 장난감이 되어주었다. 또한 다른 어린이 메뉴판에 등장했던 동요 속 캐릭터나 동물과는 달리 이 메뉴판의 주인공은 아이들을 즐겁게 하는 직업, 광대 잭Jack the Clown이었다. 메뉴판 안쪽에서 팔을 활짝 벌린 잭은 수프, 샌드위치, 수란, 우유, 푸딩이나 아이스크림 등의 디저트로 구성된 가벼운 점심을 제안하고 있다. 그러나 사실 이 식

메이시스 백화점 내 식당의 점심 메뉴판,
1939년, 인쇄 메뉴.

THE RESTAURANT AT MACY'S

Luncheon Menu in Macy's Restaurant

APPETIZERS

Fresh fruit cup 24   Celery hearts 14
☆Pineapple juice or grapefruit juice 9
Chilled fruit juice 9   ☆Tomato juice 9
Stuffed olives or sweet pickles 14

SOUPS

Consomme Julienne 19
Puree of split pea 14

VEGETABLES

Mashed potatoes 14   French fried potatoes 14
Carrots or beets 14   Buttered peas 19
Cut string beans 19   Baked Idaho potato 11

SANDWICHES
(Made to Order)

Macy club 59

Sliced ham and Swiss cheese with cole slaw 34

Fried scallops and ravigote sauce on
whole wheat toast 34

(Ready to Serve)

Deviled tongue on bran bread 24

Date and nut bread with cream cheese
and pimiento 24

Tunafish salad and sliced tomato on
white bread 34

Sandwiches especially ordered on toast .05 extra

Please Do Not Tip — As Compensation to
your waitress 10% will be added to your check.
The minimum added will be 5c.

You Wish — you may charge
your luncheon to your D. A.

NOONDAY LUNCHEONS
(Including appetizer or soup and dessert)

(Choice of)

Chilled tomato or pineapple juice
Consomme Julienne
Puree of split pea soup
Chilled orange and grape cup

1. Broiled sweetbreads with ham, fresh
mushrooms, tomato Bearnaise sauce
and French fried potatoes 98
2. Chicken and rice Persian, supreme sauce
and buttered peas 79
3. Roast loin of pork, fried apple rings
and candied whole sweet potato 89

Pumkin pie
Hot fudge shortcake
Dessert pancake with sour cream and strawberries
Baked custard with caramel sauce
Vanilla ice cream with raspberry sauce

☆Coffee   ☆Tea   Milk

METROPOLITAN LUNCHEONS

(Including beverage and dessert)
A first course of soup or fruit cup 10c.

4. Lamb timbale, brown gravy, puree of
squash and fresh spinach 64
5. An open toast sandwich of fried oysters,
tomato and cole slaw 59
6. Creamed fresh vegetables with crisp noodles 54
7. Chilled pineapple juice and a sandwich of
cream cheese and marmalade on date
and nut bread 54

Nut square with Mocha icing
Chocolate cream whip with coconut iced cake
Fresh apple sauce
Prune ice cream

☆Coffee   ☆Tea   Milk

SIR: If you feel that you. and the food you have
eaten, deserve the complement of a fine cigar,
ask the waitress to bring you a Figaro
Panetella at 14c, or a Figaro Bouquet at 15c,
or a Figaro Belvedere at 18c, or a Figaro
Corona Chica at 20c. Each cigar is an
Havana of distinguished excellence.

COMBINATION DISHES

(a) Sizzling sirloin steak with French
fried potatoes 94
(b) Hot turkey sandwich with giblet gravy 64
(c) Baked chicken and mushroom dumpling,
green peas and candied sweet potato 84
(d) Broiled mackerel with a baked potato
and Julienne string beans 69
(e) A fresh vegetable plate 64

WAFFLES AND GRIDDLE CAKES

Cream waffles with Vermont maple
syrup (1) 24 (2) 40

Griddle cakes with Vermont maple syrup
or honey 29   with sausages 54

Buckwheat cakes with bacon and maple syrup 39

TABLE SIDE SALAD SERVICE
74c.

Your own selection from an
Attractive Assortment
Roll and butter

Coffee   Tea   Milk

SALADS

(a) Tomato filled with minced seafood salad,
olive mayonnaise and Julienne potatoes 64
(b) Mixed vegetable salad, Russian dressing
and toasted English muffins 54
(c) Salad bowl of fresh greens with
thin sandwiches 54
(d) Assorted fruits, Chantilly mint dressing
and cinnamon coffee cake 59
(e) White meat of chicken salad, capers
and olives 89

DESSERTS and FRUITS

Fancy assorted cookies 14   Brownies 14
   Apple pie 19
Sour cherry pie 19   Pumpkin pie 19
Lemon cream layer cake 19
   Chocolate layer cake 19
Schnecken coffee cake 19
Hot fudge shortcake 19
Baked custard with caramel sauce 19
Cinnamon tea cake with apple sauce filling 19
Sour cherry tart 14   Chocolate eclair 14
Old fashioned cream rice pudding 19
Baked apple with cream 19
Compote of stewed fruits 19
(Pastries - Cakes - Pies - made in
our own bakeries and sold in Grocery
Department on the Eighth Floor.)

FROZEN DESSERTS and ICE CREAM

Ice cream eclair with hot fudge sauce 25
Frozen toasted almond ball and caramel sauce 29
Ice cream with layer cake 24
Ice cream sandwich with caramel sauce 29
Apple pie a la mode 29
Assorted flavors of ice cream 24

ICE CREAM—Chocolate, vanilla, strawberry,
coffee or burnt almond 19
Chocolate flake or coffee flake
ice cream 24

ICE—Raspberry or lime 14

ICE CREAM SUNDAES and SODAS

Chocolate mint soda 19   Strawberry soda 19
☆ Hot butterscotch pecan sundae 24
Marron sundae 24

FOUNTAIN DRINKS

Chocolate frost 19   Maple float 19
Orange or lemonade 14   Coffee malted milk 19
☆Caramel milk shake 14

BEVERAGES

Coffee (cup) 9   Pot for one 14   Pot for two 19
Iced tea 9   Iced coffee 9
Tea (pot) 14   Chocolate (pot) 14
Milk Grade A individual bottle 9   Buttermilk 9
Sparkoffee or Sparkoffee Jr. 11
☆Chocolate milk, bottle 9

☆These items, Macy's Own Merchandise, may be
purchased in the Grocery Department on the
Eighth Floor.

프레더릭 앤드 넬슨 백화점의 어린이 메뉴, 1955년경, 인쇄 메뉴.

184

사의 진짜 선물은 음식이 아니라 "집에 가지고 가세요"라고 쓰인 이 메뉴판이다. 아마 상자에 담긴 선물을 받아본 어른이라면 누구나 알 것이다. 아이들에게는 상자만큼 재밌는 장난감이 없다는 사실을 말이다.

과거 유서 깊은 백화점들이 활용했던 마케팅 전략은 오늘날 이케아 매장에서도 이어지고 있다. 이케아는 매장 내 식당에서 인기 만점의 스웨덴식 미트볼과 **링곤베리 잼**lingonberry jam을 판매하고 아이들을 위한 놀이 공간을 확보함으로써 소비자인 부모들이 미로처럼 긴 매장을 여유롭게 둘러볼 수 있도록 배려한다. 덕분에 이케아에서의 쇼핑은 온 가족이 종일 즐기는 나들이가 된다. 한편 맥도날드 역시 어린 고객을 겨냥해 재미와 홍보를 동시에 잡은 또 다른 인상적인 전략을 선보였다. 바로 어린이 세트 메뉴 해피밀이다. 작은 상자에 담겨 나오는 해피밀에는 햄버거나 치킨 너겟 같은 메인 메뉴, 사이드 메뉴, 그리고 무엇보다 중요한 장난감이 포함되어 있다.

어린이를 사로잡기 위한 메뉴

식당들도 백화점이 먼저 도입한 혁신을 뒤따르기 시작했다. 먼저 아이들이 기다리는 시간을 덜 지루하게 만들 방법을 고민했다. 아이들은 주문한 음식을 기다리는 동안 쉽게 싫증을 냈고, 다 먹은 뒤에도 부모의 식사가 끝나지 않거나 대화가 길어지면 지루해했다. 이 시간을 메워줄 가장 저렴하고 효율적인 방법은 종이와 크레용을 주는 것이었고, 또 다른 방법은 아예 메뉴판 자체를 재미있게 꾸미는 것이었다. 1950년대 시애틀의 해산물 레스토랑 아이바스 에이커스 오브 클램스Ivar's Acres of Clams는 얼굴에 쓸 수 있는 잠수부 헬멧 모양의 어린이 메뉴판을 선보였다. 뒷면의 음식 목록에는 아이들이 좋아하는 해산물 요리와 함께 곁들일 음료로 우유나 오렌지에이드가 적혀

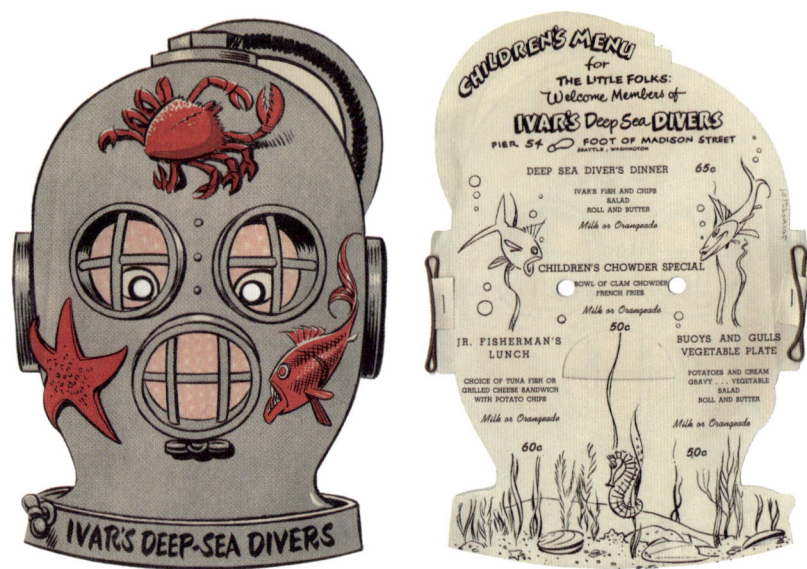

아이바스 에이커스 오브 클램스의 어린이 메뉴, 1955년경, 인쇄 메뉴.

있었다. 탄산음료 자체는 1832년부터 인기를 끌었고 특히 금주법 시대에는 술을 대신해 많은 이들이 즐겼지만, 어린이 메뉴의 단골 음료로 자리 잡은 것은 비교적 최근이라 할 수 있다.[10]

1953년 무렵에 제작된 오클라호마주의 글렌스 히커리 인Glen's Hik'ry Inn 메뉴는 어린 손님들을 유혹하기 위해 온갖 검증된 수법들을 총동원한 것으로 보인다. 하지만 오늘날의 눈으로 보면 조금은 불편하게 느껴질 수도 있다. 두 번째 페이지 삽화를 보면 메뉴 속 주인공이자, 바비큐 요리사이면서 동시에 웨이트리스까지 도맡고 있는 캐릭터가 의인화된 돼지들이기 때문이다. 그렇다고 아이들이 동물이 등장하는 메뉴를 낯설어했을 리는 없었다. 앞서 보았듯 아이들에게 동물 캐릭터는 오히려 친숙한 것이었다. 메뉴 표지에는 펑

글렌스 히커리 인 어린이 메뉴판, 1953년경, 인쇄 메뉴.

퍼짐한 바지를 입은 돼지가 등장해 손님들을 글렌스 히커리 인으로 안내하고 있었다. 메뉴판의 두 번째 페이지에는 아이들을 향해 이렇게 쓰여 있었다. "이 메뉴는 집에 가져가서 색칠해도 됩니다." 이를 통해 식당에서 크레용을 따로 제공하지 않았다는 사실을 알 수 있다.

앞치마를 두른 돼지들은 무언가를 두고 옥신각신 다투는 듯 보이지만, 정작 무슨 일인지는 알 길이 없었다. 어린 손님들이라면 아마 두 가지 사실을 곧 눈치챘을 것이다. 첫째, 서빙 쟁반 위에 놓인 먹음직스러운 컵케이크는 정작 저녁 메뉴에는 없다는 것. 둘째, 메뉴에 베이크드 햄이 있다는 것. 그림 속에는 햄이 보이지 않았으니, 혹시 카우보이 모자를 쓰고 총을 든 돼지가 자기 친구를 노리고 있는 게 아닌가 싶을 정도였던 것이다.

식당들이 어린이 손님의 마음을 사로잡기 위해 자주 활용한 또 다른 장치는 점잇기 놀이 같은 게임이었다. 여기 소개한 메뉴판은 와이오밍주 샤이엔에 있던 히칭 포스트 인Hitching Post Inn의 레스토랑에서 사용된 것이다. 숙박 시설이기도 했던 히칭 포스트 인은 1946년 베스트 웨스턴 호텔Best Western Hotels 체인 출범 당시 창립 멤버로 가입한 곳이기도 하다. 메뉴판에 감자칩이나 **젤로 디저트** Jello Dessert같이 별도의 조리 과정이 필요 없는 기성 제품이 들어간 것으로 보아 이 메뉴판은 1970년에서 1984년 사이에 제작된 것으로 추정된다. 미니 팬케이크와 시나몬 토스트를 주문할 수 있다는 점, 그리고 잼을 '젤리'라고 표기했다는 점에서 이곳의 조식은 전형적인 미국식이었다. 추수감사절 메뉴가 따로 구성되어 있는데, 실제로 추수감사절에 맞추어 메뉴 구성을 해 놓은 것이 아니라 아이들이 좋아해서 상시 포함된 것일 가능성이 높다. 계절에 맞춰 매번 메뉴판을 교체하는 것은 비용이 꽤 드는 일이기 때문이다. 무엇보다 눈길을 끄는 것은 역시 세 번째 페이지의 점잇기 게임이다. 말의 머리와

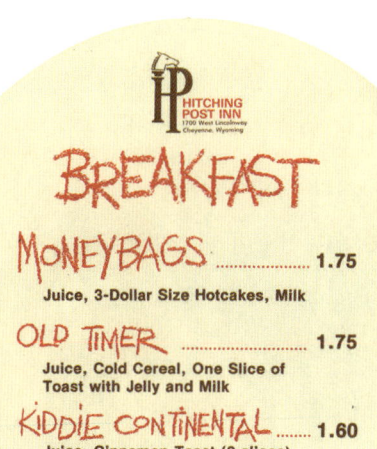

PH **HITCHING POST INN**
1700 West Lincolnway
Cheyenne, Wyoming

BREAKFAST

MONEYBAGS 1.75
Juice, 3-Dollar Size Hotcakes, Milk

OLD TIMER 1.75
Juice, Cold Cereal, One Slice of
Toast with Jelly and Milk

KIDDIE CONTINENTAL 1.60
Juice, Cinnamon Toast (2 slices)
and Hot Chocolate

LUNCH & DINNER

PEANUT BUTTERY 1.85
A Peanut Butter & Jelly Sandwich,
Served with Potato Chips, Milk,
and a Jello Dessert

THE DOG CATCHER 1.95
One Hot Dog in a Bun, Served with
Potato Chips, Milk and a Jello Dessert

PILGRIMS PRIDE 2.35
A Hot Turkey Dinner...Turkey, Dressing,
Mashed Potatoes, Gravy and Cranberry
Sauce. Milk and a Jello Dessert

Best Western

1-815

follow
the
dots

374

CLEAN PLATE CLUB

MENU FOR CHILDREN UNDER 12

히칭 포스트 인의 어린이 메뉴판, 1970~1984년경, 인쇄 메뉴.

꼬리가 이미 그려져 있어 답을 쉽게 짐작할 수 있는데, 이는 아이들이 자신 감을 갖고 퍼즐에 도전하도록 배려한 장치였다. 이 메뉴판은 아이들이 식당 에서 새로운 놀이를 즐길 수 있게 도왔고, 식당 입장에서는 연필이나 펜만 있 으면 되니 따로 색연필을 구비할 필요도 없었다. 게다가 아이들이 완성한 퍼 즐을 집에 가져갔다가 다음 외식 때 또 가자고 조를 수 있으니 홍보 효과까지 있었다. 세 가지 색깔만 써서 만든 단순한 원형 메뉴판 치고는 꽤 여러 목적 을 동시에 달성한 셈이다.

지금까지 살펴본 어린이용 메뉴판은 음식과 어린이에 대한 사회적 인식이 어떻게 변화해왔는지 보여준다. 무엇을 어린이용 음식으로 적합하다고 보는 지, 또 외식 공간에서 아이들을 어떤 존재로 인식하는지에 대한 시선은 시대 에 따라 달라져 왔다. 사실 어린이의 레스토랑 출입은 오늘날까지도 의견이 엇갈리는 주제다. 아일랜드 골웨이주에 있는 애시포드 캐슬 호텔Ashford Castle Hotel은 어린이 투숙객을 위해 레고 집사를 배치하고 숙박 기간 동안 메뉴판 에서 원하는 레고를 주문하여 가지고 놀 수 있게 한다. 반면 노스캐롤라이나 의 고급 레스토랑 카루소Caruso는 다른 고객의 다이닝 경험에 방해가 될 수도 있다는 이유로 어린이의 출입을 제한한다.[11] 이런 극명한 차이는 식당의 수 가 폭발적으로 늘고 외식 빈도가 증가하며 나타난 외식 시장의 세분화 현상 에서 비롯된 것이라 볼 수 있다.

우리 안의 어린이를 위한 메뉴

마지막으로 살펴볼 것은 식사를 하는 이들의 마음속 어린 아이를 염두에 두고 만들어진 메뉴다. 기존의 어린이 메뉴가 어린 식사자와 성인 보 호자의 시선을 동시에 의식했던 것과는 다른 이야기다. 우리 안의 어린이를 위한 메뉴는 현재의 성인들의 입맛과 성인들의 어린 시절 입맛을 동시에 겨냥한다.

어린 시절을 떠올리게 만드는 메뉴를 얘기할 때 빼놓을 수 없는 사례가 있다. 바로 영국 버크셔주 브레이에 위치한 미슐랭 3스타 레스토랑 팻 덕The Fat Duck에서 선보인 메뉴다. 영국의 유명 셰프인 헤스턴 블루멘탈Heston Blumenthal은 팻 덕의 대표작을 집대성했다. 앤솔러지 메뉴는 2020년 8월 레스토랑의 25주년을 기념하여 처음 선보였는데, 공교롭게도 코로나19 이후 재오픈을 알리는 상징적인 의미도 지니게 됐다. 원래는 각 분기별로 한 편씩 총 네 편의 연작으로 기획됐으나, 블루멘탈은 앞서 공개한 네 편과 별도로 2022년 12월에 다섯 번째 편을 발표했다.

블루멘탈은 앤솔러지 프로젝트를 통해 자신의 경력과 레스토랑의 역사를 되돌아보며 그동안 선보인 대표 요리들을 재조명하고자 했다. 1편부터 4편까지 여러 앤솔러지에 나눠 그의 시그니처 메뉴들이 재연됐다. 2001년 작품인 액체질소로 냉각한 녹차 라임 무스, 라임 그로브Nitro-poached Green Tea and Lime Mousse, Lime Grove, 2003년의 달팽이 죽Snail Porridge, 2007년의 바다의 소리Sound of the Sea, 2015년의 양 세기Counting Sheep 등이었다. 2006년에 선보인 디저트 사탕 가게의 아이처럼Like a Kid in a Sweetshop은 모든 시리즈에 빠짐없이 등장했다.[12] 이 디저트는 레스토랑 웹사이트에 올라가 있는 몰입감 넘치는 영상 예고편의 주인공이기도 하다. 흥미로운 힌트로 가득한 이 영상은 식사 후 손님들에게 주어질 작은 선물 꾸러미를 암시하는 동시에 다가올 미식 경험에 시청각적 깊이를 더해준다.

그렇다면 고급 레스토랑의 메뉴가 어린이용 메뉴나 상상력과 어떤 관련이 있을까? 여러 답을 떠올릴 수 있지만, 그중 하나는 어린 시절의 상징적 이야기에 대한 암시에서 찾을 수 있다. 예를 들어 팻 덕 웹사이트의 영상이 구현한 상상의 세계는 《이상한 나라의 앨리스》의 영향을 많이 받았다는 게 느껴진다. 블루멘탈의 주제와 이미지가 어린 시절의 상상으로 향하게 된 데에는 아마도 당시 예정되어 있던 빅토리아 앤드 앨버트 박물관Victoria and Albert Museum과의 협업의 영향일 수도 있다. 박물관은 2020년 6월에 앨리스를 주제로 한 전시를 열 계획이었으나, 코로나19로 인해 3월로 연기해야 했다. 비록 전시는 늦춰졌지만 팻 덕은 앤솔러지 시리즈를 이어가는 동안 어린 시절의 향수와 경이로움, 상상력을 주제로 한 홈페이지를 전 세계에 공개하며 모두에게 '사탕 가게의 아이'가 될 기회를 주었다.

2023년 겨울 방문 당시 팻 덕 레스토랑의 웹사이트는 두 편의 고전 아동문학을 활용해 애니메이션을 만들고 상상력과 모험이라는 테마를 강조하고 있었다. 하나는 《이상한 나라의 앨리스》였는데 애니메이션 속 티 파티 장면에는 작품 속 유명한 문구인 "나를 먹어eat me"가 등장한다. 다른 하나는 로알드 달Roald Dahl의 1964년작 《찰리와 초콜릿 공장Charlie and the Chocolate Factory》으로, 영상에는 1971년 제작된 아동 영화 〈윌리 웡카와 초콜릿 공장〉에서 사용된 레슬리 브리쿠스Leslie Bricusse와 앤서니 뉴리Anthony Newley가 작곡한 〈순수한 상상력〉이라는 곡이 배경음악으로 흐른다. '티켓 예약' 버튼을 누르면 앤솔러지 요리에 대한 힌트가 담긴 페이지에 입장할 수 있었다.[13] 예를 들어 소라껍데기는 감각적 요리인 '바다의 소리'를 암시했고, 줄무늬 사탕 봉지는 특별한 식사 이후 기념품으로 증정되는 선물을 의미했다. 이는 어린 시절 친구의 생일 파티에서 받아오던 작은 기념품을 떠올리게 한다. 일반 이용자도 약간의 시간만 들이면 이러한 경험을 부분적으로 누릴 수 있었다. 존 허트John Hurt, 젤리그Zelig, 러브 크리에이티브Love Creative가 참여한 이 놀라운 시청각 작품은

많은 이에게 즐거움을 선사했다.[14]

헤스턴 블루멘탈 팀은 2023년 5월 24일 공식 계정에 이런 글을 올렸다. "헤스턴이 팻 덕에서 여러분이 경험하기 바라는 것은 무엇일까요? 바로 기대와 설렘입니다. 저희에게 이 감정은 '사탕가게의 아이'라는 은유로 가장 잘 표현될 수 있습니다.[15]

블루멘탈의 앤솔러지 메뉴는 어린 시절의 감각과 이미지를 적극적으로 불러오지만, 실제로 그것을 즐기는 주체는 어른이다. 그렇기 때문에 어린이를 대상으로 하는 메뉴는 마케팅이 훨씬 더 까다로운 편이다. 정반대의 지점에 서 있는 두 소비자를 동시에 만족시켜야 하기 때문이다. 한쪽에는 지갑을 쥔 보호자가 있다. 이들은 아이에게 음식을 먹이는 것뿐 아니라 아이들의 관심을 붙잡아두는 데도 신경을 써야 한다. 다른 한쪽에는 어린이들이 있다. 20세기와 21세기를 거치며 아이들은 점차 독립적인 취향과 의견을 지닌 존재가 되었다. 바로 여기서 어린이 메뉴의 역설이 발생한다. 어린 고객의 취향만 좇으면 건강을 중시하는 성인 소비자나 정책 입안자의 반감을 살 수 있다. 그렇다고 성인의 기준에만 치우치면 어린 고객층을 소외시킬 위험이 있다. 물론 아이들은 최종 결정권자가 아니다. 그러나 아이들이 매우 분명하고 확실한 시선으로 음식 선택에 영향력을 발휘하는 존재라는 점은 분명하다.

토드 인 더 홀 Toad in the Hole 영국의 전통 요리로, 주로 소시지를 요크셔 푸딩 반죽 속에 넣고 구워 만든다. 반죽은 밀가루·달걀·우유로 만들며, 소시지를 먼저 팬에서 약간 익힌 뒤 뜨겁게 달궈진 팬에 반죽과 함께 넣고 오븐에서 구워 낸다. 이 요리의 이름은 소시지가 반죽 속에서 '구멍 속에 머리를 내민 두꺼비toad'처럼 보인다는 시각적 농담에서 유래했다는 설이 있다. 원래는 고기값이 비쌌던 시절, 값싼 고기를 반죽으로 늘려 쓰기 위해 고안된 '절약형 식사'였고, 18세기 중반부터 레시피에 등장한다. 보통은 구운 야채나 으깬 감자, 양파 그레이비onion gravy와 함께 서빙되며, 오늘날에도 가정식이나 펍 메뉴로 여전히 인기가 많다.

포리지porridge 귀리·보리·쌀 같은 곡물을 물이나 우유에 끓여 만든 걸쭉한 음식으로, 북유럽과 스코틀랜드에서는 아침식사의 상징처럼 여겨져 왔다. 단어는 프랑스어 porée(끓인 수프)에서 유래했으며, 스코틀랜드에서는 귀리 포리지가 국민 음식으로 자리 잡았다. 예전에는 노동자들의 주식이었지만, 지금은 과일·꿀·시럽을 곁들인 건강식으로 전 세계에서 사랑받고 있다. 우리가 익히 알고 있는 오트밀과의 차이점은 포리지가 조리법을 뜻하는 '죽'의 개념이라면, 오트밀은 그중 '귀리'를 주재료로 만든 포리지라는 점이다. 즉, 오트밀은 포리지의 한 종류다. 곡물을 천천히 끓여낸 단순한 한 그릇 안에 시대와 문화, 식습관의 변화가 녹아 있는 음식이다.

선데Sundae 선데는 19세기 말 미국에서 탄생한 디저트로, 일요일Sunday에 탄산음료 판매가 금지되자 아이스크림에 시럽을 얹어 대신 판매한 것이 그 시작이었다. 이 일요일 한정 메뉴가 인기를 얻자, 상점들은 이름의 종교적 의미를 피하기 위해 '선데이'를 '선데'로 바꿔 부르기 시작했다. 초콜릿 시럽은 원래 음료용이었지만, 아이스크림 위에 얹자마자 새로운 미식의 조합이 탄생했고 이는 당시 젊은 세대 사이에서 '일상의 작은 사치'로 유행했다. 이후 따뜻한 초콜릿 소스를 올린 '핫 퍼지 선데'가 등장하며 선데는 전 세계로 퍼졌다. 단순한 아이스크림이 아닌, 규제를 비켜간 창의적 발상에서 비롯된 디저트라는 점이 흥미롭다. 오늘날에도 선데는 '일요일의 여유'와 '작은 반항의 달콤함'을 상징하는 대표적인 디저트로 남아 있다.

링곤베리 잼lingonberry jam 작고 붉은 산딸기류인 링곤베리를 설탕과 함께 졸여낸 잼으로 북유럽 요리에서 자주 쓰인다. 보통은 으깬 감자, 순대나 미트볼이나 야생육 요리와 함께 곁들여 먹는다. 스웨덴에서는 "미트볼엔 링곤베리, 링곤엔 미트볼"이라는 말이 나올 정도로 나라를 대표하는 음식이기도 하다. 링곤베리는 방부제 없이도 비교적 장기 보존이 가능하다는 점까지 알려져 있다. 링곤베리 잼은 '야생 북유럽 베리와 설탕'이라는 단순한 조합 위에, 스웨덴을 비롯한 북유럽 식문화가 즐기는 신맛, 채소 · 고기 조합, 그리고 보존의 지혜가 모두 담긴 상징적 식재료다.

젤로 디저트 Jello Dessert 젤로Jell-O는 1897년 미국 뉴욕의 한 시럽 제조업자가 젤라틴에 과일 향과 설탕을 섞어 만든 '즉석 젤리 디저트'에서 시작됐다. 냉장고가 보급되던 20세기 초 "뜨거운 물만 있으면 누구나 만들 수 있다!"는 광고로 폭발적인 인기를 얻었다. 원래 젤라틴은 귀족들이 먹던 고급 요리 재료였지만, 젤로가 등장하면서 가정에서도 쉽게 즐기는 국민 디저트가 되었다. 1930년대엔 과일, 마시멜로, 채소를 넣은 '젤로 샐러드'가 유행하며 파티 음식으로도 쓰였다. 부드럽고 알록달록한 색 덕분에 지금은 아이들이 좋아하는 간식 이미지가 강하지만, 사실 성인들이 먼저 즐겼던 디저트였다. 젤로의 발랑한 실감 뒤에는 동물성 젤라틴이 들어 있다는 점도 흥미로운 비밀이다. 결국 젤로는 "흔들리지만 결코 무너지지 않는" 디저트의 상징이 되었다.

5

건강을 위한
새로운 미식

Health on the Menu

예전에는 "맛있다"라는 감탄이 식사를 좋게 평가하는 표현이었지만 지금은 "가볍다" "속이 편하다", "덜 짜다" 같은 건강을 고려한 표현이 많이 늘었다. 맛에 대한 만족도 여전히 중요하지만, 몸에 어떤 영향을 미치는가도 새로운 맛의 평가 기준이 된 것이다. 이번 장에서는 건강이 하나의 취향이자, 새로운 미식의 기준이 되는 이야기를 들려준다. '건강한 식탁'은 사실 현대에 들어서 새롭게 나타난 개념은 아니다. 메뉴판에 있는 '담배'나 코카콜라를 건강음료로 분류하는 것 또한 당시 기준으로는 건강을 챙기는 일이었다. 현대의 재료나 기준과 맞지 않을 뿐, 사람들은 언제나 몸을 건강하게 만드는 음식을 찾고, 섭취해왔다.

전후 경제 성장과 산업화로 외식이 일상이 되고 풍요가 미덕이었던 20세기 중반, 메뉴판은 '잘 사는 사람의 식탁'을 상징했다. 고칼로리·고지방 요리가 풍요의 기준이었고, 많이 먹는 것이 능력이던 시절이었다. 하지만 비만과 심장질환, 당뇨 같은 생활습관병이 사회적 문제로 떠오르자 상황은 바뀌기 시작했다. 풍요로운 섭취에서 절대와 균형의 미학으로 식문화의 흐름이 이동한 것이다.

1970년대 미국의 호텔과 항공사 메뉴에는 '저염식'과 '저지방식' 코너가 생겼고, 1980년대에는 칼로리를 계산해주는 식당이 인기를 끌었다. 지방 대신 과일, 버터 대신 올리브오일, 소스 대신 허브를 사용하는 식단이 등장했다. 웰빙well-being이라는 단어가 탄생한 것도 이 무렵이다. 이후 비건, 글루텐프리, 키토식, 플렉시테

리언 같은 용어들이 떠올랐다. 더 가볍고, 더 깨끗하고, 더 나답게 먹고 싶다는 욕망이 미식의 새로운 기준을 만든 것이다.

한국의 변화도 크게 다르지 않다. 2000년대 초반 '웰빙', '슬로 푸드' 열풍과 함께 자연식당과 샐러드 카페가 등장했고, 지금은 제로 슈거, 저탄고지, 식물성 단백질 같은 문구가 메뉴판의 마케팅 전략이자 기본 제공 메뉴가 되었다. 어떤 사람은 환경을 위해 고기를 줄이고, 어떤 사람은 건강을 위해 밀가루를 끊는다. "어떤 음식을 선택하는가"는 결국 "나는 어떤 삶을 살고 싶은가"와 이어진다. 건강한 메뉴는 더 이상 병을 예방하기 위한 수단이 아니라, '자신을 돌보는 태도'를 표현하는 문화적 언어가 되었다.

건강에 대한 인식은 새로운 의학과 영양학의 발전에 따라 빠르게 변화해왔다. 1846년 마취제의 발명과 사용, 1987년 레이저 수술의 도입은 인류 의학사의 혁신적인 진보를 보여준다.[1] 이 외에도 수많은 전환점이 있었다. 비타민 C의 발견은 무서운 속도로 번지던 괴혈병을 기적처럼 막아냈고, 질병의 원인을 세균으로 보는 이론의 세균 병인론과 페니실린의 발견은 감염 치료 분야를 완전히 뒤바꿨다. 또한 캐나다의 의사이자 과학자인 프레더릭 밴팅Frederick Banting은 연구팀과 함께 인슐린을 발견하여 당뇨병 관리의 길을 열었다. 식품과 식재료의 안전성 보장을 위해 도입된 보건 규제들도 큰 역할을 했다. 식품안전에 대한 대중의 우려가 컸던 미국에서는 1906년 순수식품·의약품법을 제정해 허위 표시나 불순물이 섞인 식품의 판매를 규제했다.[2] 그 전까지는 말 그대로 소비자가 알아서 조심해야 했다. 같은 해 발표된 업튼 싱클레어Upton Sinclair의 소설 《더 정글The Jungle》은 육가공산업의 식품

프레드릭 버 오퍼Frederick Burr Opper, 〈먹기 전 관찰 필수Look Before You Eat〉, 1884년, 석판 인쇄.

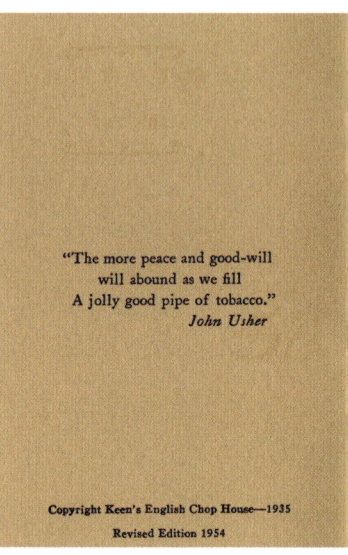

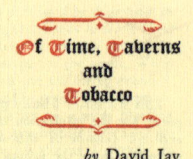

"The more peace and good-will
will abound as we fill
A jolly good pipe of tobacco."
John Usher

Copyright Keen's English Chop House—1935
Revised Edition 1954

Of Time, Taverns and Tobacco

by David Jay

"Memory, no less than hope, owes its
charm to 'the far away'."
Edward Bulwer Lytton

MEMORIES and echoes of the past are the links that bind the present to the old traditions. In an age that is tearing down many of the old landmarks to make way for impersonal structures of steel and glass, it is comforting to find one landmark that survives . . . it is pleasant to wander into the quiet haven that is *Keen's English Chop House* in New York.

PAGE ONE

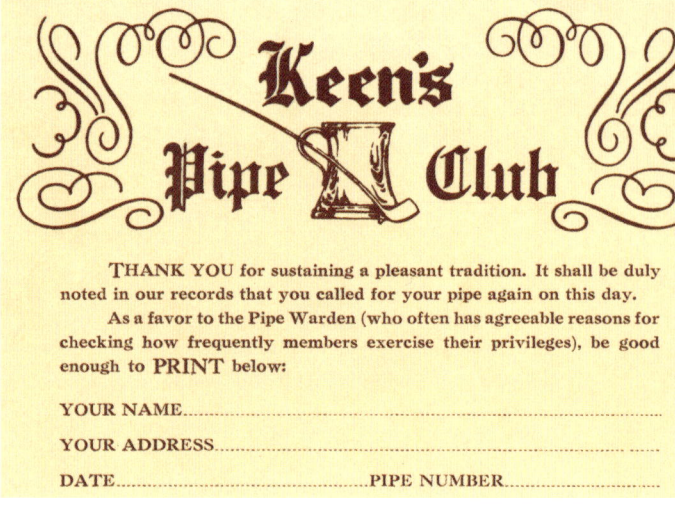

THANK YOU for sustaining a pleasant tradition. It shall be duly noted in our records that you called for your pipe again on this day.

As a favor to the Pipe Warden (who often has agreeable reasons for checking how frequently members exercise their privileges), be good enough to PRINT below:

YOUR NAME...

YOUR ADDRESS..

DATE.................................PIPE NUMBER.............................

킨스 파이프 클럽과 찹 하우스, 메뉴판과 회원증, 1954년, 인쇄 메뉴

202

위조와 비위생적인 행태를 폭로하며 대중의 불안은 더욱 커졌다. 메뉴판은 필연적으로 건강 관련 정보를 전달하는 역할을 해왔다. 이번 장에서는 메뉴판의 변화를 통해 시대별 건강 관점이 어떻게 달라졌는지 탐구하고, 그 속에 담긴 통찰을 읽고자 한다.

건강에 대한 인식 변화를 가장 분명하게 보여주는 사례는 역시 담배와 흡연에 관한 내용이다. 한때 메뉴판 위에 당당히 이름을 올렸던 담배는 이제 완전히 자취를 감췄다. 메뉴판에서 찾아볼 수 없을 뿐 아니라 많은 나라에서 아예 식당 내 흡연을 법으로 금지하고 있다.

식탁 위의 연기

과거에는 많은 식당이 메뉴판을 통해 업장 내 흡연을 적극 장려했다. 뉴욕 킨스 잉글리시 찹 하우스Keen's English Chop House의 메뉴판도 그중 하나다. 이야기 형식으로 구성된 이 메뉴판의 삽화에는 선술집과 담배, 전통을 찬미하는 내용이 담겨 있다. 이 식당이 1954년 제작한 또 다른 메뉴판은 파이프 담배에 대한 예찬을 전면에 내세우며 영리한 마케팅 전략을 선보였다. '파이프 클럽Pipe Club'이라는 서비스를 통해 단골손님이 개인 파이프를 식당에 맡겨두고 피울 수 있게 하여 다음 방문을 자연스럽게 유도하는 형식이었다.

1960년대에 제작된 또 다른 메뉴판의 뒤표지에는 당시 미국에서 인기였던 스위트 카포랄 담배의 광고가 실렸다. "담배를 피우는 가장 순수한 형태"라는 문구는 순수 니코틴의 강렬한 자극을 강조했다. 실루엣으로 표현한 남녀의 그림 바로 밑에는 "어둠 속에서 나눈 담배 두 개비를 기억하나요?"라는 문장이 담겨 있는데, 이는 흡연을 우아하고 낭만적인 행위로 묘사하고 있다. 특별한 저녁을 마무리하는 데 담배만큼 어울리는 게 없다는 암묵적 메시지

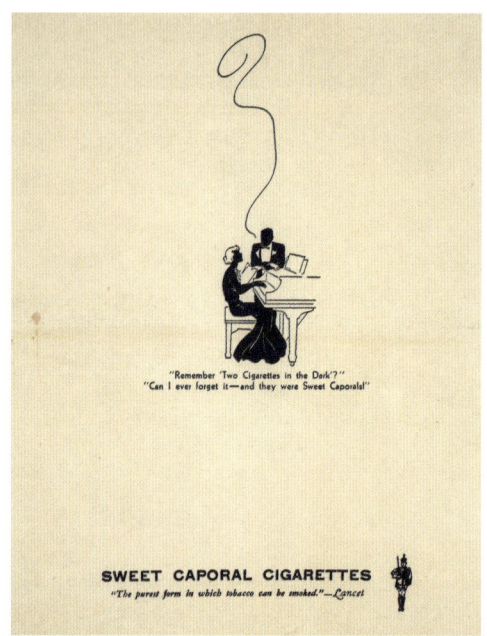

크라우스만스 로레인 그릴, 단품 메뉴판, 1960년경, 인쇄 메뉴.

였다.

흡연은 건강에 대한 인식에서 가장 극적인 변화를 보인 사례 중 하나다. 담배에 대한 사회적 인식이 달라진 것은 생각보다 최근의 일이라 오늘날의 기성세대라면 아마 변화 이전의 풍경을 기억하고 있을 것이다.

1940 ~ 1950년대까지 흡연은 남녀를 불문하고 지극히 일상적인 행위였다. 담배회사들은 유명 인사와 인상적인 광고 문구를 내세워 자사 제품과 흡연을 적극적으로 홍보했다. 1940년대에는 야구 스타 재키 로빈슨Jackie Robinson이 담배 광고 모델로 등장했고, 1950년대에는 배우에서 미국 대통령이 된 로널드 레이건Ronald Reagan과 산타클로스까지 광고에 동원됐다. 거친 카

우보이 이미지의 말보로맨은 1954년에 처음 등장했다. 담배 회사들은 의사들을 동원하기도 했는데, 카멜을 생산하는 R. J. 레이놀즈사가 내세운 "의사들은 주로 카멜 담배를 피웁니다"라는 광고 문구가 대표적이다.[3] 내 어머니역시 영국에 살던 시절 체중 감량에 도움이 된다며 흡연을 권했던 의사를 기억한다고 했다.

제2차 세계대전 당시 미군 병사 배급품에는 20세기 초에 병사들이 애용했던 미국 담배 브랜드 체스터필드, 럭키스트라이크, 카멜과 방수 성냥이 포함되어 있었다. 그런 관행은 1976년까지 이어졌다.[4] 사실 당시에는 거의 모든참전국 군대가 병사들에게 담배를 지급했으며, 부분적으로나마 흡연 억제정책을 시도한 것은 독일군이 유일했다.

한편 독일에서는 제2차 세계대전 이전부터 흡연과 암 발생의 연관성을 보여주는 강력한 통계적 증거가 제시되고있었다.[5] 그러다 1964년에 이르러 관련증거가 더 이상 부인할 수 없을 만큼 명백해지자 미국 공중보건국은 흡연이 폐암과 후두암, 만성 기관지염을 유발한다는 사실을 공식적으로 발표했다.[6] 이후 반세기가 흐른 지금 2024년 영국에서는 2009년생부터는 평생 담배를 구매할 수 없게 하는 새로운 금연법안이통과되기도 했다.[7]

코카콜라는 처음 등장했을 때 건강에

코카콜라 인쇄 광고, 1897년.

좋은 음료로 인식됐다가 시간이 흐르며 부정적인 평가를 얻게 된 대표적인 사례다. 코카콜라의 초기 광고 문구는 "이상적인 뇌 자양강장제"였다. 흥미로운 점은 초창기 코카콜라에 원료인 코카 잎에서 추출된 미량의 코카인 성분이 포함돼 있었다는 사실이다.[8] 정부가 코카인 사용을 의학적 용도로 제한하면서 법적 압박을 받게 된 코카콜라 측은 제조법을 바꿔서 코카인 함량을 대폭 줄였다.[9] 지금도 코카콜라는 핵심 풍미 성분 제조를 위해 코카 잎을 원재료로 사용하지만, 코카인 성분은 따로 분리하여 제약회사에 판매하고 있다.[10]

미국의 조지워싱턴 약국 스낵바의 메뉴판은 오늘날의 기준으로 보면 전혀 근거 없는 주장을 담고 있다. 이 메뉴판 상에서 코카콜라는 무려 '영양 음료'로 분류되어 버터밀크와 헤모Hemo(맥아와 비타민, 미네랄 분말을 우유에 섞어 맛을 낸 음료)보다 위쪽에 실려 있다.[11]

건강의 오래된 원칙들

담배와 코카인의 사례에 대한 이야기는 메뉴판이 그 시대의 건강 인식을 어떻게 반영했는지 살펴보는 가장 극단적인 방식일 것이다. 이런 사례만 놓고 보면 '현재의' 독자와 '당시의' 식사자가 지닌 건강 인식에 커다란 차이가 있다는 결론을 내리기 쉽다. 그러나 놀랍게도 실은 그 반대다. 우리는 오늘날의 건강 지식이 과거 세대나 이전 세기에 비해 크게 앞서 있다고 여기곤 하지만, 이는 현대주의적 편향이다. 이 편향에서 벗어나는 것은 정말 어렵다. 어떤 역사적 자료를 볼 때 우리가 지금 알고 있는 '진실'을 내려놓고 온전히 그 시대에 살았던 사람의 시선에서 바라보는 것은 사실상 불가능에 가깝기 때문이다.

이번에 살펴볼 여러 메뉴판이 보여주듯, 각 시대의 사람들은 당대 기준에

George Washington Chemists

27 LEXINGTON AVENUE

New York City

Luncheonette

Outgoing Orders Cheerfully Filled and

Promptly Delivered from

8 A.M. today until 1 A.M. tomorrow

STuyvesant 9-2712-3

FRUITS

Prune juice	.10	Grapefruit juice	.10
Tomato juice	.10	Fruit salad	.15

TASTY SANDWICHES

Sliced egg	.20	Shrimp salad	.25
Liverwurst	.20	Peanut butter and jelly	.20
Bologna	.20	Cream cheese and jelly	.20
Salami	.20	Cream cheese and olive	.20
American cheese	.20	Sliced ham	.25
Cream cheese and lettuce	.20	Spiced ham	.20
Egg salad	.25	Swiss cheese and tomato	.35
Swiss cheese	.25	Ham and Swiss cheese	.35
Tomato and lettuce	.25	Ham & American cheese	.30
Chopped liver and egg	.25	American cheese & bacon	.35
Cream cheese and lox	.35	Bacon and tomato	.35
Roast beef	.35	Peanut butter and bacon	.30
Smoked salmon (lox)	.25	Chicken salad	.30
Pickled tongue	.35	Bacon and Lettuce	.30
Pastrami	.30	Chicken salad and bacon	.40
Tunafish	.25	Sliced Turkey sandwich	
Salmon salad	.25	with cranberry sauce	.55

SPECIAL THREE DECKER SANDWICHES

Sliced egg, bacon and tomato	.45
Chicken salad, bacon and tomato	.50
Sliced tongue, Swiss cheese and tomato	.55
Tunafish, sliced egg and tomato	.50
Salmon, sliced egg and tomato	.50
Sliced turkey, bacon and tomato	.75

APPETIZING SALADS

(Made with Cole Slaw and Potato Salad)

(Served with Bread and Butter)

Assorted cold cuts	.65
Tunafish salad and tomato	.50
Ham and potato salad, tomato	.50
Chicken salad, sliced egg and tomato	.55
Salmon salad, sliced egg and tomato	.50
Shrimp salad, sliced egg, tomato	.50

Breakfast Specials

(Served week days from 7:30 to 11 A. M.)

No. 1 — 25c	No. 2 — 30c
Fruit Juice	Fruit Juice
Toast or English Muffins	Danish Pastry Coffee

No. 3 — 45c	No. 4 — 45c
Fruit Juice	Fruit Juice
Dry Cereal with Milk	Two Boiled Eggs Toast
English Muffin Coffee	Coffee

A la Carte

Fruit juice	.10 & 20	Butter strip	.10
Two boiled eggs	.25	Danish pastry	.10
Toast with marmalade		Dry cereal with cream	.15
or jelly	.10	Pot of tea	.10
Coffee with cream	.10	Hot chocolate	.10
	Hot bouillon	.10	
	Hot Soup (changed daily)	.15	

DESSERTS

Assorted pies	.15	Layer cake	.15
Plain or raisin cake	.10	Pie a la Mode	.25
Fruit salad	.15	Layer cake a la Mode	.25
Ice cream	.20	Danish pastry	.10

NUTRITIOUS DRINKS

Malted milks, all flavors	.25	Fresh fruit lemonade	.20
Frosted milk shake,		Limeade	.20
all flavors	.25	Root beer	.5 & .10
Milk shakes	.25	Coca-Cola	.5 & .10
Milk floats	.25	Buttermilk	.10
Frosted with egg	.30	Fresh fruit orangeade	.20
	Hemo, all flavors	.25	

FOUNTAIN SUGGESTIONS

Ice cream sodas	.20	Marshmallow sundae	.25
Ice cream, plate	.20	Sundaes, all flavors	.25
	Hot fudge sundae	.25	

French Ice Cream Served Exclusively

조지워싱턴 약국 스낵바 메뉴판, 1946년 이전, 인쇄 메뉴.

서 건강에 이롭다고 믿은 음식을 메뉴판에 올렸다. 세부적인 음식의 종류는 시대마다 달랐을지라도 음식이 곧 건강한 삶의 원천이라는 일관된 믿음, 건강에 이로운 식생활을 위한 기본 원칙은 언제나 존재해왔다.

건강한 식사의 미덕

건강한 식생활에 대해 얘기할 때 역사와 문화권을 뛰어넘어 공통적으로 발견되는 원칙이 있다. 바로 균형과 절제, 자기규율이다. 먼저 균형을 가장 잘 강조한 역사적 사례로는 중국 음식문화를 들 수 있다. 중국 고대 왕조인 상商나라의 초대 재상 이윤伊尹은 요리 실력이 뛰어났던 인물로 알려져 있다. 이는 신莘나라의 왕실 요리사였던 아버지의 가르침 덕이었다.[12] 이윤은 중국 미식 전통의 핵심인 오미五味에 해당하는 단맛, 짠맛, 쓴맛, 신맛, 매운맛의 분류를 정립하고, 건강한 식사를 위해서는 이 다섯 가지 맛이 조화를 이루어야 한다고 강조했다.[13] 또한 도가道家의 사상을 접목하여 온도의 균형을 강조했는데, 몸을 식히는 음陰의 음식과 따뜻하게 하는 양陽의 음식이 균형을 이뤄야만 신체적 건강이 유지된다고 보았다.

두 번째 원칙인 절제의 미덕을 잘 보여주는 사례로는 자연스럽게 일본 식문화가 떠오른다. 이는 일본 정부가 적극적으로 추진해온 문화적 외연 확장의 성과이기도 하다. 일본의 전통 식문화를 뜻하는 '와쇼쿠'는 일본 정부의 신청으로 2013년 유네스코 무형유산에 등재됐다.[14] 유네스코는 와쇼쿠를 다소 모호하지만 긍정적인 언어로 정의하며 "자연에서 얻은 자원을 지속가능하게 활용하고 자연을 존중하는 근본정신과 밀접하게 연관되어 있다"고 설명했다.[15] 와쇼쿠의 기본 구성은 주식인 쌀밥에 다양한 반찬, 국, 절임채소를 곁들이는 것이다.[16] 절제의 미덕은 식사의 방식에서도 드러난다. 주 요리와 반찬은 모두 소량으로 차려내며, 가느다란 젓가락으로 먹기 때문에 한 입의 양이 적고 식사 속도도 자연스럽게 느려진다.[17] 끼니마다 먹는 국 역시 건강에 기여하는데, 이는 일본 남성의 평균 체질량지수가 낮은 것과도 관련이 있다는 연구가 있다.[18] 또한 100세 이상 인구 비율이 높은 오키나와에서는 식사를 시작하기 전 '하라하치부腹八分'를 강조하는데, 이는 식사를 할 때는 배를 80퍼센트까지만 채운다는 의미다.[19]

흰쌀밥은 현재 일본 식생활에서 지배적인 위치를 차지하지만 역사적으로 봤을 때는 사정이 조금 복잡하다. 과거에는 도정한 쌀이 귀했기 때문에 농민들은 주로 잡곡을 먹고 흰쌀은 판매용으로 아껴두는 경우가 많았다. 반면 군인들에게는 백미 위주의 식사가 제공됐다. 이 차이는 나중에 역설적인 결과를 낳았다. 백미만 먹은 일본 군대에 각기병이 돈 것이다. 해군은 1878년에, 육군은 1904~1905년 러일전쟁 시기에 각기병으로 큰 피해를 입었지만 농민들은 잡곡밥을 먹은 덕에 그 참화를 피할 수 있었다.[20] 일본에서는 쌀 외에도 보리, 조, 메밀 등이 주요 탄수화물 공급원으로 활용됐다. 제2차 세계대전 시기 일본 정부는 '국민식'이라는 규격화된 식사를 내세워 식량 관리 제도를 시행했다. 표면적으로는 제약을 강요하는 규율이 아닌 긍정적인 지침으로 포장됐지만 실제로는 큰 고통을 안기는 제도였다. 에릭 라스는 일본 역사 속 특정 시기에 시행된 식량 절제는 자발적 참여의 성격을 지니고 있기는 했지만, 근본적으로는 정부가 식량 부족 문제를 관리하기 위해 강력하게 권장하고 나아가 강제한 측면이 컸다고 평가했다.

이제 마지막 원칙인 자기규율이다. 이와 관련하여 살펴볼 템플 기사단의 사례는 먼 과거의 것이지만, 오늘날과 맞닿아 있는 면이 많다. '그리스도와 솔로몬 성전의 가난한 기사들'이라는 다소 긴 이름의 기사단은 프랑스의 수도원장이었던 베르나르 드 클레르보Bernard de Clairvaux가 12세기 말 작성한 규율집에 따라 식생활을 했다.[21] 역사적 배경을 조금 설명하자면, 템플 기사단은 서기 1119년 예루살렘의 성전산을 본부로 창설된 프랑스의 로마 가톨릭 군사 조직으로, 십자군 전쟁 참전 등을 비롯해 약 200년간 활발히 활동하다가 1312년 교황 클레멘스 5세의 해산령으로 사라졌다. 13세기 당시 유럽 남성의 평균 기대 수명은 31세에 불과했고, 20대를 무사히 넘기는 경우에는 48세 정도였다. 그런데 가톨릭 군대의 일원으로 종교적 의무와 군사적 전투 활동을 병행했던 기사단원들은 60세 이상 장수하는 경우도 드물지 않았다. 그 비결은 무엇이었을까? 범죄학자인 나타샤 프로스트Natasha Frost는 신의 축복이 아닌, 기사단의 식습관에서 그 답을 찾았다.

'템플 기사단 원시 규율'이라고 불리는 기사단의 규율집은 단원들의 생활 전반을 다스리는 원칙 모음집이었다. 여기에는 언제, 누구와, 무엇을 먹을지에 대한 지침과 더불어 구체적인 식사 의례까지도 규정되어 있었다. 예를 들어 식사 전에는 반드시 손을 씻어야 했다. '고기를 먹는 습관이 육체를 해친다'는 인식은 존재했으나 단원들은 체력 유지를 위해 일주일에 세 차례 고기를 섭취했다. 계급이 높은 기사들은 일요일에 한해 점심과 저녁 두 끼 모두 고기가 허용됐다.[22] 또한 가톨릭 전통에 따라 금요일에는 유제품과 동물성 식품을 삼갔다. 고기를 먹지 않는 날에는 각종 채소와 과일을 다양하게 섭취했다. 식사는 침묵 속에 진행하되 반드시 짝을 지어서 먹어야 했는데, 식사량을 지키고 과식하지 않도록 서로 감시하기 위해서였다. 기사단에서는 술도 허용됐지만 철저한 절제가 필수였다. 술 배급에는 서열이 없었으며, 모든 단원은 계급에 상관없이 동일한 양의 희석 와인을 배급받았다.

기사단 식사의 구체적인 조리법은 거의 전해지지 않지만, 스페인 국립역사 문서보관소에는 13세기 말 헤레스 데 로스 카발레로스 지역 기사단에서 일했던 한 요리사가 남긴 책이 보존돼 있다. 책에는 버터를 넣은 아스파라거스 순 데침, 잘게 썬 엉겅퀴에 올리브유와 식초를 곁들인 은둔자 샐러드, 흰콩과 순무, 다진 양파와 마늘을 곁들인 피순대인 **모르시야스**morcillas, 돼지 귀와 순무 죽, 취한 빵(묵은 빵을 와인에 적셔 달걀과 꿀을 입힌 후 구워낸 빵 푸딩) 등의 요리가 소개되어 있다.[23] 템플 기사단은 자체적으로 텃밭을 가꾸고 가축을 길렀던 것으로 보인다.

결국 템플 기사단은 12세기와 13세기라는 아득한 과거에 오늘날 의학계가 권장하는 건강한 식생활을 성공적으로 정하고 실행했다고 볼 수 있다. 채소를 풍부하게 섭취하고 고기와 와인은 절제하여 즐기는 것이었다. 여기에 더해 십자군 전사로서의 생활습관은 충분한 신체활동이 전제되었을 것이다.

채식의 오래된 역사

고기를 자주 먹으면 몸을 해친다고 여겼던 템플 기사단의 인식을 자연스럽게 이어가보자. 이번에 살펴볼 것은 고기를 배제한 음식, 그리고 채식과 비건 요리를 제공하는 식당이다. 오늘날 음식문화에서 매우 익숙해진 식물 기반 메뉴는 동서양을 막론하고 긴 역사를 지니고 있다. 역사적인 채식 레스토랑이라고 할 때 가장 먼저 떠오르는 곳은 아무래도 1901년 스위스에서 문을 열어 지금까지 운영 중인 세계에서 가장 오래된 채식 식당 힐틀Hiltl이다. 또 다른 예로는 1973년 뉴욕주 이타카에서 생긴 후 채소 중심 메뉴로 큰 인기를 얻은 무스우드 레스토랑Moosewood Restaurant이 있다.[24]

1971년부터 1974년까지 로스앤젤레스에서 운영된 헬프H.E.L.P.라는 이름의 레스토랑은 락토오보 채식* 메뉴를 선보였고, 매장 내 흡연을 금지했다. 헬프는 Health, Education, Love, Peace(건강, 교육, 사랑, 평화)의 약자였는데, 헨리 보이트에 따르면 이 식당에는 채식의 건강상 이점을 적극 홍보하는 1,450단어 분량의 성명서가 비치되어 있다고 한다.[25] 2021년 미슐랭은 지속가능한 식문화를 실천하는 레스토랑에 부여하는 '그린스타' 항목을 신설했다. 이듬해인 2022년에는 오너 셰프 대니얼 홈Daniel Humm이 운영하는 뉴욕의 대표 비건 레스토랑 일레븐 매디슨 파크Eleven Madison

〈돼지고기〉, 11세기에 제작된 중세 건강 서적 《타쿠이눔 사니타티스Tacuinum Sanitatis, 1380~1399년 판본》의 삽화.

Park가 영예로운 미슐랭 3스타를 획득하며 책임감 있는 식문화에 대한 미슐랭의 지지는 더욱 확실해졌다. 다만 완벽한 비건 요리를 선보이는 이 레스토랑이 별실에서는 소고기 안심을 비롯한 육류 요리를 비밀리에 제공하고 있다는 소문이 있었다.[26]

일종의 건강 철학이기도 한 채식주의는 시대와 지역을 초월해 놀랍도록 오랫동안 이어졌다. 채식주의에 대한 기록은 기원전 1000년 무렵부터 남아시아의 종교 문헌에서 찾아볼 수 있는데, 그 내용은 대체로 육류 섭취를 제

---

* 고기나 생선은 배재하고 유제품과 달걀류까지만 섭취하는 채식

한하고 특히 소고기를 금지하는 데 초점을 두고 있다.[27] 인도의 자이나교 신도들은 일찍이 채식을 실천해왔는데, 현재도 일부 신자들은 꿀, 효모, 균류, 뿌리식물과 덩이줄기 채소까지 금지하는 엄격한 채식을 고수한다.[28] 16세기말 작성된 중요한 역사 연대기 《아크바르 헌법Constitution of Akbar》에서는 무굴제국 황실의 연회를 묘사한 기록을 찾아볼 수 있다. 이 기록에 따르면 당시연회에는 빵, 응고된 우유가 가득 담긴 그릇, 절인 음식이 담긴 접시, 신선한생강, 라임, 각종 채소가 풍성하게 차려졌다고 한다.[29] 고기가 식탁에 오르지는 않았지만, 연대기의 기록자는 그 풍성한 상차림에 감탄하며 "황실 연회의모든 음식을 기록하는 것은 불가능하다"고 덧붙였다.[30]

영국에서는 1838년에 제임스 피어폰트 그리브스James Pierrepont Greaves가 런던 외곽 서리주의 햄이라는 곳에서 채식주의 공동체를 설립했다. 공동체의 본부 역할을 한 앨콧 하우스Alcott House에서는 학교도 운영됐는데, 이곳의식단은 육류를 철저히 배제했다.[31] 이 공동체는 당시의 채식주의에서 한걸음 더 나아가 오늘날 우리가 엄격한 비건 식단이라 부르는 식생활을 실천했다.[32] 앨콧 하우스의 메뉴는 고기뿐 아니라 버터, 치즈, 달걀 등 모든 동물성식품을 배제했으며 초콜릿이나 커피, 차 등 각성 음료는 물론 겨자, 소금, 식초와 향신료까지도 금지했다. 1847년에는 윌리엄 카우허드William Cowherd 목사의 주도로 영국채식협회가 설립됐다. 성서기독교교회라는 교단을 창립한카우허드는 육류와 주류 섭취가 인간의 온전한 잠재력 발현을 방해한다고믿었다.[33]

시간이 흐르면서 조지 버나드 쇼George Bernard Shaw, 퍼시 비시 셸리Percy Bysshe Shelley, 리처드 필립스 경Sir Richard Phillips 등 영국의 많은 저명인사가 채식주의자가 되어 채식의 이점을 설파하고 나섰다. 또한 영국의 여러 도시에서 외식

문화가 발달하면서 소비자들은 이전보다 쉽게 채식요리를 맛볼 수 있게 됐다. 영국 채식협회가 발간하는 공식 잡지 1884년 1월호에는 런던에서 운영 중인 채식 전문 식당 14곳과 채식 메뉴를 제공하는 식당 세 곳이 소개됐다.[34] 그중 1879년 문을 연 알파Alpha라는 식당에서는 1889년을 기준으로 렌틸콩 커틀릿, 채소로 속을 채운 호박 요리, 끓인 과일 푸딩과 포리지 등을 맛볼 수 있었다.

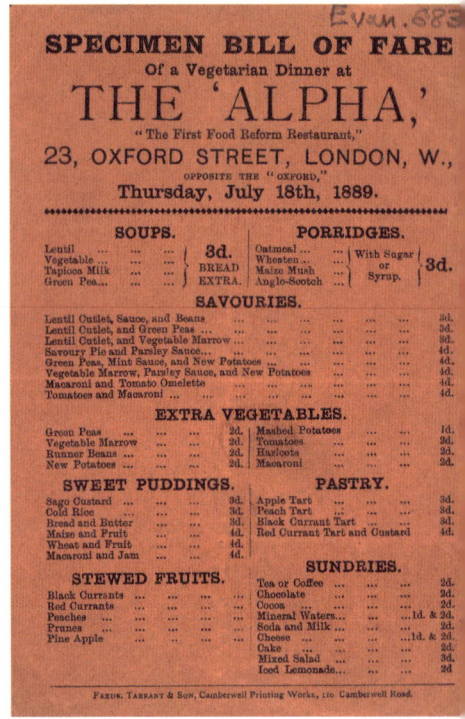

알파 레스토랑의 채식 디너의 견본 식단표, 1889년, 인쇄 메뉴.

미국에서는 19세기 초부터 개혁주의자들의 목소리가 주목받기 시작했다. 당시에는 소화불량이나 신경쇠약 같은 증상이 흔했는데, 전통적인 민간요법의 틀 안에서 교육 수준이 높은 인물들이 새롭게 부상하기 시작했다. 그중 실베스터 그레이엄Sylvester Graham은 특히 큰 영향력을 발휘했다.[35] 그레이엄은 채식주의를 주창하는 한편, 조미료와 카페인, 설탕, 술, 약물, 담배를 식단에서 완전히 배제해야 한다고 주장했다.[36] 그가 추구한 식습관은 오늘날 우리가 건강한 생활방식이라고 여기는 것과 상당 부분 겹친다. 그레이엄은 그 외에도 식품을 단순하게 조리하거나 날 것으로 섭취할 것, 꼭꼭 씹어 먹을 것, 정해진 시간에 적당량만 먹을 것 등을 강조했는데, 마치 우리의 현대적인 식생활 가이드를 예견한 듯한 선구적인 주장이다.[37]

1837년에는 인간의 건강 증진과 장수를 목표로 하는 미국생리학회가 설립됐다. 이 학회의 주요 과업 중 하나는 생리학적·의학적·윤리적 근거에 기반한 채식주의 옹호였다. 실베스터 그레이엄과 더불어 학회의 핵심 인물이었던 윌리엄 앤드루스 앨콧William Andrus Alcott은 "채식을 하는 사람은 식욕과 소화력이 더 왕성하고, 뼈와 근육이 더 강하며, 혈액을 비롯한 체액이 더 건강하다"고 주장했다. 앨콧은 질병을 유발하는 특정 음식을 경계했는데, 그가 주장한 해로운 음식에는 "우유, 치즈, 달걀, 베이컨, 염장육"이 포함됐다.[38] 또한 그는 채식인이 비채식인에 비해 "날씬하고 호흡이 맑으며 땀을 과하게 흘리지 않고 갈증을 쉽게 느끼지 않는다"고도 주장했다.[39] 20세기를 달군 달걀의 콜레스테롤 논쟁이나 베이컨의 지방 문제, 가공육의 아황산염 문제까지 함께 떠오르는 대목이다.

1904년에 개최된 브루클린 체육문화협회의 첫 연례 연회 메뉴를 보면 채식주의와 건강의 상관 관계를 이해하려는 확고한 결의가 엿보인다. 연회의 '진행 순서'는 성경 구절 인용만 빠져 있을 뿐 '예배 순서'를 연상시킨다. 이날의 메뉴는 균형과 다양성을 구현하고 있으며, 한 건배사의 제목은 "건강이라는 종교"였다. 이를 보면 이 협회가 추구한 건강한 식생활은 단순한 실천의 문제를 넘어선 신념의 문제이기도 했음을 알 수 있다.

1930년대에 이르러 뉴욕시에는 세이디 실트크라우트Sadie Schildkraut가 창업한 총 13곳의 채식 식당이 생겼다. 이 식당은 '고기 같은 맛과 모양을 낸' 채소 요리로 명성을 얻었다.[40] 실트크라우트 식당은 코셔 인증을 받지는 않았지만 유대교 식이원칙에 따른 식단을 제공했다. 영어와 이디시어*로 된 유

---

*유대인들이 사용했던 언어. 독일어를 기반으로 하면서 히브리어, 슬라브어 등 다른 유럽 언어의 영향을 받았다.

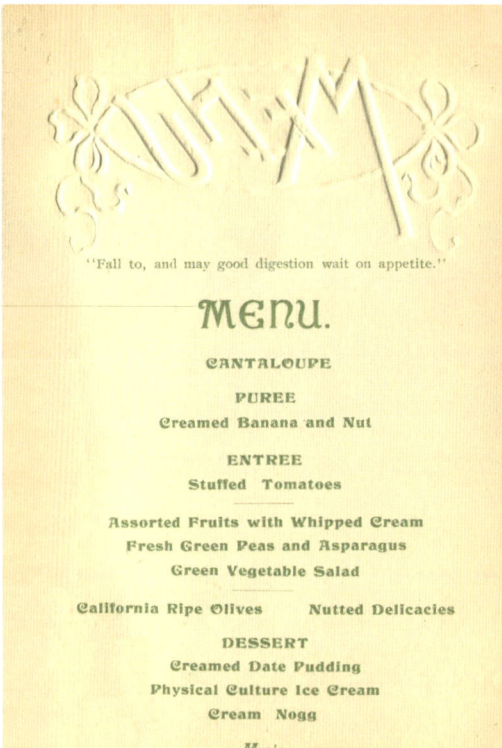

브루클린 체육문화협회 첫 연례 연회 메뉴, 1904년, 인쇄 메뉴.

대인 출판물에 실린 식당의 광고에서는 맛있고 소화도 잘 되는 육류 대체 채식 식품인 **프로토스**Protose와 **누토스**Nutose를 극찬했다. 뉴욕 래트너스Ratner's 레스토랑의 1953년 메뉴판에는 버섯요리나 가지요리 같은 익숙한 채식 요리와 함께 양파, 채소, 감자로 만든 프로토스와 누토스 스테이크가 소개되어 있다. 유대인 고객을 위해 운영된 이 채식친화적인 식당은 유제품 중심의 메뉴를 제공했고 생선 요리는 판매했지만 육류는 철저히 배제했다.

Ratner's
REG. U.S. PAT. OFF.

SPECIALS FOR TODAY
Monday, August 10, 1953

RESERVATIONS ARE NOW BEING ACCEPTED FOR ALL PARTY FUNCTIONS
IN OUR NEW "AMBER ROOM"

Invite Business Firms to Charge their Restaurant Checks — Billing Arrangement can be Made with our Manager

Salads
...rf Salad	85
...dual Salmon Salad	95
...able Liver Salad	80
...n Salad	80
...Egg Salad 80	Chopped Egg Salad 80
...ed Herring Salad	75
...Sturgeon Salad	1 80
...fish Salad	90
...ed Sardine Salad	1 05
...ed Whitefish Salad	90
...nation Salad 70	with Maatzes Herring 1 00
...ted Boneless and Skinless Sardine Salad	1 05
...asto Salad	1 00

Eggs and Omelettes
...Eggs, Boiled, Scrambled, Fried or Omelette	45
...ed Eggs	50
...bled Eggs with Onions	60
...led Eggs on Toast 50	Poached Eggs on Spinach 85
...bled Eggs with Lox	75
...m Omelette	75
...bled Eggs with Mushrooms	80
...Stewed or Fried Mushroom Omelette	85
...bled Eggs with Nova Scotia Salmon	85
...to or Green Pepper Omelette	60
...bled Eggs with Lake Sturgeon	1 20
...ern or Spanish Omelette	70

Above Orders Served with Potatoes Only

Dairy Dishes
...les with Cheese and Butter	65
...ch Pancakes (to order, 5 minutes)	80
...o Brei (to order, 10 minutes)	75
...aliga with Cheese and Butter	65
...se Pancakes	65
...o Pancakes	65
...tle Chop Suey with Kasha	75

Cream Dishes
...Cream	55
...Cheese with Sour Cream	65
...Cream	70
...eas with Sour Cream	70
...tables with Sour Cream	70
...Strawberries and Sour Cream	75
...Huckleberries and Sour Cream	75

All Above Orders Served with Sweet Cream, 10c. extra
All Above Fruits Served in Side Dishes, 10c. extra

Toasts
...ch Toast with Syrup or Jam	55
...Toast	10
...Toast	30
...nut Cakes and Syrup	40

...ORDER SERVED FOR (2), 10c. extra—CHILDREN, 10c. extra

COFFEE WITH BREAD OR ROLLS & BUTTER 25

Fruits & Juices
Fresh Grapefruit Sections	30	Cantaloupe or Honey Dew Melon	35
Prune or Tomato Juice	15	Fresh Orange, Grapefruit or	
Large Glass	25	Pineapple Juice 15 Large Glass	30
Apricot Juice 15 Large Glass	30	Half Grapefruit 25 Fruit Salad	30

Appetizers
Chopped Salmon and Celery	60	Chopped Celery and Egg	60
Maatzes Herring, Lettuce, Tomato	55	Fried Herring Onions, Potatoes	65
Imported Sardines	60	Chopped Egg Plant, Lettuce, Tomato	60
Pickled Herring	55	Chopped Vegetarian Liver	60
Greek Salad, Lettuce, Tomato	59	Chopped Tunafish	60
Chopped Eggs and Onions	50	Mixed Appetizers	75
Schmaltz Herring in Wine Sauce	55	Tomato Herring 55 Canned Salmon	65
Chopped Herring 55 Spring Salad	65	Smoked Whitefish 90 Pickled Lox	75
		Nova Scotia Lox & Cream Cheese	1 10

Soups
Mushroom and Barley	35		
Fresh Fruit Soup	40	Potato Soup	30
Rice or Noodles or Kasha with Milk			35
A Glass or Bowl of Cold Borscht with Cream 35 with Egg			55
Cold Schave with Cream 35 with Egg 55 Combination			65

Fish
BROILED PORGIES
Broiled Filet of Sole, Tartar Sauce, Vegetable and Potatoes	1 00
Baked Carp with Potatoes and Spinach	95
Stuffed Fish, Jellied	Boiled Pike with Potatoes 95
Pickled Fish (Jellied, Marinat), Lettuce	65
Herring a la Mode with Potato Pancake	65
Broiled MacGregor Kippered Herring, Potato and Onions	70

Hot Dishes
CORN ON THE COB	25
BAKED SALMON CUTLET, String Beans and Potatoes	75
Mushroom Goulash 65 New Spinach with Carrots	45
Combination Dish—Spaghetti, Mushrooms, Barley, Beans, Carrots and Peas	70
Fresh Fried Mushrooms with Mashed Potatoes	80
Boiled or Fried Kreplach 65 with Cream	70
Cauliflower with Butter Sauce, Boiled Potato and Carrots	70
Baked Vegetable Roast with Stewed Corn	75
Nutose or Protose Steak, (Vegetarian Meat), Onions, Vegetable, Potatoes	85
Vegetarian Canned Beef and Cabbage	75
Spaghetti with Mushrooms 75 Baked Brown Kasha with Onions	70
Chopped Green Pepper New Vegetable Dinner	80
Fresh Stewed Mushrooms, Mashed Potatoes	80
Egg Plant Steak with Vegetables	75
Potato Pancakes 60 with Apple Sauce	65
Spinach and Egg au Gratin (to order, 5 minutes)	70
Huckleberry or Cherry Blintzes 75 with Cream	85
Baked Barley with Lima Beans 55 Kashe Varnishkes	75
Boiled or Fried Potato Pirogen 65 with Cream	75
Cheese, Potato or Kashe Blintzes 65 with Cream	75
Pineapple Cheese or Cherry Cheese Blintzes 75 with Cream	85
RICE KUGEL	30

NO ORDER INCLUDES BREAD OR ROLLS WITH BUTTER
WITH MEALS — BREAD & BUTTER 5c. EXTRA
COFFEE WITH BAGELS & BUTTER—30c.

(sidebar, repeated vertically) NO ORDER INCLUDES BREAD OR ROLLS AND BUTTER—WITH MEALS, BREAD & BUTTER, 5c. EXTRA

(sidebar, repeated vertically) NO ORDER INCLUDES BREAD OR ROLLS AND BUTTER—WITH MEALS, BREAD & BUTTER, 5c. EXTRA

Mushrooms & Vegetables
Fresh Stewed Mushrooms with Mashed Potatoes	80
Fresh Fried Mushrooms with Mashed Potatoes	80
Spinach with Mashed Potatoes	45
Baked Brown Kashe with Mushrooms	80
Boiled Potatoes	25
Mashed Potatoes 25 with Onions	40
Carrots and Lima Beans	45
Kashe Varnishkes with Mushrooms	75

Side Order of Vegetables Served with Order, 20c.

Sandwiches
Hard Boiled Egg	35
Fried Egg	35
Lettuce and Tomato	45
American Cheese	45
Cream Cheese	45
Chopped Herring	50
Chopped Liver	45
Tomato Herring	50
Chopped Eggs with Onions	45
Smoked Salmon	55
Imported Swiss Cheese	55
Protose with Egg	50
Western	55
Tunafish	50
Canned Salmon	70
Imported Sardines	75
Cream Cheese and Lox Combination	95
Boneless and Skinless Sardines	75
Lake Sturgeon	1 30

All Above Orders Served with Cole Slaw

Fruits & Desserts
Watermelon	30	Chocolate Pudding	20
Apple or Pineapple Fritters	60	with Cream	20
Jello with Whipped Cream	30	Stewed Prunes 20 with Cream	25
Tapioca Pudding with Cream	30	French Ice Cream	25
Cheese Cake	30	Spumoni Ice Cream	25
Coffee Cake	20	Biscuit Tortoni	
Fruit Salad	30	Stewed Figs 25 with Cream	30
Rice Pudding 25 with Cream	35	Mocha Tart 30 Shortcake	40
Sliced Pineapple	25	Home Made Fruit Pie	20
Victory Layer Cake	30	Ia la Mode	40
Boston Cream Pie	30	Chocolate Cake	25
Chocolate Chiffon Pie	35	Nesselrode Pie	30
Danish Pastry	20	Cheese Crumb Cake	25
Ice Cream Cake	35	Huckleberry Crumb Cake	25

ASSORTED CAKES, PASTRIES & WHIPPED CREAM CAKES

Beverages
Hot Chocolate	15	Individual Sanka Coffee	15
Coffee	10	Home Made Sour Milk	20
with Large Pitcher of Cream	15	Buttermilk	10 Tea 10
Milk	10	Canada Dry Ginger Ale	20
Iced Coffee, Whipped Cream	20	Saratoga Mineral Water	25
Individual Postum	10	Dr. Brown's Celery Tonic	15

ICED CHOCOLATE, WHIPPED CREAM 20

NOT RESPONSIBLE FOR PERSONAL PROPERTY
UNLESS CHECKED AT CASHIER'S DESK

래트너스 레스토랑 메뉴판, 1953년, 인쇄 메뉴.

대체식품과 칼로리 계산

앞서 언급한 프로토스 같은 대체육은 실트크라우트 식당의 메뉴에 오르기 수십 년 전인 19세기 말부터 미국 내 채식주의 확산을 이끌고 있었다. 프로토스는 미시간주에 위치한 배틀크리크 요양시설Battle Creek Sanitarium에서 개발된 제품으로, 이곳은 존 하비 켈로그John Harvey Kellogg가 자신이 속한 제칠일안식일예수재림교의 후원을 받아 1876년에 설립한 채식주의 건강

요양시설이었다. 프로토스 역시 켈로그가 발명한 것으로, 땅콩버터와 밀 글루텐, 채수, 옥수수 전분을 두 번 끓여 제조했으며, 식힌 후 얇게 썰어 먹도록 만들어진 제품이었다.[41]

1903년 사용된 배틀크리크 요양시설의 메뉴판을 보면 프로토스를 적극적으로 활용한 흔적이 보인다. 이 메뉴판은 1902년 화재로 전소되었던 요양원 건물의 재건을 기념하는 자리에서 사용됐다. 메뉴에는 소고기 육수beef tea를 대체할 음식으로 프로토스 육수Protose broth가 자리 잡고 있다. 켈로그는 1899년 프로토스에 대한 특허를 출원했고, 제품의 생산은 2000년까지 이어졌다.[42] 켈로그는 그 외에도 특정 질환을 치료하기 위한 목적으로 여러 식품을 발명했다. '켈로그'라는 이름이 우리에게 익숙한 것은 무엇보다 아침용 시리얼 때문일 것이다.

콘플레이크는 동생인 윌 키스 켈로그Will Keith Kellogg가 1898년 일종의 건강식으로 개발했고, 밀과 귀리, 옥수수를 원료로 한 그래놀라는 1881년에 만들어졌다.[43] 다만 최초의 아침용 건식 전곡 시리얼은 1863년 제임스 케일럽 잭슨James Caleb Jackson이 발명한 그래놀라Granula로 평가된다.[44] 한때 켈로그의 동료였다가 경쟁자가 된 찰스 W. 포스트Charles W. Post는 추후 포스텀, 그레이프 넛츠Grape-Nuts, 포스트 토스티즈Post Toasties 등을 만들었다. 배틀크리크에서 말하는 '덱스트린화'는 곡물의 복합 탄수화물을 가열하여 단순하고 소화하기 쉬운 형태로 바꾼 것을 의미한다.

그레이엄의 영향력은 한층 대중적인 형태로 다시 떠올랐다. 바로 통밀가루인 그레이엄Graham 밀가루로 만든 그레이엄 퀵브레드와 발효빵을 통해서였다. 작은 머핀 형태의 빵인 **그레이엄 젬스**gems, 그레이엄 플랩잭flapjack, 그레이엄 롤Roll 등의 인기 제품을 통해 꾸준히 이름을 알렸다.[45] 1891년 몬트리

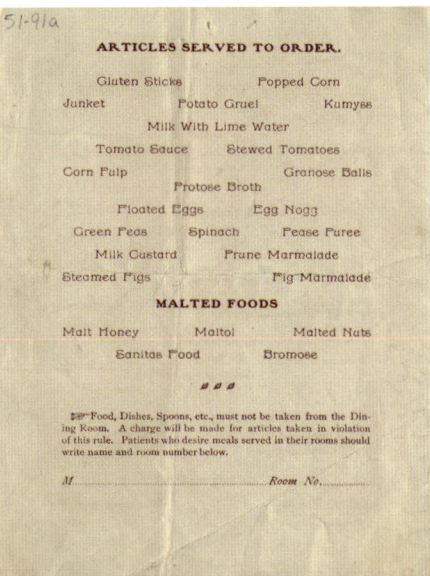
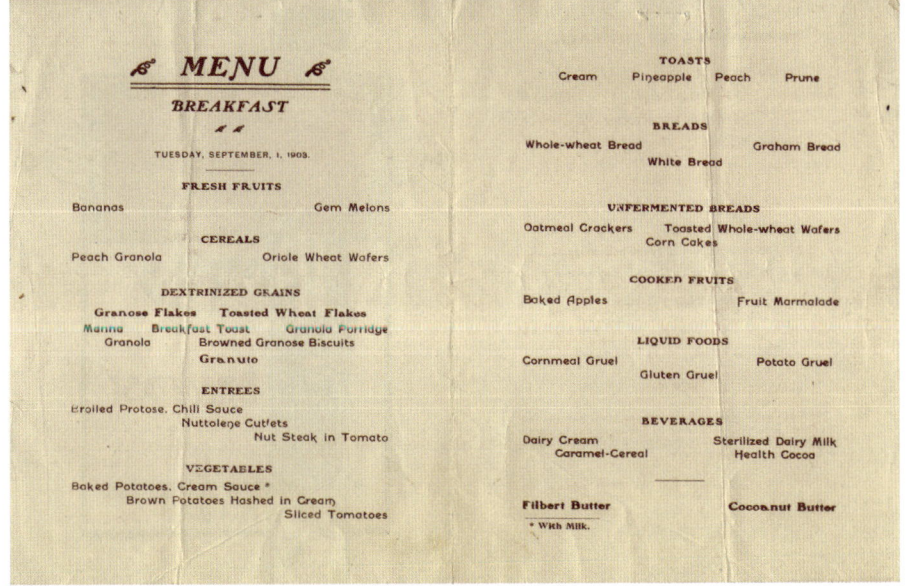

배틀크리크 요양시설, 조식 메뉴판, 1903년, 인쇄 메뉴.

Windsor Hotel

MONTREAL

→ G.W.SWETT, ← Manager.

BREAKFAST.

Fruits in Season.

BROILED.

Pork Chops   Spring Chicken   Calf's Liver

Sirloin Steak   Lamb Chops   Bacon   Ham   Veal Cutlets, Plain

FRIED.

Veal Cutlets, Breaded

STEWED.

Kidneys   Tripe   Corned Beef Hash

FISH.

Weakfish   Doré   Bass   Salt Mackerel

Salt Herrings   Codfish Balls   Salt Cod and Cream

EGGS.

Omelettes —Plain or with Parsley, Onions, Ham, Kidney or Cheese

COLD MEATS.

Roast Beef   Corned Beef   Tongue   Ham

POTATOES.

Stewed with Cream   Lyonaise   Fried   Baked

BREAD, Etc.

Corn Bread   Boston Brown Bread   French Rolls   German Rye Bread

Graham Bread   Oatmeal Porridge   Graham Rolls

Hominy   Muffins   Cracked Wheat   Dry and Dipped Toast

Coffee, Chocolate, English Breakfast, Oolong and Young Hyson Teas

---

WINES.

		QTS.	PTS.
CLARET—Barton and Guestier's St. Julien,	- - - -	$1.50	$0.75

Any Dish ordered not on Bill of Fare will be charged extra.
Meals sent to Rooms charged extra.
All Fruits and Luncheon taken from the Dining Room will be charged extra.

Tuesday, September 15th, 1891.

윈저 호텔 조식 메뉴판, 1891년, 인쇄 메뉴.

올의 윈저 호텔Windsor Hotel 메뉴판에도 다양한 빵 옵션과 함께 그레이엄 빵과 그레이엄 롤이 언급되어 있다.

한편 윈저 호텔은 유제품 가공소를 직접 운영하고 있다는 점을 언급하며 소비자를 안심시켰다. 당시 켈로그의 광고는 완전 멸균된 곡물 식품 그라노스가 "혀와 위의 세균을 제거하고 변비와 담즙이상, 편두통, 소화불량을 치료"한다고 주장하며, 환자 여부를 막론하고 신체활동이 부족한 모든 사람에게 효과적인 제품이라고 홍보했다. 20세기 초에 접어들며 미국 전역의 메뉴판에서 켈로그의 제품들을 쉽게 찾아볼 수 있게 됐다. 일례로 뉴욕 시겔 쿠퍼 백화점 식당의 1901년 점심 메뉴판에는 '배틀크리크 요양시설 식품회사의 건강식품들' 항목이 별도로 마련되어 있었다. 이 항목에는 통곡물을 쓴 그라노스 비스킷Granose biscuits, 견과류와 밀 글루텐을 섞어 만든 고기 대용품인 너트 글루텐nut gluten, 밀 웨이퍼 등의 제품이 포함됐다. 메뉴판에 등장하는 견과류 버터Nut Butter도 주목할 만하다. 훗날 땅콩버터는 미국의 거의 모든 메뉴판에 등장하는 대표 음식이 됐지만 당시로서는 흔치 않은 음식이었기 때문이다.

브로모스 정제Bromose Tablets(10센트)와 무화과 또는 살구 브로모스(15센트)는 켈로그가 유제품 대체품으로 만든 견과류 기반 제품이었다. 브로모스는 정제나 분말 형태로 판매됐는데, 소량의 물을 섞어 잼처럼 발라먹는 형태였기 때문에 메뉴의 토스트 부분에 포함됐다. 점심식사가 제공되는 장소를 "작고 우아한 살롱"으로 표현한 것으로 보아 이 메뉴가 겨냥하는 주요 고객이 여성이었음을 짐작할 수 있다.

1920년대로 접어들며 미국에서는 오늘날 우리가 건강한 식습관이라 여기는 또 다른 중대한 변화가 나타났다. 프랭클린 그레이스Franklin Grace가 1927년

SIEGEL COOPER CO.

Special Summer Dairy and Vegetarian

23. Aug. 1901.

LUNCHEON

SERVED IN OUR DAINTY LUNCHEON PARLOR—FOURTH FLOOR—
GROCERY DEPARTMENT.

SOUPS.

Hazel Vegetable	10c.	Hazel Tomato	10c.
Hazel Chicken	15c.	Clam Chowder	10c.

COLD MEATS AND FISH.

Roast Beef	20c.	Chicken (Cranberry Sauce)	35c.
Corned Beef	15c.	Fried Half Chicken	30c.
Ham	15c.	Salmon, Smoked	20c.
Tongue	25c.	Fried Soft Shell Crabs on Toast	25c.
Assorted Cold Meats—Beef, Ham, and Tongue.	30c.		

SALADS.

Chicken Salad	25c.	Potato Salad	15c.
Fresh Lobster Salad	25c.	Lettuce Salad	15c.
Salmon Salad	25c.	Hazel Boneless Sardines	25c.

VEGETABLES.

New Beets	5c.	Lettuce	10c.
Cucumbers	10c.	Lettuce and Tomatoes	15c.
Sliced Tomatoes	10c.	Asparagus	20c.
Hazel Sifted Peas	10c.	Stewed Tomatoes	5c.
Hazel Sugar Corn	10c.		

EGGS.

Boiled	10c.	Poached on Toast	25c.
Fried	15c.	Omelette	25c.
Scrambled	20c.	Shirred	25c.

DAIRY DISHES.

Hazel Breakfast Food, with Milk	10c.	Hazel Oatmeal, with Milk	10c.
Hazel Farina, " "	10c.	Hazel Hominy, " "	10c.
Flaked Rice, " "	10c.	Grapenut, " "	10c.
Wheatena, " "	10c.	Malt Breakfast Food, with Milk	10c.
The above served with Cream, extra 5c.			

HEALTH FOODS

OF THE

Battle Creek Sanitarium Food Co.

Granut with Pure Unfermented Grape Juice			15c.
Granut with Milk	10c.	Granola with Milk	10c.
Granose Biscuits with Milk	10c.	Diabetic Gluten Biscuit with Milk	10c.
Nut Gluten with Milk	10c.	Wheat Wafers	10c.
Cream Sticks			10c.

TOASTS.

Whole Wheat Zwieback	10c.	White or Graham Zwieback	10c.
Above served with Nut Butter, 5c. Extra.			
Bromose Tablets	10c.	Fig or Apricot Bromose	15c.

RELISHES.

Hazel Chopped Pickles	10c.	Hazel Chow-Chow	10c.
Hazel Queen Olives	10c.	Hazel Sweet Pickles	10c.
Salted Nuts			10c.

(OVER.)

SANDWICHES.

Chicken Sandwich	10c.	Sturgeon Sandwich	10c.
Tongue Sandwich	10c.	Sardine Sandwich	10c.
Cheese Sandwich	5c.	Corned Beef Sandwich	5c.
Ham Sandwich	5c.	Lettuce Sandwich	5c.
Imported Swiss Cheese Sandwich	10c.		

BREADS, Etc.

Fleischmann's Home-made Bread	5c.	Fleischmann's Brown Bread	5c.
Fleischmann's French Rolls	5c.	Hazel Entire Wheat Bread	5c.
Hazel Graham Bread	5c.	Tea Biscuits	5c.
Parker House Rolls	5c.	Dry or Buttered Toast	10c.
Dipped Toast	15c.	Milk Toast	15c.
Cream Toast	20c.	Assorted Cakes	15c.
Shredded Whole Wheat Biscuits	10c.	Bread (all kinds), with Milk	10c.
Crackers (all kinds), with Milk	10c.		
NOTE.—Hazel Extra Fancy Creamery Butter from our own Creamery, served in Lunch Room.			

FRUITS.

Bananas and Cream	10c.	Sliced Pineapple	10c.
Peaches and Cream	15c.	Sliced Oranges	10c.
Strawberries and Cream	15c.	Stewed Prunes	5c.
Strawberries and Ice Cream	20c.	Stewed Rhubarb	5c.
Baked Apple with Cream	10c.		

PASTRY.

Hazel Jelly with Whipped Cream	10c.
Rhubarb Pie	5c.
Lemon Pie	5c.
Cocoanut Pie	5c.
Custard Pie	5c.
Apple Pie	5c.
Huckleberry Pie	5c.
Pineapple Pie	5c.
Rice Pudding with Cream	10c.
Bread Pudding with Cream	10c.
Strawberry Shortcake with Pure Cream	15c.

COFFEE, TEA, MILK, Etc.

Mocha and Java, "Guadarali" with Whipped Cream, per Cup	5c.
Iced Coffee, "Guadarali," per Glass	5c.
Caramel Cereal Coffee, per Cup	5c.
Tea, per Cup	5c.
Tea, per Pot	10c.
Iced Tea, per Glass	5c.
Hazel Quick Lunch Chocolate, per Cup	5c.
Hazel Quick Lunch Chocolate, per Pot	10c.
Hazel Breakfast Cocoa, per Cup	5c.
Hazel Breakfast Cocoa, per Pot	10c.
Hazel Grape Juice, Absolutely Pure, per Bottle	15c.
Pure Jersey Milk, from Our Own Dairy, Clarified, per Glass	5c.
Rich Cream, per Glass	15c.
Malted Milk, per Glass	10c.
Buttermilk, "	5c.
Hot Milk, per Cup	5c.
Lemonade, per Glass	5c.
Orange Juice	5c.

CHEESE.

"Société" Roquefort	15c.	Neufchatel	10c.
Imported Swiss	15c.	American	10c.
Herkimer Co., Full Cream	10c.	English Dairy	10c.

ICE CREAM.

Vanilla	10c.	Tortoni	10c.
Vanilla and Chocolate	10c.	Bisque	10c.
Vanilla and Strawberry	10c.	Vanilla, with Macaroons	15c.
Columbian Ice Cream	10c.		

(OVER.)

시겔 쿠퍼 백화점, 점심 메뉴판, 1901년, 인쇄 메뉴.

〈아메리칸 레스토랑 매거진American Restaurant Magazine〉에 기고한 다음의 글은 이 변화를 뚜렷하게 선포하고 있다.

우리는 이번 호의 이 기사를 시작으로 앞으로 여러 차례에 걸쳐 '비타민'이라는 것에 대해 알아보고자 한다. 장담하건대 머지않아 대중이 음식에 대한 지식을 갖추고 단순히 맛이 아닌 건강 증진을 기준으로 식당을 선택하는 날이 올 것이다. 우리는 이 기사를 통해 독자들이 한 발 앞서 그런 시대에 대비할 수 있도록 돕고자 한다.[46]

카시미르 풍크Casimir Funk와 윌버 올린 애트워터Wilbur Olin Atwater는 20세기 초 미국의 음식문화와 식습관 발전에 결정적인 역할을 했다. 폴란드계 미국인 생화학자 풍크는 1912년 비타민의 개념을 처음 제시한 인물로 알려져 있다. 비타민은 '생명활동에 필수적인 아민계 화합물vital amines'이라는 의미였다. 인간의 영양과 대사활동에 대해 연구한 미국의 화학자 애트워터는 현대 영양학 연구와 교육의 아버지로 불린다. 미국 영양 과학의 기초를 놓은 식품 열량 계산법 '애트워터 시스템' 또한 그가 고안한 것이다. 풍크와 애트워터의 연구는 미국 문화의 과학화를 이끌며 외식업계에도 혁명적인 변화를 불러왔다. 영양학자들은 눈에 보이지 않는 과학적 특성을 기준으로 음식의 가치를 평가했지만, 이러한 특성이 메뉴판에 빠르게 적용되지는 않았다. 요리사나 손님 입장에서는 과학적 특성보다는 맛이나 장소, 즐거움에 초점을 맞추는 것이 더 중요했기 때문이다.

그럼에도 불구하고 20세기 중반을 지나며 점차 더 많은 메뉴판에 영양 관련 정보가 등장하기 시작했다. 예를 들어 뉴욕 헤리티지 커피숍에서 1950년경 사용된 메뉴판에는 '비타민', '고단백', '저칼로리'라는 표현과 더불어 체중 관리 플래터waist watchers platters나 저갈로리 샐러드lo-cal salad 같은 항목이 기재되어 있다.

따라서 칼로리 계산이 20세기 후반에 들어서야 등장했다고 생각한다면 오

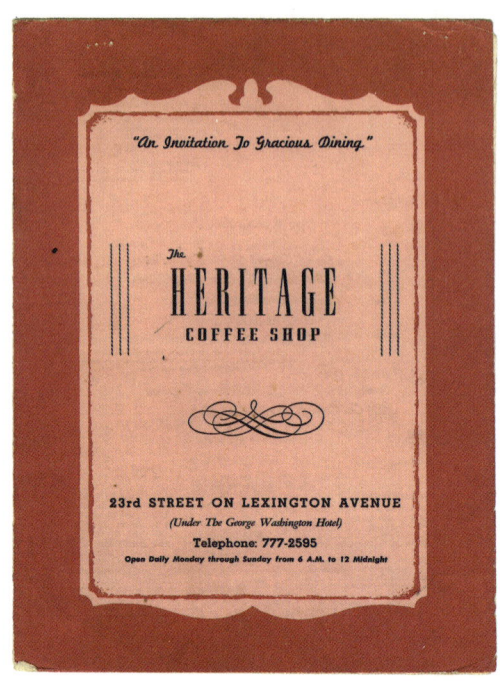

"An Invitation To Gracious Dining"

The
HERITAGE
COFFEE SHOP

23rd STREET ON LEXINGTON AVENUE

(Under The George Washington Hotel)

Telephone: 777-2595

Open Daily Monday through Sunday from 6 A.M. to 12 Midnight

The House Specials

BURGER 'N' VITAMINS

HIGH PROTEIN—LO-LO CALORIES

BROILED VITAMIN BURGER,
Lettuce and Tomatoes,
Scoop of Cottage Cheese 2.05

BAKED MEAT LOAF (Mushroom
Sauce) on Oven Toasted Bun with
Idaho French Fried Potatoes 1.95

Platter Parade

Broiled Chopped Sirloin Steak Platter	3.05
Honey Dipped Southern Fried Chicken	3.25
Baked Vienna Meat Loaf Platter	2.85
Golden Fried Filet of Sole Platter	3.05
Broiled Tenderloin Sliced Steak Platter	3.50

"Above Platters" Served with Choice of Any (2) of the Following:
Potatoes, Spaghetti, Chili, Baked Beans, Peas and Carrots, String Beans,
Cole Slaw, Mixed Green Salad

Frankfurters & Heinz Baked Beans en Casserole	2.05
Chili Con Carne & Rice en Casserole	2.05

WAIST WATCHERS Platters

White Meat Tunafish Salad	2.00
Diced Chicken Salad	2.00
Chopped Egg Salad (no celery)	2.00
Salmon or Tuna or Sardine (Individual Can)	2.45

"Above Platters Served with Lettuce, Tomato,
Potato Salad, Cole Slaw, Radish, Carrots, Cucumber

LO-CAL SALAD: Cottage Cheese on a
Beef of Lettuce with Fresh Fruit
Salad and Jello Cubes 2.25

THE CALIFORNIAN: Cream Cheese
on Date Nut Bread (3 Decker),
Surrounded by a Plate of
Fresh Fruit Salad 2.25

We regret we cannot be responsible for personal property.

Sandwich Stand

ON YOUR FAVORITE BREAD

Roast Beef	2.00	Pastrami	2.00
Tunafish Salad	1.25	Sliced Steak	2.00
Diced Chicken Salad	1.25	Salami and Egg	1.35
Egg Salad (no celery)	1.25	Western Egg	1.35
Ham (Boiled)	1.50	Salami (Hygrade)	1.50
Ham and Swiss Cheese	1.85	American Cheese	1.00
Sardines (Imp.)	1.85	Bacon and Tomato	1.45
Swiss Cheese (Imp.)	1.50	Sliced Turkey	2.00
Ham or Bacon and Egg			1.35
Salmon or Tuna Steak (Individual Can)			1.75
Cream Cheese on Date Nut Bread (3 Decker)			1.45
Grilled American Cheese (Served Open Style)			1.10
with Tomato Slices ....1.25 with Ham or Bacon			1.65
Club Sandwich (3 Decker)			2.75

(Tomato Slices - 25c. additional)
(Hero Bread or Roll - 20c. extra)

MINIMUM CHECK 75c

Burgers

★

Steakburger
Freshly Ground Daily,
Expertly Broiled to Your Order,
Sheathed in Oven-Toasted Bun
1.00

With Choice of One:
French Fried, Spaghetti, Chili Con Carne,
Baked Beans or Lettuce and Tomato
1.70

★

Cheeseburger
Our Famous Steakburger
topped with a generous slice of
Kraft American Cheese, broiled to blend
with the tasty Beef
1.35

With Choice of One:
French Fried, Spaghetti, Chili Con Carne,
Baked Beans or Lettuce and Tomato
2.05

★

Baconburger
Slices of Hickory Bacon broiled to
blend with the Tasty Beef
Sheathed in Oven-Toasted Bun
1.00

With Choice of One:
French Fried, Spaghetti, Chili Con Carne,
Baked Beans or Lettuce and Tomato
1.70

★

Pizzaburger
Steakburger expertly broiled to your
order blended with Sauce and covered
with Mozzarella Cheese
1.45

With Choice of One:
French Fried, Spaghetti, Chili Con Carne,
Baked Beans or Lettuce and Tomato
2.15

★

Barbecued Burger
Expertly Broiled
with New Orleans Barbecue Sauce
(the secret is in the sauce)
1.30

With Choice of One:
French Fried, Spaghetti, Chili Con Carne,
Baked Beans or Lettuce and Tomato
2.00

Fried Onions 15c. extra

Side Dishes

Garden Vegetables	.70
Mixed Green Salad	.70
French Fries or Mashed	.70
Heinz Baked Beans	.70
Chili Con Carne	.75
Spaghetti with Sauce	.75
Lettuce and Tomato	.75

Have A Hero

Veal, Breaded	2.10
Veal, Parmigiana	2.10
Egg Plant Parmigiana	2.10
Fried Filet of Sole	2.10
Meat Balls or Meat Loaf or Sausage	1.85

ALL WITH SAUCE ITALIENNE

Italian Kitchen

"The Secret is in the Sauce and the Sauce is our Secret"

Spaghetti with Sauce	1.75
Spaghetti with Mushrooms	2.25
Spaghetti with Meat Balls or Sausages	2.55
Spaghetti and Chili Con Carne	2.25
Baked Meat Ravioli Parmigiana	2.35
Baked Manicotti Parmigiana	2.25
Baked Ziti Parmigiana	2.25
Baked Macaroni Shells Parmigiana	2.25
Baked Lasagna	2.50
Baked Eggplant Parmigiana	2.25
Half & Half (half spaghetti and half ravioli)	2.50

SIDE ORDER OF SAUSAGES (2) 90   SIDE ORDER OF
ORDER OF GARLIC BREAD 50   MEAT BALLS (2) 90

Veal, Breaded	2.85
Veal, Parmigiana	2.85
Filet of Sole Parmigiana and Sauce	2.85

"Cutlet Platters" Served with Any (1) of the Following:
Potatoes, Spaghetti, Chili, Fresh Vegetables or Mixed Green Salad
(Above Platters Served with Italian Bread)

— Orders Available To Take Out —

COMPLETE DINNER STARTS AT 5 P.M.

헤리티지 커피숍, 디너 메뉴판, 1950년대, 인쇄 메뉴.

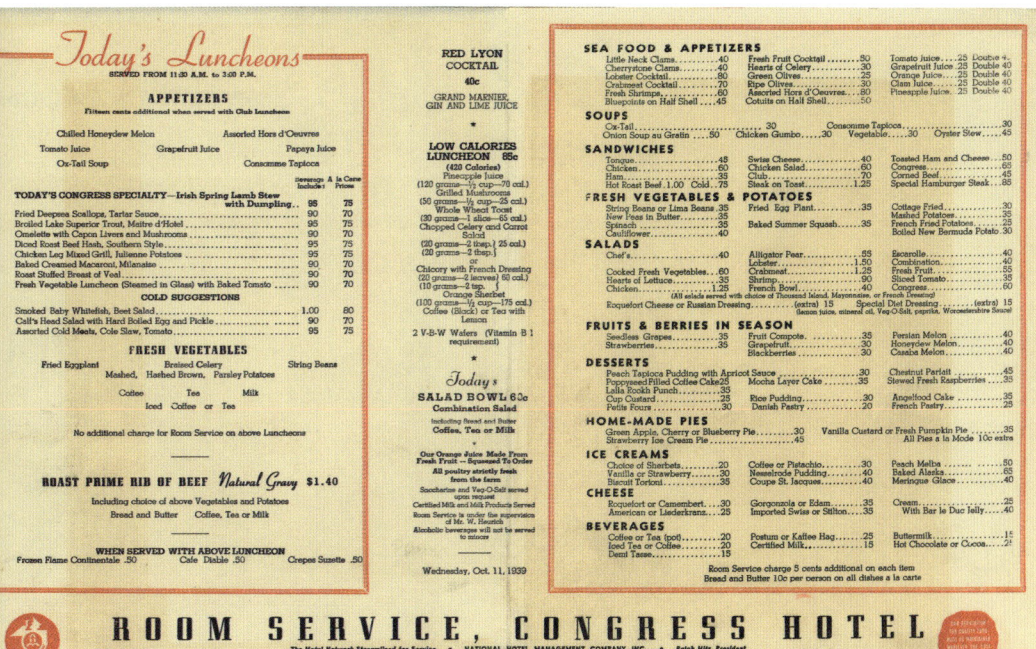

콩그레스 호텔 룸서비스 메뉴판, 시카고, 1938년, 인쇄 메뉴.

산이다. 시카고 콩그레스 호텔Chicago Congress Hotel의 룸서비스 메뉴는 필수 비타민이 함유된 저칼로리 점심을 내세워 1938년부터 소비자를 공략하고 있었다. 또한 중앙에 소개된 420칼로리 메뉴에는 '비타민 B 필수섭취량'을 충족한다는 '2 V-B-W 웨이퍼'라는 음식이 포함되어 있다.

한편 J. 라이언스 앤드 컴퍼니의 1935년 메뉴판에는 빼곡한 음식 목록만큼이나 치밀한 마케팅 전략이 숨어 있다. 콩그레스 호텔의 메뉴판과 다른 점이라면 특별히 건강식에 초점을 맞추지는 않았다는 점이다. J. 라이언스가 운영하는 이 식당에서는 시간대에 상관없이 종일 차가운 디저트를 주문할 수 있었고, 점심시간에는 따뜻한 요리도 제공했다. 번과 케이크, 페이스트리류와 비스킷을 별도의 섹션으로 소개하고 있는 점도 눈에 띈다.

당시 라이언스의 티룸tea room은 케이크로 유명했는데, 그 인기에 힘입어 1930년대부터 자사 브랜드를 붙인 케이크와 비스킷, 차 제품을 시장에 내놓기 시작했다. 한편 메뉴판 양쪽 가장자리에는 당시 인기 있었던 여러 브랜드 제품의 광고도 있었다. 콜먼스 머스타드Colman's Mustard, 호비스 브레드Hovis Bread 같이 익숙한 제품도 눈에 띄는데, 아마 광고를 실어서 메뉴판 제작비용을 일부 부담했을 것이다. 광고 제품 중에는 건강과 직접적인 연관성을 언급한 것도 있었다. 예를 들어 영국 건강 음료 제품인 보브릴은 "힘과 활력을 준다"고 되어 있다. 보브릴은 단독으로 주문하

J. 라이언스 앤드 컴퍼니 티룸 메뉴판, 1935년, 인쇄 메뉴.

거나 우유와 함께 주문하여 따뜻하거나 차게 마실 수 있었다. 벼와 맥아 추출물로 만든 영양 보조식 비롤Virol은 "맛있고 든든한" 제품으로 소개됐다. 메뉴 항목에 설명되어 있지는 않지만, 당시의 손님들은 이것이 우유와 함께 마시거나 버터와 함께 빵에 발라먹는 제품이라는 사실을 잘 알고 있었다. 라이언스의 티룸은 깔끔한 제복 차림의 정중한 웨이트리스, 팁을 받지 않는 정책으로 고객에게 합리적인 서비스를 제공했다. 메뉴판의 담배가 눈에 띄지만 시대적 맥락을 고려하면 그리 놀라운 일은 아니다.

1930년대 뉴욕의 소비자들은 '저칼로리'라는 문구에 이끌렸고, 런던의 소비자들은 보브릴의 효능에 매력을 느꼈다. 그러나 전쟁 시기에는 음식에 관

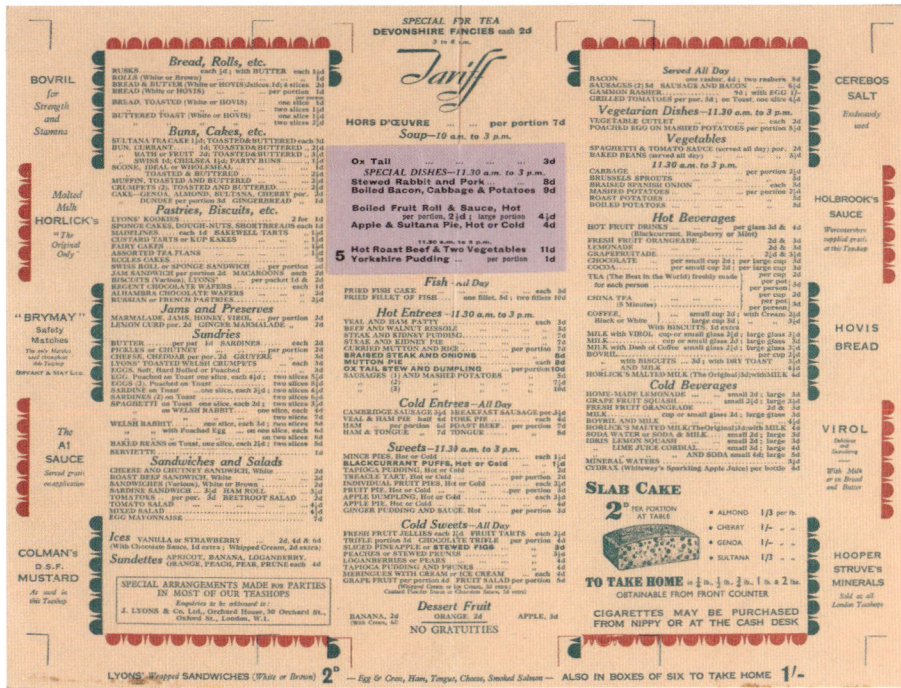

J. 라이언스 앤드 컴퍼니의 메뉴판, 1935년, 인쇄 메뉴.

한 우선순위가 달라질 수밖에 없었다. 실제로 전쟁 시기 사용된 메뉴판을 보면 육류가 반드시 종교적·과학적·윤리적 이유로만 사라진 게 아니라는 점을 알 수 있게 된다.

1946년 캐나다 퍼시픽 철도의 세련된 식당칸에서 사용된 메뉴판을 살펴보자. 식량 배급제가 시행됐던 제2차 세계대전이 끝나고 1년이 지난 시점이었지만 승객들은 여전히 절약의 필요성을 잘 이해하고 있었다. 밴쿠버를 출발하여 캘거리와 무스조를 거쳐 위니펙까지 운행했던 이 열차의 저녁 메뉴판은 '고기 없는 날'을 선언하고 있다. 비록 고기요리는 없지만 비타민 B가 강화된 빵을 통해 영양가 있는 식사를 제공하려는 의지가 느껴진다. 채소 피클의 일종인 **차우차우**Chow Chow나 멀리거토니 수프Mulligatawny soup 같은 요리는

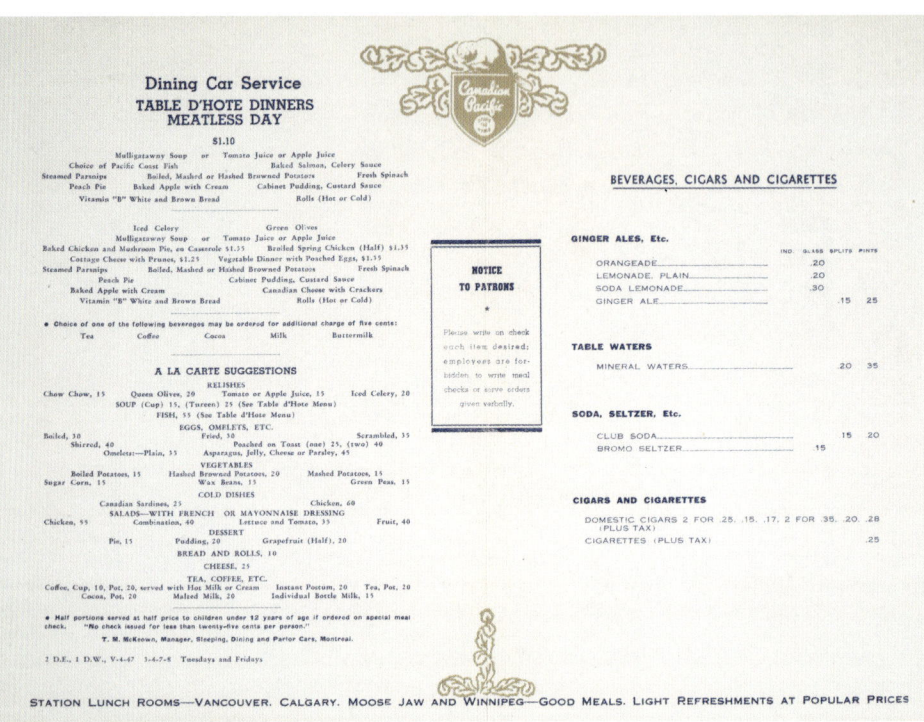

캐나다 퍼시픽 철도 식당칸 '고기 없는 날' 디너 메뉴판, 1946년, 인쇄 메뉴.

철도 건설에 참여했던 중국인 노동자와 인도에서의 복무를 마치고 영국의
'식민지'로 돌아온 이들이 서부 캐나다 음식문화에 남긴 흔적과 같다. 비타민
이 들어갔다며 건강에 좋은 음식을 강조한 메뉴판에 담배와 시가가 함께 실
려있는 모습은 21세기 독자의 눈에 의아할 수도 있지만, 1946년이라는 시대
적 맥락 속에서 이해할 수 있다.

21세기 메뉴판에 담긴 건강

퀘벡주 몬트리올에는 롤라 로사Lola Rosa라는 인기 식당이 있다. 현

LOLA ROSA

 100% Plant Based

Allergies

For safety reasons, we ask you to communicate any allergies to your server when ordering. The following allergens are used in our cooking and could come in contact with your dish: gluten, tree nuts, wheat, peanuts, soy.

 Suitable for gluten sensitive diets    Contains nuts and / or peanuts   Spicy

APPETIZERS

Seasonal Soup   6

Served with toasted bread.

Eggplant Bharta 🌶   11

*Flame-roasted eggplants,
simmered tomatoes, Garam
Masala spice blend.
Served with toasted tortilla.*

Smoked Carrot Tartare   11

*Braised shiitake mushrooms,
sesame, wakame seaweed.
Served on toasted bread.*

Lola's Nachos   19

*Corn chips, black beans, salsa,
homemade queso, bell peppers,
tomatoes and green onions.
Served with sour cream and
"poiscamole".*

**Add the vegan 'chorizo' of Lola
Rosa +5$**

SALADS

+braised tofu or hemp-lentil strips   6

Rosa   16

*Mesclun, chickpeas marinated in lemon confit
with grilled cumin, tomatoes, carrots, olives,
cucumbers, "poiscamole" and maple balsamic
vinaigrette.*

Caesar ⊞

*Cashew parmesan, "bacon", fried capers, green
onions, balsamic reduction, croutons.*

Side dish   7

Dish   14

BURGERS & SANDWICHES

Served with house salad or with a
**Potato salad +$1 or
Sweet potato wedges +2$**

"Hemp"burger   17

*Lentil, tofu and hemp seed patty, BBQ sauce,
caramelized onions, queso, tomatoes and
pickled cucumbers served on brioche bread.*

Lola's "Cheesesteak" ⊞   17

*Our marinated house brisket, sautéed
vegetables, caramelized onions and cashew
jalapeño cream served on grilled ciabbata.*

 100% Plant Based   📶 Visit www.lolarosa.ca

롤라 로사 메뉴판, 2023년, 인쇄 메뉴.

지인들은 이곳 음식이 특별한 맛을 지녔다고 강조하지만, 메뉴판에 나와 있는 건강 관련 정보는 다른 21세기 메뉴판에서 흔히 볼 수 있는 세심한 안내와 크게 다르지 않다.(여기 소개한 메뉴판은 영어판이지만, 몬트리올이니만큼 프랑스어 메뉴판도 당연히 함께 제공한다.) 메뉴판 상단에는 100퍼센트 식물성 기반임을 알리는 문구가 적혀 있고, 그 바로 아래에는 알레르기 정보 제공에 대한 식당의 자세한 정보가 있다. 롤라 로사는 글루텐, 견과류, 밀, 땅콩, 콩 등의 성분이 함유된 음식이 있다는 점을 공지하며 특정 성분에 알레르기가 있는 경우 반드시 직원에게 알려달라고 요청한다. 각각의 요리에는 알레르기 유발 성분을 아이콘으로 표시해두었다. 예를 들어 밀 이삭을 지운 표시는 글루텐 민감증이 있는 이들도 안심하고 먹을 수 있다는 뜻이고, 작은 도토리 두 개 그림은 견과류가 들어 있다는 얘기다. 알레르기 정보 외에 손님들의 기호에 대한 배려도 있는데, 매운맛에 대한 주의가 필요한 요리는 작은 고추 그림으로 표시해두었다.

이 메뉴판을 자세히 들여다보면 손님들이 특정 재료의 건강적 가치와 맛에 대해 21세기적인 인식을 공유하고 있다는 전제를 담고 있다. 예를 들어 훈제 당근 타르타르Smoked Carrot Tartare에는 미역이 들어가는데, 미역은 20세기 중반까지만 해도 북미나 영국에서는 낯선 재료였다. 샐러드에 들어가는 재료도 막연히 샐러드 채소나 잎채소라고 하지 않고 여러 가지의 어린잎을 섞은 메스클랭mesclun이라고 명시해두었다. 손님들이 이미 알고 있다는 가정 하에 인도의 향신료 가람 마살라garam masala, 프랑스 브리오슈 빵brioche bread, 멕시코의 치즈인 케소queso 등 다른 문화권의 음식이나 식재료에도 별도의 설명을 덧붙이지 않는다. 다만 푸아카몰레poiscamole에는 따옴표를 쳐놨는데, 프랑스어에 익숙한 몬트리올 사람이라면 이것이 프랑스어로 완두콩을 뜻하는 푸아pois와 과카몰레guacamole의 합성어임을 알아차릴 수 있을 것이다. 롤라 로사의 나초칩 메뉴에는 아보카도가 아닌 완두콩으로 만든 딥소스가 나온다는 얘기다. 이런 세부적인 사항은 제쳐두더라도 메뉴판의 핵심적인 메시지는 분명하다. 바로 롤라 로사가 배고픔을 달래면서도 건강에 이로운 다양한 음식을 제공한다는 점이다.

오늘날 흔히 볼 수 있는 팜 투 테이블farm-to-table 콘셉트의 식당들은 식재료 생산자나 농장의 이름을 명시하는 경우가 많다. 이는 셰프가 사용하는 재료의 재배, 공급, 유통 과정을 잘 알고 있음을 손님에게 보여줌으로써 신뢰를 높이려는 장치이기도 하다. 불과 몇십 년 전만 해도 낯선 건강식을 판매하는 식당들은 모든 것을 자세히 설명해야 했다. 사실 2023년의 롤라 로사는 식당을 찾는 손님들이 인도식 가지요리인 **바르타**bharta나 채식 브리스킷brisket 같은 요리에 이미 익숙할 거라 여기고 별도의 설명을 하지 않는다.

반면 미네소타주 에디나의 굿 어스The Good Earth 레스토랑은 20세기 후반에 이르러서도 자신들이 사용하는 식재료와 조리방법에 대해 긴 설명을 덧붙여야 했다. 굿 어스의 메뉴판에는 초콜릿 맛의 콩과 식물 열매인 캐럽carob, 감자처럼 생긴 멕시코 덩이식물 히카마jicama, 그리고 곡물과 뿌리채소로 만든 커피 대용 음료 카픽스Cafix, 두부 등이 지닌 건강상의 이점에 대한 정보가 빼곡히 담겨있다. 또한 웍 조리법에 대해 "음식의 영양소와 효소를 최대한 보존하는 고대 중국의 조리법"이라는 설명을 덧붙여 건강한 요리에 대한 열정과 자신감을 드러냈다.

굿 어스는 메뉴판에 담은 인사말 마지막 부분에 "이곳에서의 식사가 건강한 식생활을 향한 새로운 모험이 되기를 기원합니다"라고 적었다. 그런데 새로운 모험이라는 표현이 과연 적절할까? 건강을 중심에 두고 메뉴를 설계하

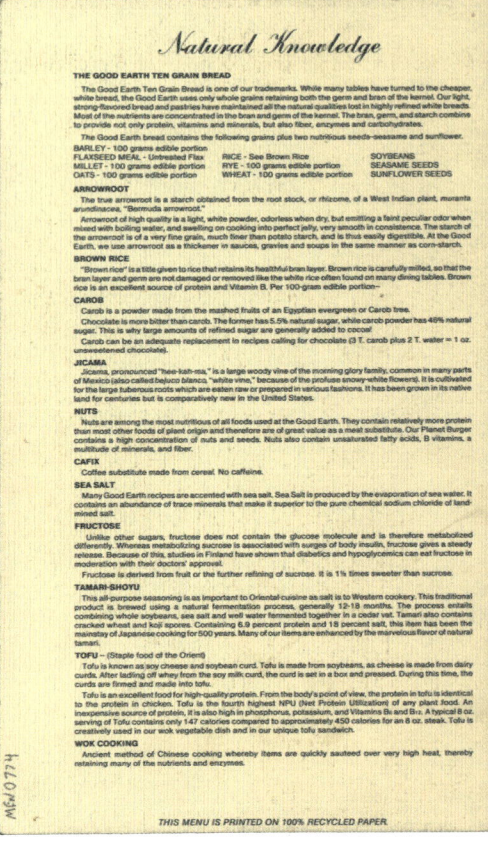

굿 어스 레스토랑 메뉴판, 1970~1990년경, 인쇄 메뉴.

려는 시도는 새롭다고 할 수만은 없다. 이는 오히려 인류가 오랫동안 이어온 실천이다. 건강한 음식을 추구하려는 욕망은 늘 존재해왔고, 각 시대는 새롭게 등장한 영양학적이고 의학적인 발견을 메뉴에 반영하려 노력해왔다.

이제까지 수 세기 전부터 존재해온 균형, 절제, 자기규율이라는 원칙을 살펴보고 건강에 이로운 음식을 제공하려는 여러 현대 레스토랑들의 근본적

발상을 다시 짚어보았다. 우리가 흔히 빠지기 쉬운 현대주의적 자만을 경계하고자 하는 노력이었다. 식당에서 건강 관련 기호와 약어가 빼곡히 적힌 메뉴판을 보게 되면, 그것이 사실은 아주 오래전부터 이어져온 전통의 산물이라는 점을 떠올려주기 바란다. 우리의 식생활이 건강과 직결된다는 사실을 강조해온 긴 역사의 흔적 말이다. 우리는 그 과정에서 명백한 교훈을 얻기도 했다. 이를테면 담배가 실제로 건강에 해롭다는 사실, 그리고 코카콜라를 영양음료로 간주하기에는 어렵다는 것들 말이다. 우리는 분명 절제를 통해 건강한 식생활을 추구했던 수 세기 전의 사람들과 맞닿아 있다.

모르시야스morcillas 스페인의 전통 블러드 소시지로 돼지 피에 지방, 양파, 쌀, 향신료 등을 섞어 만든 음식이다. 돼지를 잡은 날 남은 피를 활용하기 위해 만들어진 것이 시초다. 스페인 전역에서 지역별로 다양한 버전이 존재한다. 가장 유명한 건 '모르시야 데 부르고스Morcilla de Burgos'로, 쌀을 넣어 부드럽고 포만감 있는 맛을 낸다. 색은 짙은 보라빛에 가깝고 질감은 꽤 밀도 있으며, 짭짤하면서도 향신료 덕분에 은은한 단맛이 느껴진다. 흥미롭게도 아르헨티나나 콜롬비아 같은 라틴아메리카에서도 비슷한 이름의 소시지가 전통 음식으로 자리 잡아, 아사도(바비큐)에서 빠지지 않는 메뉴가 되었다. 단순한 '피 소시지'로만 보기엔 아깝다. 모르시야스는 남은 재료를 모두 활용해 만든 지속가능한 음식이자, 강렬한 풍미로 미식가들을 사로잡은 '어둠의 미식'으로 전해진다.

프로토스Protose 19세기 말 미국에서 켈로그 박사가 그가 설립한 요양시설에서 만든 초기 식물성 고기 대체품이다. 제품명 'Protose'는 protein(단백질)이라는 단어에 −ose(많음)이 합쳐진 뜻으로 지어졌으며, 땅콩과 밀글루텐 등을 주재료로 했다. 1899년경 상업 생산이 시작되었고, 1901년 미국 특허가 부여됐다. 당시 홍보 문구에는 "고기의 형태와 냄새, 구성까지 갖췄다"는 과장이 포함돼 있었다. 하지만 실제 맛은 고기보다는 '땅콩버터'가 주된 풍미였다는 후기가 전해지며, "고기 같지는 않지만 건강한 대안" 정도로 인식되었다. 프로토스는 채식주의 운동과 맞물려 등장했으며, 현대의 식물성 고기 트렌드의 역사적 선구자로 평가받는다.

그레이엄 젬스 Graham gems 19세기 미국에서 유행한 통밀 머핀으로 오늘날의 '건강 간식'의 원조라 할 만한 음식이다. 이름의 젬스Gems는 보석처럼 작고 둥근 모양에서 유래했고, 특별한 얇은 팬gem pan에 구워 겉은 바삭하고 속은 촉촉한 질감이 특징이다. 핵심 재료인 그레이엄 가루는 건강식 운동가 실베스터 그레이엄이 고안한 거칠게 빻은 통밀가루로, 정제되지 않은 곡물이 몸에 좋다는 당시의 채식·금욕주의 철학이 반영돼 있다. 설탕과 버터를 최소화해 담백하지만 고소한 맛이 났으며, 일반 가정에서 아침식사나 차와 곁들이는 간식으로 인

기가 높았다. 산업화 이전, 식탁에서도 건강과 절제를 강조하던 시대의 가치관이
담긴 음식이며 오늘날의 '클린 베이킹' 트렌드와도 맞닿아 있다. 한입 크기의 이 소
박한 머핀이 당시 미국 가정의 '작은 건강 혁명'이었던 셈이다.

차우차우Chow Chow 남부 미국과 캐나다에서 즐겨 먹는 야채 피클이다.
여름의 끝, 채소가 남아돌 때 양배추·양파·피망·녹토마토 등을 잘게 썰
어 소금에 절이고, 식초·설탕·머스터드씨 같은 향신료를 넣어 달콤새콤
하게 익힌다. 그 결과 탄생하는 맛은 김치처럼 새콤하지만 훨씬 가볍고, 샌드
위치나 핫도그, 햄버거, 바비큐 고기 위에 올리면 단번에 풍미가 살아난다. 지역마
다 재료가 달라 어떤 곳은 녹색 토마토, 또 어떤 곳은 콜리플라워나 콩을 넣기도 한
다. 본래는 남은 채소를 버리지 않기 위한 '절약의 요리'였지만, 지금은 '빈티지한
아메리칸 풍미'를 상징하는 별미로 사랑받고 있다.

바르타bharta 인도 북부의 가정식 요리로, 그중에서도 가장 유명한 버전
이 바로 바이간 바르타Baingan Bharta이다. 즉 커다란 가지를 불 위에서 껍질
이 새까맣게 탈 정도로 구워 속살만 으깬 뒤, 양파·토마토·마늘·생강·고
추·커민·고수 같은 향신료와 함께 볶아 만드는 불향 가득한 구운 가지 요리다.
겉으로는 소박하지만, 입안에 퍼지는 훈연된 가지의 향과 향신료의 복합적인 풍미
가 일품이다. 지역에 따라 매운맛과 기름 종류가 달라지고, 어떤 곳에선 생채소만
섞어 상큼하게 즐기기도 한다. 바르타는 난이나 로티와 함께 먹는 '밥도둑' 같은 요
리로, 인도 사람들에게는 엄마의 손맛을 떠올리게 하는 음식이다. 요즘은 전 세계
미식가들 사이에서 '채식인데 고기보다 풍부한 맛'으로 평가받으며, 불맛 채식 요
리의 아이콘으로 자리 잡고 있다.

우리를 사로잡는
수수께끼 메뉴

Riddle me this: Menus that Intrigue

우리는 메뉴판을 펼치면 우리는 보통 먹고 싶은 음식을 찾는다. 하지만 가끔은 메뉴판이 그보다 먼저 상상력을 자극하는 순간이 있다. 처음 보는 음식 이름, 무슨 뜻인지 감도 안 오는 프랑스어 메뉴, 아니면 음식인지 장난인지 알 수 없는 기묘한 메뉴들. 이런 순간 메뉴판은 작은 놀이의 초대장이 된다.

메뉴판이 처음 등장했을 때만 해도 실용적 도구였지만, 외식이 강력한 문화로 자리 잡고, 식사가 '경험의 소비'로 바뀌면서 메뉴판은 점점 다른 역할을 맡기 시작했다. 손님을 놀라게 하고, 웃게 만들고, 잠시 멈춰 생각하게 하는 '오락 장치'로 진화한 것이다.

이번 장에서 다루는 메뉴판은 바로 이런 수수께끼와 상상력의 역사를 보여준다. 일부러 혼란을 주는 프랑스어 메뉴부터 '발가락의 정수' 같은 난해한 이름의 요리나 '버터를 바른 별자리'처럼 엉뚱하거나 암호 같은 메뉴까지. 정확히 무엇인지 알 수 없어서 더 궁금해지는 메뉴판은 우리의 호기심을 자극하고 감정을 뒤흔든다.

20세기에는 광고와 그래픽 디자인의 발전으로, 훨씬 다양한 형태의 메뉴판들이 나타났다. 퍼즐이나 만화, 짧은 시가 인쇄되는 메뉴판이 있고, 기발한 오브제 형태의 메뉴판도 제작되었다. 손님은 메뉴를 고르는 사람이자 게임의 참가자가 된다. 지금의 식문화에서는 이러한 흐름이 더 확장되었다. 영화 속 세계관을 그대로 재현한 메뉴판, 요리를 하나의 이야기로 연출하는 스토리텔링 식당, 특정 시즌에만 등장하는 테마 다이닝 등 우리는 메뉴를 통해 보다 구체적인 상상 속 세계를 체험할 수 있게 되었다. 메뉴판이 새로운 체험을 제공하고, 또 다른 콘텐츠가 탄생하고 있는 것이다.

　메뉴판은 우리가 무엇을 즐길 수 있는지, 어떤 세계를 상상할 수 있는지에 관한 가능성을 담고 있다. 가장 작은 무대이자, 어디서나 만날 수 있는 창작물이기도 하다. 메뉴판 속에 담긴 기발함과 웃음은 어쩌면 가장 오래된 미식의 언어일지도 모른다.

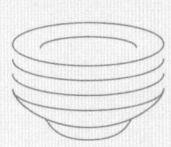

메뉴판은 상상력을 북돋는 음식을 차려내기도 하고, 상상력이 깃든 음식을 차려내기도 한다. 우리는 흔히 아이들에게 "음식 가지고 장난치지 말아라"라고 말하지만, 사실 요리사와 메뉴 기획자들은 자신들이 만드는 식사 경험 속에 놀라움과 호기심, 도전 같은 유희적 요소를 담아내고자 애쓴다.

이런 요소들은 아주 단순한 방식으로 구현된다. 메뉴판에는 적혀 있지 않지만 아는 사람만 주문할 수 있는 요리처럼 말이다. 아시아 식당에서는 익숙한 관행이기도 하다. 비건 레스토랑을 표방하는 뉴욕의 일레븐 매디슨 파크 Eleven Madison Park 레스토랑에서 별실 손님에게만 안심 스테이크를 주문할 수 있게 하는 것도 이 범주에 속한다.[1] 뉴올리언스 브래넌스 레스토랑Brennan's Restaurant의 대표 메뉴인 스테이크 다이앤Steak Diane이 정작 디너 메뉴판에 없는 것도 마찬가지다.[2] 반려견을 키우는 사람이라면 스타벅스의 시크릿 메뉴 '퍼푸치노puppuccino'를 떠올릴지도 모르겠다. 작은 컵에 담긴 이 휘핑크림은 요청이 있는 경우에만 제공된다.

이번 장에서는 과거의 손님들을 매혹했던 메뉴판 속 수수께끼와 난제들에 대해 살펴보고자 한다. 결국 뒤늦게 메뉴판을 접하는 우리도 과거의 그들이 매혹됐던 지점에서 흥미를 느끼기 때문이다. 이어서 호기심을 자극하는 요리적 장치들도 살펴본다. 여기에는 메뉴 프랑스어처럼 의도적으로 혼동을 주는 장치들, 오락을 위해 마련된 중세의 보이드void와 같은 코스들, 겉보기에 황당하거나 먹을 수 없을 것처럼 보이는 음식들이 포함된다. 배가 고파서 서둘러 음식을 고르고 싶었을 당시의 손님들은 지금의 독자들과 매우 다른 반응을 보였을 것이다. 마지막으로 손님에게 단순히 즐거움을 주는 것을 넘어, 우리가 먹는 음식이 전 세계 식량 시스템에 어떤 영향을 미치는지 생각하게 하는 실험적인 메뉴도 소개한다. 이 장의 메뉴들은 우회적인 표현, 수수께끼 같은 암시, 흥미로운 이야기 전략을 사용하여 식사하는 사람과 독자의 호기심을 간접적으로 자극할 것이다. 때로는 식탁에 접근하기 어렵도록 제약을 두기도 하는데, 바로 이 제약이 잠재적인 손님의 애를 태우며 더 강한 흥미를 끌어당기기도 한다.

수수께끼 식사

수수께끼의 형식을 띤 메뉴판부터 살펴보자. '수수께끼 차림표 Enigmatic Bills of Fare'라 불린 이 독특한 메뉴 형식은 18세기 초 영국에서 처음 등장해 큰 인기를 끌었다. '수수께끼 만찬' 또는 '지적 향연'이라 불린 모임이 실제로 존재했음을 보여주는 자료이기도 하다. 초기의 메뉴판 대부분은 손글씨였고, 오래된 집의 서랍이나 희귀 특별본 서가의 평범한 조리법이나 민간요법 문서 사이에서 발견되곤 했다. 여기 소개한 수수께끼 메뉴판은 1733년에 제작 되었으며 현재까지 알려진 것 중 가장 오래된 예시다.

그렇다면 메뉴판에 제시된 수수께끼를 한번 직접 풀어보자. 자만심을 뒤집은 파이Pryde revers'd in a Pye는 무엇을 의미할까? 거의 300년 전의 문제지만 답은 의외로 쉽게 짐작할 수 있다. '자만심pryde'의 반대인 '겸손함humble'이 들어간 파이, 즉 험블 파이humble pie*다. 다만 이런 수수께끼 만찬이 실제로 어떻게 진행됐는지에 대한 기록은 거의 남아 있지 않다. 수수께끼 메뉴판이 손님

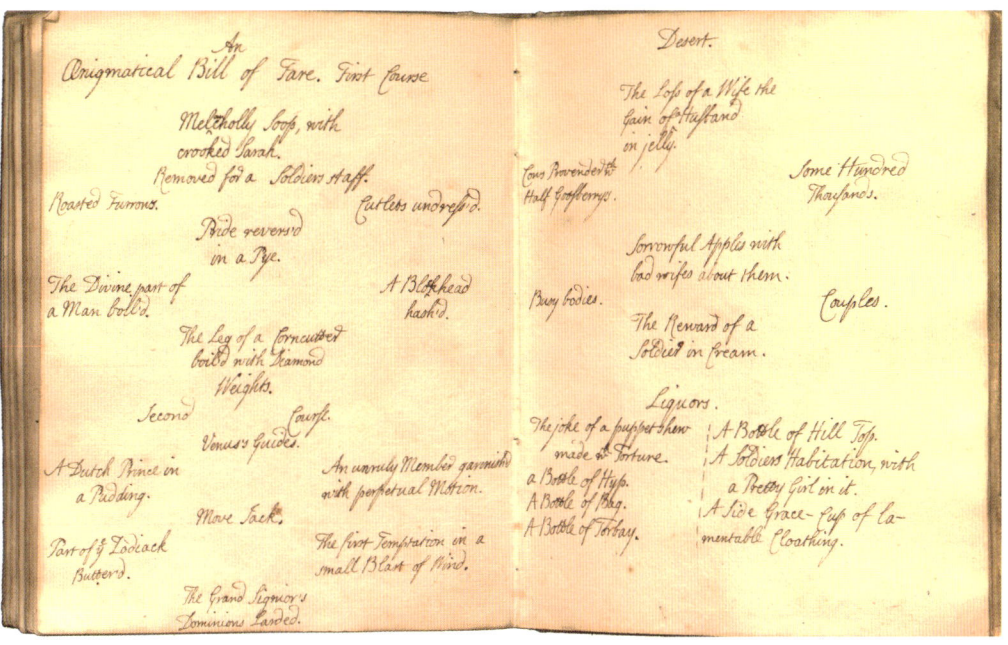

수수께끼 메뉴판, 1733~1735년경, 손글씨.

들에게 보낸 초대장이었는지 아니면 식탁에 올려두는 안내문이었는지도 불분명하다. 심지어 메뉴판에 적힌 상상의 요리가 실제 식탁에 올랐는지조차 알 수 없다. 그러나 수수께끼의 내용을 근거로 많은 것을 추론해볼 수 있다. 수수께끼 메뉴는 요즘으로 치자면 잡지나 신문에 실리는 난해한 십자말풀이 같은 것이었다. 따라서 모임에는 이를 즐길만한 지성과 유머 감각을 갖춘 이들이 주로 초대됐을 것이다. 대부분 말장난이나 언어유희 성격을 띠었던 수수께끼들은 식탁에 모인 이들의 유머감각과 재치를 시험했다. 예컨대 서글

---

* 고기와 내장을 넣어 구운 소박한 파이

픈 수프와 구부러진 사라Melancholy Soup with Crooked Sarah라는 문구를 보자. 서글 픈melancholy 수프는 수프 미거Soup-Meagre*를 뜻한다. 그리고 구부러진crooked을 동의어 awry로 바꿔 사라의 뒤에 붙이면 Sarah-awry(사라-어라이), 즉 셀러리 가 된다. 그러니 정답은 셀러리가 들어간 채소 수프다.

푸딩 속의 네덜란드 대공A Dutch Prince in a Pudding은 '오렌지 공Prince of Orange' 을 생각하면 오렌지 푸딩임을 알 수 있다. 인간의 신성한 부분을 삶은 것The Divine Part of Man Boiled은 인간의 신성한 부분, 즉 영혼Soul의 발음이 솔Sole(가자 미)과 비슷하다는 점에 착안했다. 이런 문제들을 풀어보면 당시 식사 자리가 얼마나 유쾌했을지 생생히 느껴진다. 정답을 맞춘 이는 흡족해하고 틀린 이 는 아쉬워하면서도 모두 웃음을 터뜨렸을 것이다.

지식을 요하는 문제도 있었다. 버터를 바른 별자리의 일부분Part of the Zodiack Buttered은 별자리에 해당하는 게나 물고기 요리였을 가능성이 높고, 돼지기 름을 바른 술탄의 영토The Grand Seignor's Dominions Larded는 칠면조로 추정된다. 이런 문제의 경우에는 요리를 맞추기 위해 상당한 배경지식을 동원해야 했 다. 그런가 하면 성경을 소재로 한 수수께끼도 있었다. 작은 바람결 속의 최 초의 유혹The First Temptation in a Small Blast of Wind은 아담과 이브가 떠오르는 '애플 퍼프apple puff'였고, 길들일 수 없는 신체의 일부An unruly Member는 '혀tongue'라 고 짐작할 수 있다. 다만 거기에 곁들이로 나온다는 영원한 움직임garnished with perpetual Motion이 무엇을 뜻하는지는 지금도 명확하지 않다. 지금 읽어도 호기 심을 자극하는 이런 수수께끼 메뉴는 18세기로 접어들며 점점 더 인기를 얻 었다. 그렇다면 이런 문제는 누가 만든 것일까? 요리를 먼저 정하고 수수께

---

* 고기 없이 채소 위주로 끓인 소박한 수프

끼를 만들었을까, 아니면 수수께끼를 먼저 생각해내고 뒤에 요리를 짝지었을까? 아쉽게도 이에 대한 답은 알 길이 없다.

이런 암호 같은 메뉴판이 어디서 비롯됐는지, 또 실제 사용자에게 어떤 즐거움을 주었는지는 정확히 알 수 없지만, 18세기 영국에서는 수수께끼 메뉴판이 점점 늘어났다. 〈퍼블릭 레지스터Publick Register〉라는 잡지에는 이 메뉴판과 함께 "박식하고 재치 있는 분들을 기다린다"는 광고가 실리기도 했다.[3] 메뉴판은 만찬에서 제공될 여러 채소와 과일을 소개하며 슬픈 사과Sorrowful Apples를 언급했는데, 이는 '애통해하다'라는 의미를 지닌 '파인pine' 애플을 의미했다. 당시로서는 매우 값비싼 이국의 과일이었던 파인애플이 나온다는 사

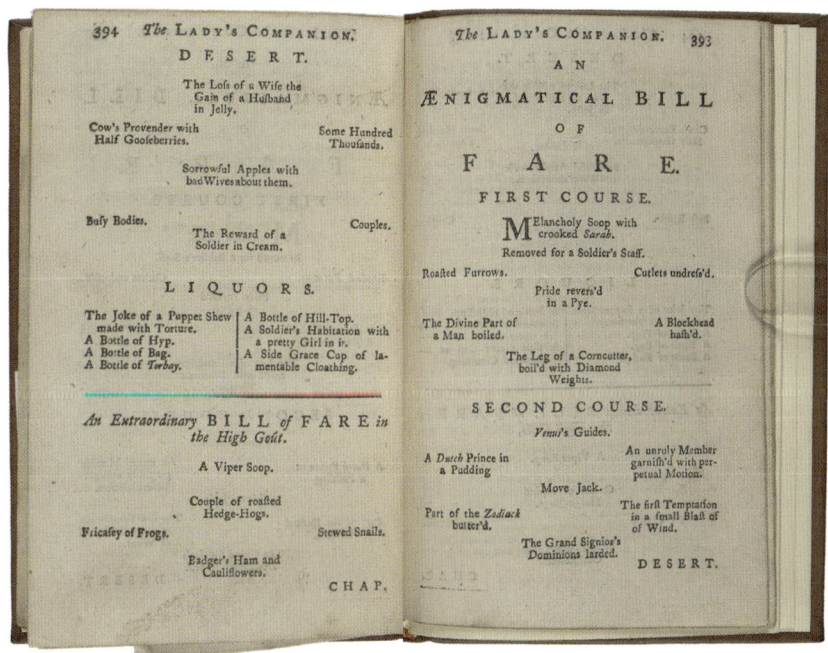

〈레이디스 컴페니언〉(1751년)에 소개된 수수께끼 메뉴

실은 모임의 주된 참석자가 상류층이나 귀족 계층이었음을 짐작할 수 있다.[4]

수수께끼 메뉴는 1751년 무렵 조지 2세George II의 성탄절 만찬에까지 등장했다.[5] 남아있는 기록에 따르면 수수께끼 메뉴의 내용은 1755년까지는 크게 달라지지 않았다. 거의 같은 요리가 같은 순서로 등장했고, 필사와 재생산을 거치며 글씨체만 달라지고 페이지 구성까지 똑같은 경우가 많았다. 그러나 '1755년 국왕 폐하의 성탄절 만찬 차림표'에서는 새로운 수수께끼 요리가 더해지고 기존의 요리 중 일부가 수정되었다. 후기 버전으로 갈수록 왕실 연회에 걸맞게 더 복잡한 요리들이 등장하고 짐작이 어려운 설명 또한 길어졌다. 만찬에 등장한 새로운 수수께끼 메뉴 중 하나인 "송아지의 생사가 담긴 새의 둥지를 런던 시장의 자부심과 웨일스인의 기쁨으로 양념하고 90세 노파로 장식한 요리"는 **제비집 수프**였다. "3월의 끝자락을 채무자의 담보와 달콤한 와인, 그리고 지팡이의 산물로 나눈 요리"도 있었다.[6] 새롭게 추가된 메뉴에서는 왕실 특유의 장중한 어투와 재치 있는 유머가 동시에 느껴졌다.

남아 있는 기록에 따르면 조지 2세는 연회 둘째 날에도 수수께끼 메뉴를 즐겼다. 첫 번째 코스에는 "구운 술탄의 영토"나 "네덜란드 공주 푸딩"처럼 익숙한 요리를 살짝 변형한 것들이 등장했다. 그러나 세 번째 코스에 가서는 읽기조차 어려운 난해한 요리가 등장했다. 바로 "수렁, 발가락의 정수, 달콤한 똥, 그리고 한가운데 서 있는 투명한 수탉"이라는 요리였다.(솔직히 이건 무슨 요리인지 전혀 알 수 없다.) 곁들여 나온 요리는 그나마 짐작이 가능한 "버터를 바른 별자리"였다. 새로운 수수께끼가 몇 가지 추가되거나 변형되기는 했지만, 대부분은 1733년 버전을 포함해 앞서 언급한 수수께끼 메뉴에 등장한 요리들이었다.[7] 이를 보면 수수께끼 형식의 메뉴가 상당히 오랜 기간 인기를 누렸음을 알 수 있다. 기록에 따르면 조지 2세의 성탄절 연회는 이틀에 걸쳐 연속으로 열렸다. 식사를 모두 마친 후 참석자들이 국왕의 건강을 기원하며 가짜 고통 Counterfeit Agony, 즉 '샴sham 페인pain, cham-pagne'으로 건배하는 모습이 상상된다. 시간이 흐르면서 음식 관련 수수께끼들은 점차 책 속으로 옮겨갔고, 요리책이나 교양 잡지 등에 실리며 실제 요리가 아닌 일종의 오락거리로 자리 잡았다.

음식에 대한 풍자적 묘사는 꾸준한 인기를 누렸고, 1824년에 이르러서는 별도의 삽화집으로 발간되기에 이르렀다. 런던의 저명한 인쇄업자였던 토머스 맥린Thomas McLean은 《근사한 저녁식사: W. 히스가 차리고 헤이마켓의 호텔에서 토머스 맥린이 대접하다Good Dinners. Dress'd by W. Heath and Served by Thos. McLean at His Hotel in the Haymarket》라는 제목의 책을 제작했다. 이 책에는 인물들을 요리에 빗대어 형상화한 컬러 삽화가 수록되어 있다. 삽화집의 제목이 근사한 저녁식사이기도 하거니와, 얼핏 보면 처음에는 여러 코스로 구성된 복잡한 메뉴판처럼 보이기도 한다. 각각의 항목에는 상황에 절묘하게 들어맞으면서도 때로는 다소 부적절한 풍자화가 곁들여져 있다.

《근사한 저녁식사》에는 **프렌치 롤**French Rolls에서 식초Vinegar까지 다양한 음식이 등장한다. 수수께끼 메뉴와 마찬가지로 이들 삽화도 숨은 의미를 이해하는 순간 웃음이 터지게끔 만들어졌다. 예를 들어 '프렌치 롤'은 프랑스 병사 두 명이 언덕에서 굴러 떨어지는 장면을 담고 있고, '식초'는 관계가 시큼해져 서로 등을 돌린 채 앉아 있는 노부부의 모습을 그리고 있다. 양배추Cabbage는 재단 후 남은 자투리 천을 카바지carbage 또는 가비지garbage라고 부르는 것에 착안하여 재단사의 모습으로 그려냈다. 남는 갈비뼈라는 뜻의 스페어 립스Spare Ribs는 두 여성 사이에서 갈등하는 남성의 모습으로 표현됐다. 이처럼 삽화집의 이미지들은 과거 수수께끼 메뉴가 구사했던 언어유희를 거의 그대로 옮겨와 시각적 이미지로 재현한 것이었다.[8]

윌리엄 히스, 《근사한 저녁식사》 표지, 1824년, 수채 채색 삽화.

윌리엄 히스, 《근사한 저녁식사》 본문, 1824년, 수채 채색 삽화.

삽화집의 표지는 호텔의 만찬 메뉴판처럼 보이도록 꾸며졌다. 그러나 이 책에 나오는 헤이마켓의 호텔이나 레스토랑은 존재하지 않으며, 실제로는 출판사를 뜻한다. 풍자 메뉴판은 처음에는 식탁에서 즐기기 위해 고안됐지만, 나중에 가서는 식사 이후의 여흥이나 아예 식사와 무관한 오락거리가 됐다. 출판업자 S. W. 포러스Samuel William Fores는 각종 유머 풍자화를 묶은 삽화집을 제작해 관람객에게 돈을 받고 열람하게 하기도 했다. 그는 캐리커처 삽화를 모아 작품집을 엮기도 했는데, 풍자화가 큰 인기를 끈 조지 왕조 시대 영국에서는 식사 자리의 손님들을 즐겁게 하는 도구로 대여됐다. 그리고 이러한 관행은 19세기 후반 들어 세련된 형태의 오락거리로 자리 잡게 되었다.[9]

이처럼 대중적인 풍자가 인기를 끌며 수수께끼 메뉴는 지적이고 난해한 놀이에서 유머와 해학 중심의 놀이문화로 점차 변화했다. 웃음을 유발하는 풍자와 패러디 그림은 식탁에 둘러앉은 손님에서부터 잡지를 읽는 독자들까지, 런던에서부터 멀리 글래스고에 이르기까지 많은 영국인에게 즐거움을 주었다.[10] 비록 목적과 형태가 달라지기는 했지만 19세기 영국의 음식 풍자화는 분명 이전부터 전해져온 전통을 계승하고 있다. S. W. 포러스의 풍자화 모음과 윌리엄 히스의 삽화집 《근사한 저녁식사》는 웃음 가득했던 저녁 시간을 증언하는 기록물로 남아 있다.[11]

미스터리를 주문하는 밤

영국의 수수께끼 만찬에 대해서는 남아있는 정보가 많지 않다. 하지만 대서양을 건너 미국에서 유행했던 '난제풀이 저녁 모임'의 경우 19세기와 20세기 신문 기사에 남아있는 기록을 통해 어느 정도 그 모습을 엿볼 수 있다. 당시 신문 지면에는 이런 모임을 다룬 기사가 적지 않게 등장했는데,

〈시카고 타임스-헤럴드Chicago Times-Herald〉는 그 진행 방식을 다음과 같이 설명했다.

> 난제풀이 저녁 모임에서는 손님에게 수수께끼 형식으로 된 일품요리 메뉴판을 나눠준다. 메뉴판을 받아든 참석자는 어떤 음식이 나올지 모른 채 추측에만 의지해 주문을 하며, 서빙 된 음식은 그대로 먹는 것이 규칙이다. 물론 숨은 의미를 재치 있게 읽어내는 참석자도 있다.[12]

이 내용을 보면 미국의 난제풀이 저녁 모임이 18세기 영국의 수수께끼 저녁식사를 그대로 모방한 것이 아니었음을 알 수 있다. 참석자에게 비범한 지적 능력이 요구된다는 내용도 없고, 엄격한 요리적 전통을 강조하지도 않는다. 오락적 요소에 초점을 맞춘다는 점에서 오히려 19세기 초 영국에서 유행한 음식 풍자 삽화와 더 닮아 있다. 〈이타카 데일리 저널Ithaca Daily Journal〉의 한 기자는 난제풀이 저녁 모임이 "참석자에게 큰 재미를 준다"고 평했다.[13] 기자는 모임의 특별한 재미 요소로 엉뚱한 추측을 꼽으며 "손님들이 음식을 추측하는 과정 자체도 흥미롭지만, 추측이 어긋나 엉뚱한 음식을 받아 들었을 때 터져 나오는 반응이야말로 더 큰 웃음을 자아낸다"고 기록했다.[14]

난제풀이 저녁 모임은 약 30년에 걸쳐 인기를 이어가며 1890년대 미국에서 그 유행의 정점을 찍었다. 책에 소개한 1893년 메뉴판에는 우아한 행사에 다소 어울리지 않는 특이한 음식이 포함되어 있기도 하다. '길들일 수 없는 신체의 일부'라는 익숙한 표현으로 소개된 혀 요리인데, 수수께끼를 위해 일부러 메뉴에 포함했을 가능성이 높다. 보스턴의 전복Boston's overthrow 항목도 눈에 띄는데, 미국인이라면 곧바로 정답이 '차'임을 알아차릴 수 있었을 것이다.

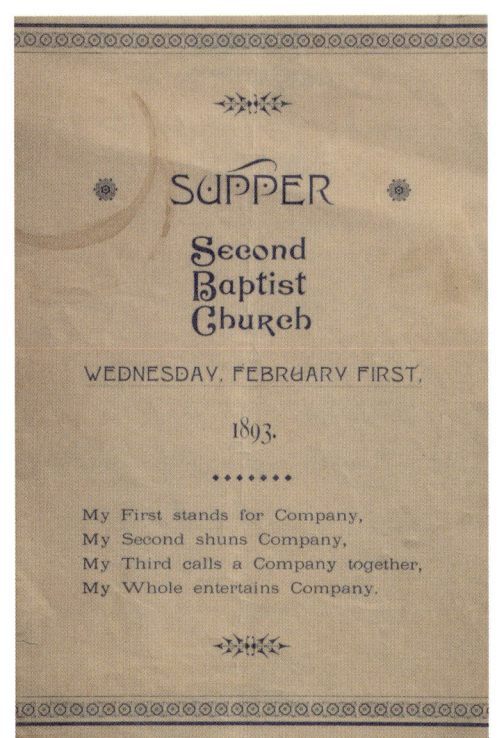

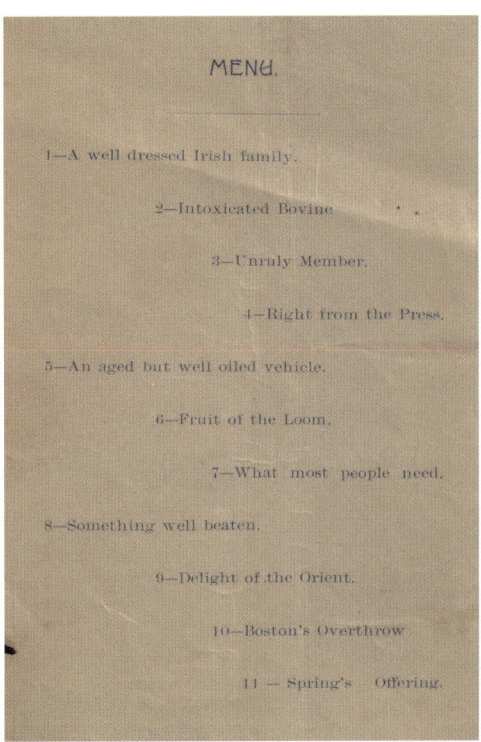

저녁 메뉴판, 제2침례교회, 1893년, 인쇄 메뉴.

    제1차 세계대전의 발발과 그 후 이어진 대공황을 거치며 1920~1930년 대 신문에서는 난제풀이 저녁 모임에 대한 기록을 점차 찾아보기 어려워졌다. 시대적 상황 상 웃고 떠드는 분위기가 장려되지는 않았을 것이다. 미국 전역에서 열린 난제풀이 저녁 모임의 기록을 보면 절반 이상인 560건가량이 1890년에서 1900년 사이에 집중되어 있고, 나머지도 대부분 전쟁 발발 전인 1914년 이전에 개최된 것을 알 수 있다. 오늘날에는 음식과 수수께끼가 오랜 세월 긴밀히 얽혀 있었다는 사실을 기억하는 사람이 거의 없다. 그러나 그 역사 는 깊고 다양하다. 예를 들어 성경 속 삼손이 블레셋인들에게 낸 수수께끼, 고대 작가 심포시우스Symphosius의 수수께끼 모음집《에니그마타Aenigmata》, 18세기 조설근曹雪芹의 소설《홍루몽紅樓夢》에 등장하는 황실 연회의 수수께끼, 그리고 19~20세기 미국 개신교 사회의 난제풀이 모임에 이르기까지, 수수께끼는 수천 년 동안 식탁에서 우리와 함께 해왔다. 수수께끼는 그렇게 때로는 지적 유희로, 때로는 상품을 놓고 겨루는 경쟁으로, 때로는 단순한 오락거리로서 식탁에 둘러앉은 이들의 대화를 활발하게 이끄는 장치가 되어주었다.

겉보기에는 현대 외식 문화에서 수수께끼가 사라진 것 같지만, 그 흔적은 여전히 곳곳에 남아 있다. 예를 들어 1920~1933년 미국 금주법 시대에 등장해 1929년 대공황 이후에도 인기를 누렸던 스피크이지speakeasy* 바는 비밀과 수수께끼, 신비로움을 활용해 불법적인 음주 공동체를 더 견고히 했다. 스피크이지 바는 단순히 사람들이 모여 술을 마시며 대화하는 장소를 넘어 소외된 이들이 소속감을 느끼고 활력을 되찾는 공간이 됐다.

21세기에 들어서는 칵테일 문화가 다시 주목받고 곳곳에 비밀스러운 주점들이 생겨나며 오락적 형태로서의 수수께끼 문화 역시 부활의 기미를 보이고 있다. 프랑스식 소규모 식당인 비스트로bistro는 수수께끼를 맞춰야만 입장할 수 있는 곳이 있고,[15] 체코 프라하의 어노니머스 바Anonymous Bar에는 호기심과 재치를 갖춘 손님만 주문할 수 있는 비밀 메뉴가 존재한다. 아예 매장의 위치 자체를 비밀로 하는 경우도 있으며 스메그Smeg 냉장고 문을 통과하거나 네 자리 비밀번호를 맞춰야만 입장할 수 있는 곳들도 있다.[16]

코로나19 대유행 시기에도 수수께끼와 음식의 결합은 많은 이에게 지적인 도전과 즐거움을 제공했다. 시카고의 미슐랭 3스타 레스토랑 알리니아Alinea

---

* 단속을 피해 운영되던 비밀 술집

는 코로나19가 한창이던 2020년 5월, 개점 15주년을 맞아 수수께끼 이벤트를 개최했다. 알리니아의 공동 소유주 닉 코코나스^Nick Kokonas^는 이벤트에 대해 이렇게 말했다. "모여서 파티를 할 수는 없으니 5월 한 달 동안 두뇌를 자극할 만한 이벤트를 준비해봤습니다. 왜냐고요? 재밌잖아요. 호기심도 일고요."[17] 이벤트에서는 총 아홉 개의 퍼즐 문제가 제시됐고, 각 문제를 푼 참가자에게는 다양한 상품이 주어졌다. 최종 상품은 와인 페어링이 곁들여진 알리니아의 2인 저녁식사권이었다.[18] 행사는 큰 호응을 얻었고 이는 수수께끼와 즐거운 식사 경험의 결합이라는 오랜 성공 공식을 다시 한번 입증하는 계기가 됐다.

속거나 속이는 맛의 심리전

사람이 놀이에 빠져드는 방식에는 독특한 심리가 있다. 놀이의 연출자가 거리를 둘수록, 참여자들은 유희에 더 빠져들고, 연출자에게 가까이 다가가고 싶은 마음이 생긴다. 그렇기에 연출자는 적당한 간격을 두며 참여자들의 애를 태운다. 호기심을 자극하고 생각할 거리를 던져주는 방식이다.

'메뉴 프랑스'어는 이러한 심리를 활용해온 가장 오래되고 보편적인 전략이다. 200년 넘게 지속된 이 전략은 노골적으로 드러내지 않는다. 모호하게 진의를 감추며 유혹한다. 메뉴 항목을 프랑스어로 적는 관행은 18세기 중반부터 등장했다. 흥미로운 점은 중세부터 19세기에 이르기까지 유럽의 식사 문화를 지배했던 프랑스식 서빙은 모든 음식을 한꺼번에 차려 한눈에 드러나게 하는 방식이었다는 점이다. 메뉴 프랑스어의 전략은 '몰리에르의 언어', 곧 17세기 고전 프랑스어에 익숙하지 않은 사람들의 명확한 이해와 시각화를 방해하는 데 있었다.

프랑스식 서빙의 전략은 음식을 투명하게 드러내는 것이었다. 식탁 위에 모든 음식을 펼쳐놓음으로써 식사자에게 직접적으로 매력을 호소하는 방식이었다. 사실 프랑스식 서빙에서는 메뉴판 자체가 거의 필요 없었다. 눈앞에 차려진 음식 가운데 원하는 것을 집어 먹으면 되었기 때문이다. 다만 당시에는 멀리 있는 접시를 건네는 관습이 없었기 때문에 손이 닿는 음식만 먹을 수 있다는 단점이 있었다. 자리의 위계가 곧 식사의 위계가 된 것이다. 이에 관련해 흔히 쓰이던 표현이 '소금값'이었다. '소금값을 못 하는', 즉 별 볼 일 없는 사람은 '소금 그릇 아래쪽' 말석에 앉을 수밖에 없었고, 이 경우 '소금 그릇 위쪽'의 상석에 앉은 사람에 비해 음식 선택의 폭이 크게 제한됐다.

19세기 유럽에서는 프랑스식 서빙이 점차 러시아식 서빙으로 대체됐고, 1850년 이후에는 프랑스에서도 러시아식 서빙이 대세가 되었다.[19] 이 극적인 전환과 함께 메뉴판은 필수적이면서도 매혹적인 도구가 됐다. 프랑스식 서빙의 가장 큰 문제는 음식을 식탁에 너무 오래 두어 식어버린다는 점이었다. 이 문제를 해결하기 위해 러시아식 서빙에서는 차갑게 내도 무방한 요리는 미리 식탁에 올려두고 따뜻하게 즐겨야 하는 요리는 주방에서 조리 후 바로 내오는 방식을 취했다.[20]

음식문화 전문 작가 캐시 코프먼Cathy Kaufman은 두 방식을 비교하며 프랑스식 서빙에서는 배를 채우는 것 못지않게 눈을 현혹시키는 것도 중요했다고 설명한다.[21] 프랑스식 서빙의 매력은 화려함과 풍성함에 있었다. 반면 러시아식 서빙은 정교하게 조율된 순서에 따라 진행됐고, 그 핵심은 부재와 기대감, 모호함 사이에서 섬세한 균형을 찾는 데 있었다. 손님들은 닫힌 주방 문 너머에서 어떤 요리가 준비되고 있는지 궁금해했고, 극적인 효과를 높이기 위해 여러 명의 시종이 덮개 씌운 쟁반을 동시에 식탁에 올린 후 일제히 공개하기도 했다. 숨죽여 지켜보던 손님들은 음식이 공개되는 순간 환호하며 박수를 쳤다.

러시아식 서빙은 음식의 조리 과정, 때로는 요리 자체를 손님에게서 드러내지 않음으로써 효과를 발휘했다. 이와 유사한 전략을 통해 손님들의 호기심을 자극하고 즐거움을 주는 음식이 바로 '변장 음식disguised foods' 이다. 변장 음식 전통에서 요리들은 가면무도회 참가자처럼 가면을 쓴다. 미술사학자 앤 버밍엄Ann Bermingham은 이러한 전통이 "늘 새로운 볼거리를 찾아 헤매던 권태로운 궁정인들에게 선보이기 위한 연출 방식"에서 비롯되었을 것이라고 설명한다.[22] 변장 음식에 관한 가장 이른 기록은 중세 말기와 르네상스 초기의 조리서까지 거슬러 올라간다. 예컨대 14세기 프랑스 발루아 왕가의 궁중 요리사였던 타이유방Taillevent은 작은 새들로 끓인 스튜를 공작새의 몸통에 채워 넣는 요리를 제안하기도 했다.[23]

변장 음식은 주로 '보이드'라고 불리는 순서에 등장했다. 보이드 코스는 다른 요리를 내올 수 있도록 상을 비우는 과정을 뜻하는 를르베와 유사했고 '중세 연회에서 상이 치워지거나 비워지는 순간'을 의미했다. 이때 음식이 식탁을 '떠나게deserted' 되는데, 달콤한 후식을 뜻하는 '디저트dessert'라는 용어는 여기서 유래했다.[24] 코스에서 선보이는 음식은 그 자체로 하나의 오락거리였다.

보이드 코스의 요리는 입뿐 아니라 눈으로도 즐기는 음식이었다. 구운 가금류, 붉은 고기, 사냥한 고기 등 기름진 요리에 지친 입은 달콤함을 원했고, 눈은 아름다운 것을 갈망했다. 정교하게 꾸며낸 변장 음식들은 화려한 설탕 공예 과자에만 매력을 느꼈던 숙녀들의 까다로운 입맛까지 사로잡았다.[25]

깃털을 살린 공작새 요리를 내오는 모습을 그린 채색화, 《알렉산더 대왕의 정복과 위업의 서The Book of Conquests and Deeds of Alexander》, 15세기 중반.

《영국의 중세 연회The English Medieval Feast》라는 책을 쓴 윌리엄 에드워드 미드William Edward Mead는 보이드가 "식탁에서 일어나기 직전에 내는 요리나 코스"를 뜻한다며 오늘날 우리가 아는 디저트 코스의 전신이었다고 설명한다.[26] 미드는 보이드 코스가 제공된 중세 연회의 한 장면을 다음과 같이 묘사했다. "왕과 대사들은 260가지 요리가 차려진 연회를 즐겼다. 이어서 금도금을 한 은제 접시에 담긴 향신료 보이드가 60개나 뒤따랐는데, 그 접시가 하인들이 들어야 할 만큼 큼직했다."[27]

1500년에서 1800년까지의 시대를 연구하는 영문학자 패트리샤 푸머턴Patricia Fumerton은 보이드 코스를 "장식적인 설탕 모형과 설탕 꽃, 견과류, 향신료, 과일 등 달콤한 먹거리에 향신료 넣은 달콤한 와인이나 증류주를 곁들여 내는 코스"라고 설명했다.[28] 17세기에 이르러서는 별도의 공간으로 옮겨서 보이드 코스를 즐기는 관행이 나타났고, 이 코스를 위해 특별히 지어진 건물까지 등장했다.[29]

초기의 연회 여흥에는 무용수, 악사, 곡예사의 공연이 곁들여지곤 했지만, 음식을 먹는 과정도 오락거리와 같았다. 영국과 북유럽의 중세 연회에서는 프랑스어로 앙트르메라 불리는 섬세하고 정교한 요리들이 제공됐는데, 이 또한 일종의 보이드 코스로 볼 수 있다.[30]

21세기에는 중세의 보이드 코스가 매혹적인 영상으로 되살아나기도 했다. 현재 전 세계 67개 이상의 레스토랑에서 즐길 수 있는 이 영상은 벨기에의 애니메이션 스튜디오 스컬매핑의 작품으로, 주인공은 '르 프티 셰프'라 불리는 15센티미터 남짓의 작은 요리사다. 르 프티 셰프를 고용한 식당의 천장에는 프로젝터가 설치되고, 이 프로젝터는 식탁을 스크린 삼아 맞춤형 영상을 재생한다. 영상 속에서 작은 요리사는 거대한 조리도구와 씨름하고 실수를 수습해가며 요리를 진행한다. 바비큐를 준비하는 과정만 봐도 결코 순탄치 않지만 작은 요리사는 결국 음식을 준비해낸다. 영상 속 셰프가 해산물 수프인 부야베스Bouillabaisse를 완성하면 손님에게 실제 부야베스가 서빙되는 식이다. 카프레제 샐러드를 주문하면 작은 요리사가 텃밭의 채소를 놓고 작은 동물들과 경쟁하는 모습을 볼 수 있는데, 장난기 넘치는 두더지와의 대결은 특히 인상적이다. 실제 요리가 서빙된 후에도 영상은 계속 이어지며, 직원들은 접시와 영상이 최대한 일치하도록 세심하게 배치한다. 브리티시컬럼비아주 빅토리아 메리어트 이너 하버 호텔Victoria Marriott Inner Harbour Hotel의 지배인이었던 이안 존스Ian Jones는 손님들이 "완전 푹 빠져들어 감동한다, 마치 공연을 보듯 박수를 치는 경우도 많았다"고 전했다.[31] 중세 연회의 보이드 코스에서 기발한 볼거리와 오락을 접한 손님들도 이와 비슷한 반응을 보이지 않았을까?

타일러 케이브, '르 프티 셰프'의 부야베스 코스, 2023년.

타일러 케이브, '르 프티 셰프'의 카프레제 샐러드 코스, 2023년.

먹을 수 없는 음식

르 프티 셰프가 식탁에 차려내는 음식은 어디까지나 오락적 장치일 뿐 실제로 먹을 수는 없다. 그런데 과거 파리의 특정한 시대에 사용된 메뉴판을 보면 정식 만찬과는 전혀 어울리지 않는 쥐, 캥거루, 곰, 영양 등의 항목이 등장한다. 추후 소개될 1870년 성탄절 만찬도 그중 하나다. 1870년부터 1871년까지 독일 프로이센군의 포위로 파리가 고립되며 굶주린 시민들은 먹을 수 있는 자원을 총동원해야 했고, 그 결과 평소 즐기던 식사와는 전혀 다른 음식을 받아들일 수밖에 없었다. 이 시기의 메뉴는 오늘날 뒤늦게 접하는 독자들에게 호기심과 충격까지 안겨준다. 그러나 단순한 혐오나 연민을 넘어 깊이 들여다보면 당시 사람들이 그런 음식을 먹을 수밖에 없었던 절박한 상황을 읽어낼 수 있다.

흥미로운 점은 봉쇄 기간 중에도 와인 공급만큼은 완전히 끊어지지 않았던 것으로 보인다는 것이다. 당시 메뉴판에는 라투르 블랑슈Latour Blanche, 팔머Palmer, 무통Mouton, 로마네 콩티Romanée Conti 등이 이름을 올리고 있는데, 와인 전문가 맥스 캠벨Max Campbell에 따르면 이들 와인은 오늘날 최고가 제품일 뿐 아니라 당시에도 이미 명실상부한 고급 와인으로 취급되었다고 한다. 음식 구성을 보면 식재료만 바뀌었을 뿐 기본적으로는 여전히 전형적인 프랑스 요리의 틀을 유지하고 있다. 이를테면 송아지 머리 요리Tête de veau 대신 '당나귀 머리 요리Tête d'âne', 소고기 콩소메 대신 '코끼리 콩소메Consommé d'éléphant'가 등장하는 식이다. 시베Civet라는 요리에는 전통적으로 토끼고기를 쓰는데, 여기서는 캥거루로 대체됐다. 이에 대해 캠벨은 껑충껑충 뛰어다니는 공통적인 습성에서 착안했을 거라 설명했다. '쥐에 둘러싸인 고양이Chat flanqué de rats'라는 요리는 고양이와 그 먹잇감인 쥐를 한 접시에 올린 요리

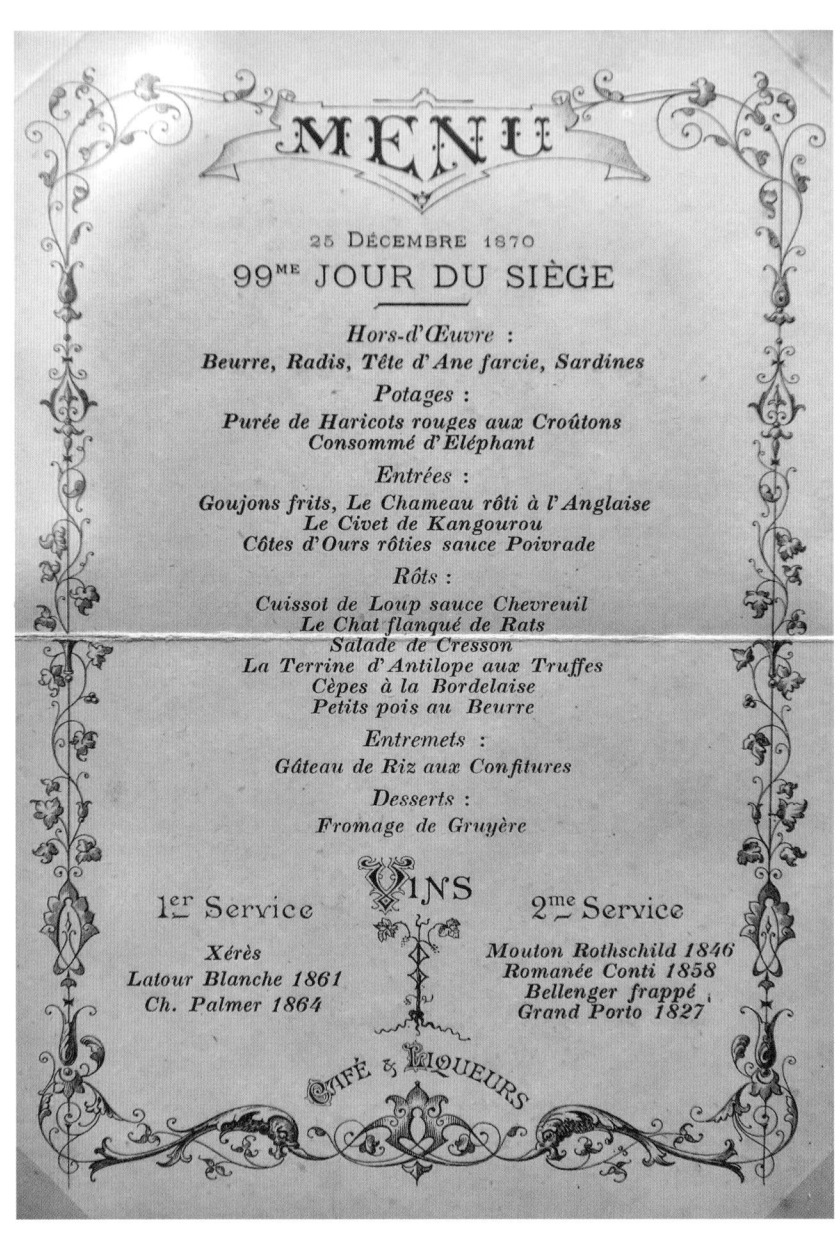

MENU

25 DÉCEMBRE 1870

99ᴹᴱ JOUR DU SIÈGE

Hors-d'Œuvre :

Beurre, Radis, Tête d'Ane farcie, Sardines

Potages :

Purée de Haricots rouges aux Croûtons
Consommé d'Eléphant

Entrées :

Goujons frits, Le Chameau rôti à l'Anglaise
Le Civet de Kangourou
Côtes d'Ours rôties sauce Poivrade

Rôts :

Cuissot de Loup sauce Chevreuil
Le Chat flanqué de Rats
Salade de Cresson
La Terrine d'Antilope aux Truffes
Cèpes à la Bordelaise
Petits pois au Beurre

Entremets :

Gâteau de Riz aux Confitures

Desserts :

Fromage de Gruyère

1ᵉʳ Service   VINS   2ᵐᵉ Service

Xérès
Latour Blanche 1861
Ch. Palmer 1864

Mouton Rothschild 1846
Romanée Conti 1858
Bellenger frappé
Grand Porto 1827

CAFÉ & LIQUEURS

파리 봉쇄 99일차 부아쟁 레스토랑의 크리스마스 메뉴판, 1870년, 인쇄 메뉴.

다.[32] 부아쟁Voisin 레스토랑의 우아한 메뉴판에 등장하는 이국적 식재료들은 봉쇄가 시작된 지 99일째였던 1870년 12월 당시의 상황을 생생하게 전해준다. 이미 개고기와 말고기를 포함해 파리에 있던 모든 도축육이 바닥났고, 결국 동물원의 동물들이 식탁에 오르게 된 것이었다. 그해 11월 무렵부터는 식당과 카페들이 문을 닫았고, 굶주린 시민들은 정부가 운영하는 급식소에서 음식을 조달해야 했다.[33]

파리 봉쇄 당시 부유한 손님들이 식당에서 즐긴 쥐고기 요리에 대해 역사학자 앨리스테어 혼Alistair Horne은 이렇게 설명했다. "쥐고기를 그나마 먹을 만하게 만들려면 귀한 소스를 듬뿍 써야 했다. 그렇기 때문에 쥐고기 요리는 본질적으로 부자들의 음식이었고, 조키 클럽Jockey Club de Paris 같은 고급 사교 클럽에는 '쥐고기 살라미salmis de rats'가 별미로 등장하기도 했다."[34]

옥스퍼드 출신의 영국인 헨리 마크하임Henry Markheim은 1871년 파리 봉쇄 당시의 생생한 경험을 담은 회고록을 내놓았다. 그는 책에서 이렇게 기록했다. "정부의 가격 규제에도 불구하고 이제 고기를 구할 수 있는 곳은 거의 없다. 말고기는 시장에 나오기가 무섭게 팔려나가고, 안심 같은 최상급 부위는 부자들을 위해 따로 챙겨둔다."[35] 미국의 의료개혁가 로버트 로리 시벳Robert Lowry Sibbet 또한 이 시기에 대한 기록을 남겼다. 그는 본래 유럽 주요 도시의 병원을 시찰하려 했으나, 계획이 무산되자 상황을 직접 살피고자 파리를 찾았던 인물이다. 1892년이 되어서야 출간된 그의 회고록은 봉쇄하에 점점 악화되어간 파리의 상황을 생생히 보여준다. 여행자와 환자들도 갈수록 어려운 상황에 내몰려야 했는데, 환자들의 경우 초기에는 식당 음식보다 나은 식사를 제공받았지만 나중에는 천연두 환자와 일반 환자가 한데 뒤섞여 지내야 하는 처지에 놓였다.[36] 사태가 점점 악화되자 파리 동물원은 결국 카스토르Castor와 폴뤽스Pollux라는 이름의 두 코끼리를 도살하기로 결정했다. 시민들은 이 둘을 전쟁 희생자로 추모하고 애도했다.[37] 동물원에 있던 코끼리, 얼룩말, 야크 등의 동물 고기는 쿠르티에Courtier나 드부스DeBoos 같은 고급 정육점에서 판매됐고 개, 고양이, 쥐 등 비교적 흔한 동물의 고기조차 터무니없이 비싼 가격에 거래됐다. 결국 평범한 파리 시민이 동물원의 동물 고기로 배를 채우기는 불가능했다는 얘기다.[38]

호주의 수집가 제이크 스미스Jake Smith가 모은 방대한 왕실메뉴판 컬렉션을 보면 프로이센 측은 여전히 고급스러운 식사를 즐기고 있었다. 1870년 11월 26일 베르사유 궁전에서 개최된 빌헬름 1세Wilhelm I의 연회 메뉴에는 사슴고기 등심, 앤초비 소스를 곁들인 가자미, 고급 훈제 소고기, 치즈, 빵, 버터 등이 포함됐다. 안타깝게도 파리에서 고기가 부족했던 시기는 1870년뿐만이 아니었다. 또 다른 결핍의 시대였던 1930년대 후반, 파리 시민들은 식당에서 나오는 모든 고기를 의심의 눈초리로 살펴야 했다. 레베카 스팽은 가짜 토끼고기 문제를 다룬 글에서 이렇게 설명했다.

인쇄된 메뉴에 '토끼 내장 스튜gibelotte de lapin'라는 항목이 있다면 그나마 조금 안심할 수 있다고 여기는 이들도 있었다. 그러나 파리 생활 안내서들은 최고급 레스토랑을 제외한 대부분의 식당에서 메뉴판은 실제 주방 사정과 전혀 일치하지 않는 현실도피적 허구에 불과하다고 경고했다. 메뉴판에 생선 요리가 적혀 있어도 주방에는 생선이 없었고, 메뉴판에 적힌 토끼고기 요리의 실제 재료는 고양이였다. 메뉴판을 곧이곧대로 믿는 손님은 식당에서 이런 위험에 그대로 노출될 수밖에 없었다.[39]

특히 논란의 중심에 선 것은 고양이였다. 스팽의 책에 따르면 당시 레스토랑의 손님들에게 메뉴판의 '토끼'가 사실은 '고양이'라는 것은 일종의 상식과도 같았다고 전한다.[40] 또 다른 식량 부족기였던 제2차 세계대전 말기 1944년의 한 메뉴판에는 '토끼고기 **테린**terrine de lapin'이 등장한다. 여기에는 가득 찬 사냥감 바구니를 둘러멘 사냥꾼과 그를 반기는 강아지들을 그린 삽화가 등장하는데, 이는 아마도 토끼요리를 시킨 손님들을 조금이라도 안심시키려는 장치였을 것이다.

물론 식용과 비식용의 경계는 습관과 공동체의 가치에 따라 형성되는 문화적 산물이다. 따라서 누군가에게는 충격적일만큼 낯선 음식이 다른 이에게는 그저 평범하게 느껴질 수도 있다. 아마도 그 대표적인 사례가 곤충일 것이다. 서양인들이 곤충을 식단에 포함 가능한 식재료로 받아들이기 시작한 것은 비교적 최근의 일이다. 첫 시도는 대체로 곤충임을 알아볼 수 없는 분말의 형태로 이루어지는데, 가장 흔한 것이 귀뚜라미 분말 같은 가공품이다. 이런 경우 소비자는 자신이 곤충을 먹고 있다는 사실을 잊거나 아예 모른 채 그저 바나나브레드나 팬케이크의 달콤함을 즐기게 되는 것이다.(결국 자기 입에 뭐가 들어가는지 확인할 의무는 자신에게

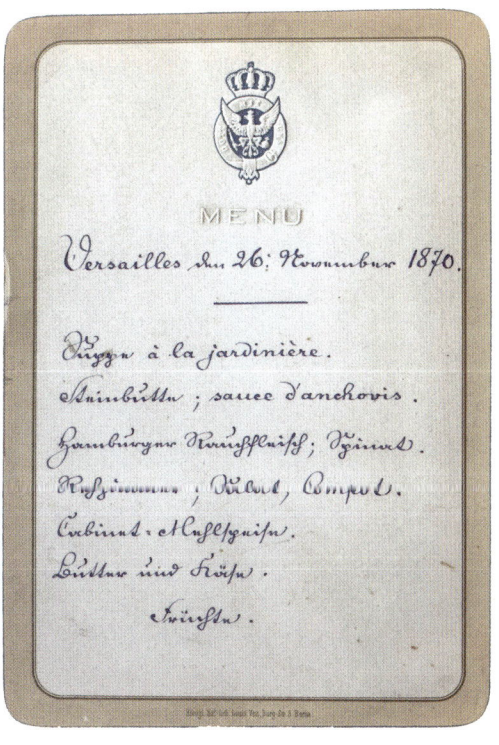

베르사유 궁전의 프로이센 만찬, 1870년, 인쇄 메뉴에 손글씨.

있지 않은가.) 귀뚜라미 분말은 다양한 영양소를 풍부하게 담고 있다. 식품 저 널리스트 프레스턴 하트윅Preston Hartwick이 소개한 한 조사에 따르면 "곤충 식 용 문화에 대해 알게 된 참가자들은 대체로 귀뚜라미 섭취에 대해 긍정적인 태도를 보였으며, 특히 분말 형태로 제공될 때 더 수용적이었다"고 한다.[41]

이처럼 낯선 음식을 친근한 음식으로 위장하면 소비자들은 익숙한 범위에 서 크게 벗어나지 않고도 새로운 시도를 할 수 있다. 나 역시 주방 선반에 귀 뚜라미 분말을 두고 있으며, 단백질 보충이 필요할 때 다양한 요리에 활용한 다. 곤충 섭취에 대한 반감이나 거부감은 극단적인 심리적·생리적 반응이라 기보다는 공동체의 금기나 식습관에서 비롯되는 경우가 많다. 식용 곤충과 아프리카 여러 집단의 식문화에 대해 연구한 아널드 반 하위스Arnold Van Huis 는 이렇게 설명했다.

민족 집단마다 선호하는 곤충이 다르다. 예를 들어 카메룬의 모푸 구 두르족은 아코리파 픽타Acorypha picta, 아코리파 글리우콥시스A. glaucopsis, 쌍색메뚜기Acrida bicolor, 세네갈메뚜기Oedaleus senegalensis, 피르고모르파 코 그나타Pyrgomorpha cognata, 트룩살리스 존스토니Truxalis johnstoni 등 다양한 종 의 메뚜기를 즐겨 먹지만, 니제르의 하우사족은 메뚜기를 먹지 않는다. 반대로 하우사족이 즐기는 훔베 테누이코르니Humbe tenuicornis는 모푸 구 두르족이 먹지 않는다. (...곤충 식용에 대한 금기가 존재하는 부족도 있다. 예 컨대 피그미족은 딱정벌레의 애벌레와 번데기는 먹지만 성체는 신성한 존재로 여 겨 주술적 의식에 사용하고 식용을 금기시한다. (...말라위와 탄자니아, 모잠비크, 잠비아, 짐바브웨에는 흰개미를 토템으로 삼는 씨족이 있는데, 이들은 날개 달린 흰개미를 먹지 않는다.[42]

264

연회와 금식을 규정하는 규율, 음식을 만들고 차리고 먹는 방식을 정해둔 의례적 방식들은 오랜 세월 동안 대부분의 메뉴를 결정짓는 기준이 되어 왔다. 그러나 메뉴가 여전히 뜻밖의 놀라움을 선사하는 것도 바로 이러한 제약 덕분이다. 특정 음식이 금기와 허용의 경계를 교묘히 비껴가며 메뉴판 위에 불쑥 등장할 때 우리는 이런 놀라움을 느낀다. 몇 가지 대표적인 사례를 살펴보자.

메리 라그루Mary Lagroue의 설명에 따르면 가톨릭 신자들은 재의 수요일과 매주 금요일에는 고기를 먹지 않지만 생선은 먹을 수 있다. 물고기는 온혈동물이 아니기 때문이다.[43] 같은 논리를 적용하면 개구리 역시 냉혈의 양서류이므로 개구리 다리 또한 허용되는 음식이 된다.[44] 레나 K. 퀸턴Rena K. Quinton과 미셸 치카초Michele Ciccazzo는 동방정교회의 금식 규정에 대해 이렇게 설명했

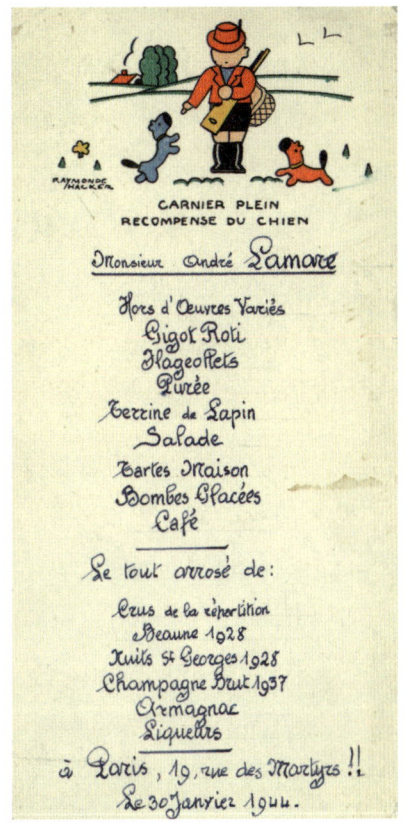

레이몽드 아케르Raymonde Hacker, 〈개에게 줄 보상이 담긴 사냥 바구니〉, 1944년, 인쇄 메뉴.

다. 우선 기본적으로 "동방정교회 신자들은 교리가 정하는 금식 기간 동안 고기, 육류 가공품, 생선, 올리브유, 그리고 '와인'이라는 표현으로 대표되는 알코올음료 섭취를 삼가야 한다."[45] 다만 특정한 날에는 생선이 허용되며, 다른 해산물에 대한 규정은 한층 더 유연하다. 예컨대 "대사순절 기간에는 생선이 허용되는 날이 단 이틀뿐이지만, 가벼운 금식 기간에는 더 자주 허용된다. 조

개나 새우같이 척추가 없는 갑각류도 허용되며 채소와 견과류 또는 씨앗에서 얻은 기름도 금하지 않는다."[46] 이렇듯 동방정교회에서는 척추가 없다는 사실이 일부 해산물의 섭취를 허용하는 근거가 된다.

문화 유산 전문가인 제임스 라포레스트James LaForest는 디트로이트의 일부 공동체에서 육류가 금지된 사순절 기간 동안 사향쥐를 먹는 풍습을 소개했다. 이는 사향쥐가 물에서 많은 시간 보내기 때문에 일종의 '물고기'로 분류할 수 있다는 논리에 근거한다.[47] 동물 고고학자인 라슬로 바르토시에비치László Bartosiewicz와 알렉산드라 기에트바이Alexandra Gyetvai, 한스 크리스티안 퀴헬만Hans-Christian Küchelmann은 이 분류법을 더 구체적으로 설명했다. 특히 비버의 경우 꼬리가 납작하고 비늘로 덮여 있다는 점에서 '물고기의 꼬리'로 간주되는데, 이는 사순절 기간에 비버 꼬리 섭취를 허용하는 근거가 된다.[48] 이렇듯 사순절을 지키는 이들은 해석상의 창의성을 발휘해 평소에는 잘 먹지 않는 이색적인 고기를 즐길 수 있었다. "부유한 이들에게 금식 기간은 종종 특별하고 값비싼 음식을 즐길 기회이자 도전이었다."[49]

20세기 중반 뉴욕시의 니노스 스포츠 아필드 룸Nino's Sports Afield Room이라는 레스토랑에서는 사향쥐 고기를 포함한 모든 요리를 무제한으로 먹을 수 있는 저녁 코스를 선보였다. 그런데 그 가격이 무려 700달러 1센트였다. 메뉴 표지에는 "전 세계의 모든 수렵육을 맛볼 수 있다"는 자랑스러운 문구가 적혀 있었지만, 실제 품목별 가격을 따져보면 아무리 무제한이라 해도 한 사람이 700달러어치를 먹는 것은 사실상 불가능해 보인다. 메뉴판에는 새우, 바닷가재, 가리비, 양고기처럼 익숙한 식재료에서부터 사슴, 꿩, 라마, 모로코 해안 새끼 문어Morocco Coast Baby Octopus, 에콰도르 황새치Ecuador Swordfish, 그레이트플레인 들소Great Plains Buffalo, 캣스킬 산 흑곰Catskill Mountain Black Bear, 멕시

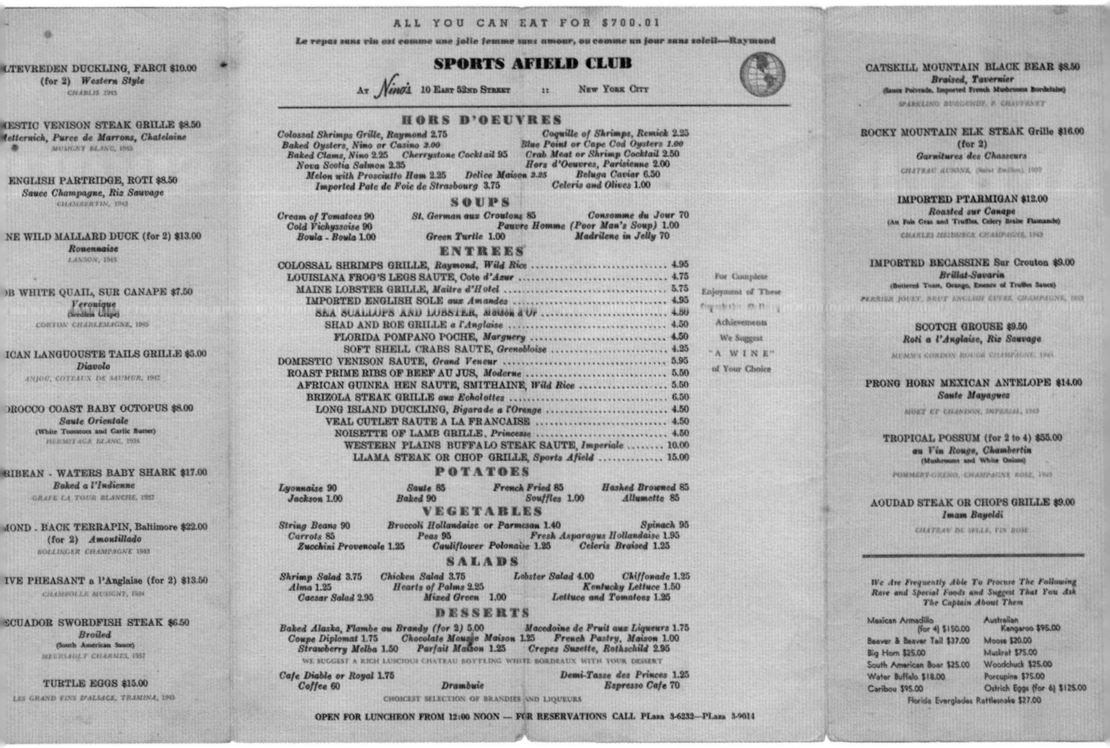

ALL YOU CAN EAT FOR $700.01

Le repas sans vin est comme une jolie femme sans amour, ou comme un jour sans soleil—Raymond

SPORTS AFIELD CLUB

AT *Nino's* 10 EAST 52ND STREET :: NEW YORK CITY

HORS D'OEUVRES

Colossal Shrimps Grille, Raymond 2.75		Coquille of Shrimps, Remick 2.25
Baked Oysters, Nino or Casino 2.00		Blue Point or Cape Cod Oysters 2.00
Baked Clams, Nino 2.25	Cherrystone Cocktail 95	Crab Meat or Shrimp Cocktail 2.50
Nova Scotia Salmon 2.35		Hors d'Oeuvres, Parisienne 2.00
Melon with Prosciutto Ham 2.25	Delice Maison 2.25	Beluga Caviar 6.50
Imported Pate de Foie de Strasbourg 3.75		Celeria and Olives 1.00

SOUPS

Cream of Tomatoes 90	St. Germain aux Croutons 85	Consomme du Jour 70
Cold Vichyssoise 90		Pauvre Homme (Poor Man's Soup) 1.00
Boula - Boula 1.00	Green Turtle 1.00	Madrilene in Jelly 70

ENTREES

COLOSSAL SHRIMPS GRILLE, Raymond, Wild Rice 4.95
LOUISIANA FROG'S LEGS SAUTE, Cote d'Azur 4.75
MAINE LOBSTER GRILLE, Maître d'Hôtel 5.75
IMPORTED ENGLISH SOLE aux Amandes 4.95
SEA SCALLOPS AND LOBSTER, *Aurora d'Or* 4.50
SHAD AND ROE GRILLE a l'Anglaise 4.50
FLORIDA POMPANO POCHE, Marguery 4.50
SOFT SHELL CRABS SAUTE, Grenobloise 4.25
DOMESTIC VENISON SAUTE, Grand Veneur 5.95
ROAST PRIME RIBS OF BEEF AU JUS, Moderne 4.50
AFRICAN GUINEA HEN SAUTE, SMITHANE, Wild Rice 5.50
BRIZOLA STEAK GRILLE aux Echalottes 6.50
LONG ISLAND DUCKLING, Bigarade a l'Orange 4.50
VEAL CUTLET SAUTE A LA FRANCAISE 4.50
NOISETTE OF LAMB GRILLE, Princesse 4.50
WESTERN PLAINS BUFFALO STEAK SAUTE, Imperiale 10.00
LLAMA STEAK OR CHOP GRILLE, Sports Afield 15.00

*For Complete
Enjoyment of These
Achievements
We Suggest
"A WINE"
of Your Choice*

POTATOES

Lyonnaise 90	Saute 85	French Fried 85	Hashed Browned 85
Jackson 1.00	Baked 90	Souffles 85	Allumette 85

VEGETABLES

String Beans 90	Broccoli Hollandaise or Parmesan 1.40		Spinach 95
Carrots 85	Peas 95	Fresh Asparagus Hollandaise 1.95	
Zucchini Provencale 1.25	Cauliflower Polonaise 1.25	Celeria Braised 1.25	

SALADS

Shrimp Salad 3.75	Chicken Salad 3.75	Lobster Salad 4.00	Chiffonade 1.25
Alma 1.25	Hearts of Palms 2.25		Kentucky Lettuce 1.25
Caesar Salad 2.95	Mixed Green 1.00		Lettuce and Tomatoes 1.25

DESSERTS

Baked Alaska, Flambe au Brandy (for 2) 5.00		Macedoine de Fruit aux Liqueurs 1.75
Coupe Diplomat 1.75	Chocolate Mousse Maison 1.25	French Pastry, Maison 1.00
Strawberry Melba 1.50	Parfait Maison 1.25	Crepes Suzette, Rothschild 2.95

WE SUGGEST A RICH LUSCIOUS CHATEAU BOTTLING WHITE BORDEAUX WITH YOUR DESSERT

Cafe Diable or Royal 1.75		Demi-Tasse des Princes 1.25
Coffee 60	Drambuie	Espresso Cafe 70

CHOICEST SELECTION OF BRANDIES AND LIQUEURS

OPEN FOR LUNCHEON FROM 12:00 NOON — FOR RESERVATIONS CALL PLaza 3-6232—PLaza 3-9014

Left panel:

UTEVREDEN DUCKLING, FARCI $10.00
(for 2) *Western Style*
CHABLIS 1945

MESTIC VENISON STEAK GRILLE $8.50
Metternich, Puree de Marrons, Chatelaine
MUSIGNY BLANC, 1945

ENGLISH PARTRIDGE, ROTI $8.50
Sauce Champagne, Riz Sauvage
CHAMBERTIN, 1943

NE WILD MALLARD DUCK (for 2) $13.00
Rouennaise
LANSON, 1945

OB WHITE QUAIL, SUR CANAPE $7.50
Veronique
CORTON CHARLEMAGNE, 1945

ICAN LANGOUSTE TAILS GRILLE $5.00
Diavolo
ANJOU, COTEAUX DE SAUMUR, 1947

ROCCO COAST BABY OCTOPUS $8.00
Saute Orientale
(White Tomatoes and Garlic Butter)
HERMITAGE BLANC, 1936

RIBEAN - WATERS BABY SHARK $17.00
Baked a l'Indienne
GRAVE LA TOUR BLANCHE, 1937

MOND - BACK TERRAPIN, Baltimore $22.00
(for 2) *Amontillado*
BOLLINGER CHAMPAGNE 1945

IVE PHEASANT a l'Anglaise (for 2) $13.50
CHAMBOLLE MUSIGNY, 1934

SCUADOR SWORDFISH STEAK $6.50
Broiled
(South American Sauce)
MEURSAULT CHARMES, 1937

TURTLE EGGS $15.00
LES GRAND FINS D'ALSACE, TRAMINA, 1945

Right panel:

CATSKILL MOUNTAIN BLACK BEAR $8.50
Braised, Tavernier
(Sauce Poivrade, Imported French Mushrooms Bordelaise)
SPARKLING BURGUNDY, P. CHAUVENET

ROCKY MOUNTAIN ELK STEAK Grille $16.00
(for 2)
Garnitures des Chasseurs
CHATEAU AUSONA (Saint Emilion), 1929

IMPORTED PTARMIGAN $12.00
Roasted sur Canape
(Au Foie Gras and Truffles, Celery Braise Flamande)
CHARLES HEIDSICK CHAMPAGNE, 1943

IMPORTED BECASSINE Sur Crouton $9.00
Brillat-Savarin
(Buttered Toast, Orange, Essence of Truffles Sauce)
PERRIER JOUEY, BRUT ENGLISH CUVEE CHAMPAGNE, 1929

SCOTCH GROUSE $9.50
Roti a l'Anglaise, Riz Sauvage
MUMM'S CORDON ROUGE CHAMPAGNE, 1945

PRONG HORN MEXICAN ANTELOPE $14.00
Saute Mayaguez
MOET ET CHANDON, IMPERIAL, 1943

TROPICAL POSSUM (for 2 to 4) $55.00
au Vin Rouge, Chambertin
(Mushrooms and White Onions)
POMMERY-GRENO, CHAMPAGNE ROSE, 1945

AOUDAD STEAK OR CHOPS GRILLE $9.00
Imam Bayeldi
CHATEAU DE SELLE, VIN ROSE

*We Are Frequently Able To Procure The Following
Rare and Special Foods and Suggest That You Ask
The Captain About Them*

Mexican Armadillo (for 4) $150.00	Australian Kangaroo $95.00
Beaver & Beaver Tail $37.00	Moose $20.00
Big Horn $25.00	Muskrat $75.00
South American Boar $25.00	Woodchuck $25.00
Water Buffalo $18.00	Porcupine $75.00
Caribou $95.00	Ostrich Eggs (for 4) $125.00
Florida Everglades Rattlesnake $27.00	

니노스 스포츠 어필드 룸 레스토랑, 1947~1950년경, 인쇄 메뉴.

코 프롱혼 영양Prong Horn Mexican Antelope, 열대주머니쥐Tropical Possum 같은 이국
적인 동물의 고기까지 다양하게 있었다. 또한 요청 시 비버, 비버 꼬리, 물소,
순록, 호주 캥거루, 호저, 타조알, 북아메리카 순록 등 "희귀하고 특별한 요리
도 준비 가능하다"는 안내가 덧붙여져 있었다.

음료 페어링에도 각별히 신경 쓴 흔적이 엿보인다. 메뉴를 살펴보면 샹파
뉴, 부르고뉴, 에르미타주, 보르도, 알자스, 루아르 등 프랑스 대표 산지의 올
스타 와인이 총출동해 있다. 몬트리올의 레스토랑 조 비프Joe Beef에서 와인
디렉터로도 일하는 맥스 캠벨은 사슴고기 스테이크에 페어링된 1945년 빈티
지 뮈지니 블랑Musigny Blanc 1945에 주목한다. 캠벨에 따르면 이 와인은 프랑스

탐험가 클럽, 제69회 연례 만찬, 1973년, 인쇄 메뉴.

지방 코트 드 뉘 지역의 유일한 화이트 그랑 크뤼White Grand Cru로, '세계에서 가장 희귀한 와인 중 하나'로 꼽힌다. 특히 2015년에는 단 2,000병만 한정 생산된 것으로 알려져 있다. 여러 요리에 샴페인을 페어링 한 점도 주목할 만한데, 이는 오늘날 세련된 고객층을 둔 대도시에서 흔히 볼 수 있는 경향이라고 한다.[50] 특히 눈에 띄는 호화스러운 조합은 샴페인 소스로 조리한 영국 자고새 요리와 샹베르탱 1943Chambertin 1943의 페어링이다.

최근에는 이러한 이색 음식을 맛보는 전통이 지속가능한 식재료 원칙과 결합되는 흐름이 나타나고 있다. 대표적인 사례가 21세기 감각으로 되살아난 탐험가 클럽의 연례 만찬이다. 전통적으로 뉴욕 월도프 아스토리아 호텔에서 열렸지만 이제는 허드슨 강변의 글래스하우스Glasshouse에서 개최되는 이 행사는 전통적인 전채요리 대신 '이국적 별미들'이라는 코스로 모험심 넘치는 참가자들을 환영한다. 2015년 만찬에서는 이 코스에 식용 타란툴라 거미가 등장하기도 했다.

세상에서 가장 재밌는 음식들

음식이 정교한 오락의 일부가 될 수 있다는 발상은 현대에서도 유효하다. 그러한 발상을 적극적으로 활용한 사례는 코펜하겐의 명성 높은 레스토랑인 알케미스트Alchemist에서 찾을 수 있다. 셰프인 라스무스 뭉크Rasmus Munk의 지휘하에 두 차례에 걸친 눈부신 변신을 경험한 알케미스트는 40가지 이상의 코스로 구성된 독창적인 다이닝 경험을 제공한다. 블로거이자 인플루언서인 조이 보우커Zoe Bowker는 알케미스트에서의 식사 경험을 이렇게 묘사했다. "한계를 끊임없이 실험하는 라스무스 뭉크의 대담함과 때로는 기괴하기까지 한 유머감각이 식사 전반에 걸쳐 드러나며 손님들에게 큰 즐거움을 준다.”[51]라고 하며 “그 경험이 주는 짜릿함은 상당 부분 끊임없이 이어지는 놀라움에서 나온다”라고 덧붙이기도 했다.[52] 보우커는 뭉크의 요리들이 “도발적이고 감각적이지만 그렇다고 맛을 희생한 것은 아니었다”고 평가하며 이렇게 적었다.

이 식사 내내 얼굴에 웃음이 끊이지 않았다. 아주 오랫동안 파인다이닝에서 느끼지 못했던 흥분과 환희, 작은 긴장감이 우리를 사로잡았다. 체험적이면서 실험적인 다이닝의 정수라고 말하겠다. 이건 정말이지 직접 눈으로 보고 입으로 맛봐야만 믿을 수 있는 경험이다.[53]

뭉크는 여러 코스에서 변장 음식을 활용해 전율에 가까운 효과를 연출한다. 미식가인 브리짓 위트Brigitte Witt는 알케미스트에서 다섯 시간에 걸쳐 47가지 코스를 맛본 뒤 마치 “음식을 매개로 펼쳐지는 마음의 극장 같았다”고 평했다.[54] 초반에 나온 코스 중 재떨이The Ash Tray라는 이름의 요리에 대해서는 “최고로 맛있었지만 동시에 내가 입에 넣어본 것 중 가장 끔찍한 음식이었다”며 “킹크랩으로 보이는 식재료로 담배꽁초 모양을 연출하고 검은 마늘로 만든 재 위에 파프리카 가루를 뿌린 것이었는데, 시각적으로 정말 충격이었다”고 설명했다.[55]

라스무스 뭉크는 브리짓에게 ‘재떨이’의 영감이 된 요리에 대해 덴마크어로 설명해주었다. 그것은 바로 그의 할머니가 즐겨 만들던 ‘불타는 사랑 Brændende Kærlighed(감자와 베이컨, 양파를 섞어 만든 요리)’이라는 음식이었는데 할머니는 이 요리를 할 때 늘 담배를 피우셨다고 한다. ‘재떨이’라는 요리의 이름과 음식의 맛, 흡연이라는 행위, 그리고 이제는 모두가 알고 있는 흡연의

270

해악은 서로 전혀 어울리지 않는 조합을 이룬다. 그러나 바로 이 모순이 손님을 멀어지게 하면서도 동시에 끌어당기는, 섬세한 줄타기 같은 긴장을 만들어낸다.

브리짓은 알케미스트에서의 저녁식사 중 또 하나 인상적이었던 요리로 심장 퓌레Purée of Heart를 꼽았다. 심장 조각에 타르타르를 얹은 요리였는데, 접시가 진동하며 심장이 뛰는 듯한 효과를 연출했다. 극적인 효과를 줬던 진동 장치는 세척이 너무 어려워서 나중에 제외됐다고 한다. 식당에서는 요리와 함께 장기 기증 카드를 내어 손님들의 참여를 독려하기도 했다. 그런가 하면 생선 요리 코스에 믹서기에 담긴 금붕어가 함께 나오기도 했다. 서빙 시에는

심장 퓌레와 장기 기증 카드, 2016년.

믹서기에 모터가 없으니 안심하라는 설명과 함께 금붕어 사료를 제공했는데, 나중에는 손님들이 먹이를 너무 많이 줘서 사료를 치웠다고 한다. 알케미스트를 찾은 손님들은 공통적으로 뭉크의 눈부신 요리와 도발적인 다이닝 연출이 불러낸 사유적 체험에 찬사를 아끼지 않았다.

믹서기에 담긴 금붕어, 2016년.

기발한 오브제가 된 메뉴판

이제부터 시각적 매력과 기발한 발상으로 손님뿐 아니라 이를 뒤늦게 접한 독자들까지 사로잡은 두 개의 메뉴판을 살펴보자. 첫 번째 사례는 포커 게임의 로열 플러시 패를 본뜬 다섯 장의 트럼프 카드로 구성된 메뉴판이다. '승리의 패'라는 이름의 이 메뉴판은 1897년 워싱턴 DC의 그리드아이언 클럽에서 개최된 제12회 연례 만찬에서 사용됐다. 카드에는 대통령 당선자 윌리엄 매킨리William McKinley와 그 경쟁자였던 윌리엄 제닝스 브라이언William Jennings Bryan이 등장한다. 선거에서 둘은 경제 공황 극복 방안을 두고 치열하게 맞섰는데, 1896년 치러진 대선의 승자는 매킨리였고, 킹 카드에는 이를 상징하는 금화가 그려져 있다. 한편 브라이언이 등장하는 카드는 '빌리 브라이언의 맑은 거북이 수프Clear Turtle Soup, au Billee Bryan'라는 요리를 소개하고 있는데, 아마도 사설 열차를 타고 전국을 부지런히 누비며 하루에도 몇 차례씩 연설을 했던 그의 끈기와 체력에 대한 헌사였을 가능성이 크다.[56] 또는 겸허한 동물의 대명사인 거북이를 통해 브라이언이 추구한 정치적 신념을 표현

그리드아이언 클럽 만찬 메뉴판, 1897년, 카드형 인쇄 메뉴.

한 것일 수도 있다. 브라이언은 1896년 대선 후보 지명 연설에서 '사업가'의 개념을 확장하여 성실한 임금노동자 계층까지 포함해야 한다고 주장했던 인물이다.[57]

퀸 카드 역시 역사적 의미를 지니며 트럼프 카드로 구성된 이 메뉴판이 한 시대의 중요한 기념물이자 기발한 오브제임을 증명한다. 이 메뉴판에서 퀸은 하와이 여왕 릴리우오칼라니Liliʻuokalani를 상징하는데, 그녀는 1897년 3월 매킨리 대통령의 취임식에도 참석한 바 있었다. 그러나 바로 이듬해에 하와이는 미국에 합병됐고, 릴리우오칼라니와 합병 반대론자들은 하와이 국기가 내려지고 성조기가 게양되는 장면은 차마 못 보겠다며 합병행사 참가를 거부했다. 훗날 이 메뉴판을 접한 현대의 독자들은 '승리의 패'를 쥔 쪽은 킹 카드의 매킨리였지만 하와이 여왕의 눈에는 미국이 승자가 아니라 비열하고 기만적인 '잭knave'에 불과했다는 사실을 떠올리게 된다.

두 번째로 소개할 것은 접으면 해변 의자 모양이 되는 기발한 메뉴판이다. 이 메뉴판을 보자마자 직접 접어보고 싶은 충동에 휩싸였지만, 현재는 산성 성분 없는 종이 받침대에 안전히 싸여 옥스퍼드대학의 보들리안 도서관에 보관되고 있어서 포기할 수밖에 없었다. 정교한 디자인으로 제작됐음에도 작가의 서명이나 인쇄소 이름이 따로 표기되어 있지 않다는 점이 놀라웠다. 메뉴판을 보면 행사의 주최자가 올드채플 로열 보이스Old Chapel Royal Boys임을 알 수 있다. 이 단체는 왕실 초청으로 런던의 세인트제임스 궁전에서 성가대원으로 활동했던 단원들의 모임이었다. 보들리안 도서관에는 올드채플 로열 보이스 행사에 쓰인 메뉴판이 다수 소장되어 있지만, 이 메뉴판만 입체적인 형태를 갖추었다. 1909년 5월 8일 개최된 이 만찬은 샴페인 생산업체 루이 로드레Louis Roederer의 후원을 받았는데, 이는 메뉴판의 색상 조합에서도 드러난다.

메뉴판의 음식 구성 자체는 다른 행사 메뉴와 크게 다르지 않다. 다만 여기 등장한 **봄브 플로랑스**Bombe Florence라는 디저트는 조금 이례적이다. 차가운 디저트인 봄브 플롱비에르를 변형한 것으로 보이는데, 이 행사가 런던 소호의 플로렌스 레스토랑에서 열린 점을 감안한 메뉴명인 것 같다. 본래 봄브 플롱비에르는 프랑스의 온천 마을 플롱비에레레벵Plombières-les-Bains에서 유래한 것으로, 아몬드밀크와 커스터드로 만든 아이스크림에 휘핑크림과 체리를 증류해 만든 무색의 브랜디인 키르슈Kirsch에 설탕 절임 과일을 곁들인 근사한 디저트였다.[58] 반면 봄브 플로랑스는 플로렌스 레스토랑의 창작 디저트였던 것

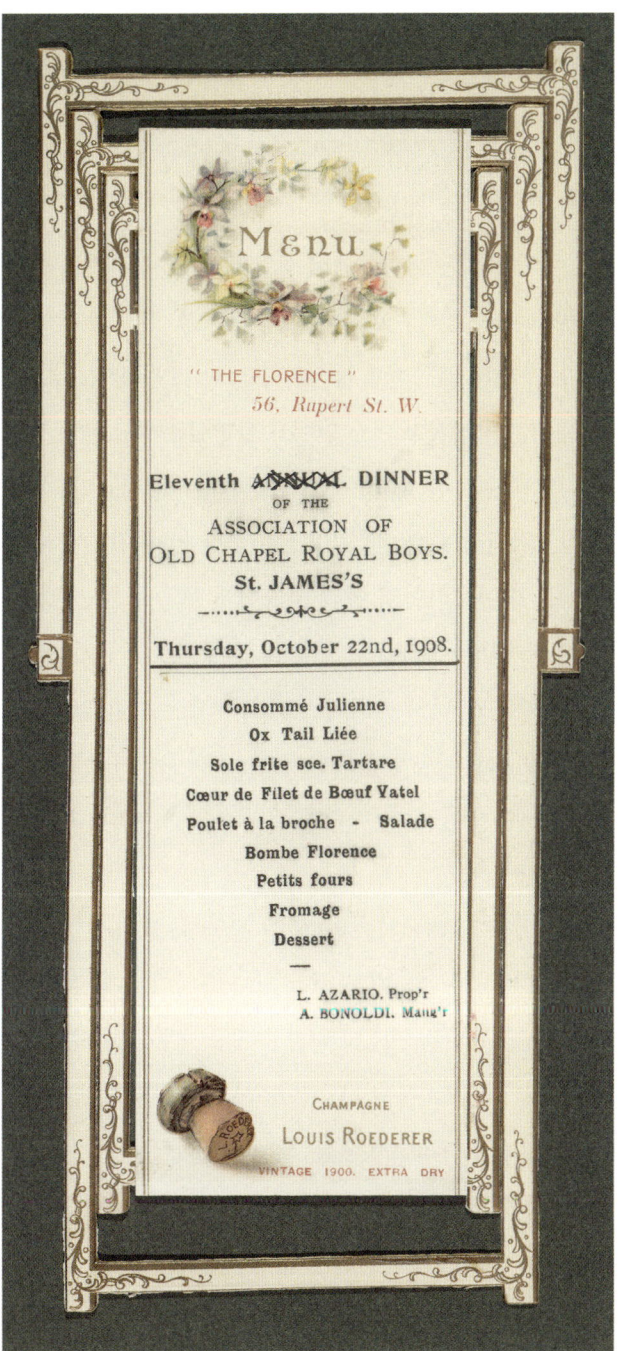

올드채플 로열 보이스 협회의 제11회 만찬, 1908년, 인쇄 메뉴.

으로 보이는데, 세부적인 레시피는 전해지지 않는다.

신에게 바치는 메뉴

지금까지 우리는 어린이에서 성인까지, 또 왕족에서 평민까지 다양한 이에게 제공된 메뉴를 살펴보았다. 메뉴판을 통해 본 것은 단순히 음식의 종류가 아니다. 우리는 메뉴판에 들어간 음식이 어떤 방식으로 선택됐는지, 어떤 방식과 순서로 차려지고 어떤 언어로 설명됐는지도 함께 조망했다.

여정의 마지막에 이르러 살펴볼 메뉴는 특히 더 흥미롭다. 상징성에 따라 선택되는 음식, 곧 신을 위한 음식이다. 이 또한 전해지는 이야기들이 있다. 성경에는 천사들이 아브라함의 아내 사라에게 아들을 낳게 될 것이라는 소식을 전하고 아브라함이 사라에게 "반죽을 하여 빵을 만들라"고 말하는 장면이 나온다. 이 빵은 오늘날 우리가 맛초라고 부르는 누룩 없이 구운 빵일 가능성이 높다. 이후 아브라함은 하나님의 명으로 아들 이삭을 제물로 올리려하지만, 다행히 어린 양을 대신 바치게 된다. 이는 당시 희생 제의의 관습에 따른 행위였다.

남아시아의 힌두교 의례에서는 수천 년 동안 소를 신성한 존재로 여겨왔다. 따라서 힌두교에서는 소고기를 먹는 것이 금지되는데, 일부 힌두 여신에게는 지역에서 구할 수 있는 염소나 어린 수탉을 제물로 바치기도 한다.

신에게 바치는 가장 흥미롭고 다양한 음식을 찾아볼 수 있는 곳은 아마도 태국일 것이다. 태국의 거리 곳곳에는 작은 사당이나 제단이 세워져 있는데, 태국인들은 그 안에 '신이나 땅의 수호신, 또는 이전 거주자의 영혼'을 모시고 건물과 그 거주자의 안전을 빈다.[59] 사당의 영혼은 사람을 죽이거나 해하는 악한 존재가 아니지만 공물을 제대로 바치지 않으면 사고나 불운이 닥칠

태국 코사무이의 길거리 제단, 2016년.

수 있다고 믿는다.[60] 태국인 대다수는 불교도지만 이러한 영적 관습에는 점성술과 유령 신앙, 힌두교, 중국 신화, 마법, 미신, 고대 애니미즘적 신앙이 뒤섞여 있다.[61]

그렇다면 태국인들은 영혼에게 주로 어떤 음식을 바칠까? 태국을 여행하던 중 호기심이 동해 제단 몇 곳을 들여다본 적이 있는데, 놀랍게도 가장 자주 눈에 띈 공물은 탄산음료였다. 〈더 월드The World〉의 방콕 특파원은 이렇게 전한다.

대체로 영혼이 좋아한다고 여겨지는 음식이나 음료가 정해져 있다.

형편이 어려울 때는 그냥 쌀이나 물을 바쳐도 무방하지만, 태국의 영혼들은 코코넛이나 바나나를 더 반긴다. 전분과 달걀로 만든 달콤한 후식이면 더욱 좋다. 그러나 최고는 빨간색 탄산음료, 그중에서도 딸기맛 환타다.[62]

길가에서 환타를 비롯한 여러 공물을 파는 50세 여성 찻가에우 핀줄라이 Chatgaew Pinjulai는 이렇게 말한다.

천상의 영혼들은 단것을 좋아해요. (...) 그리고 딸기맛 환타만큼 단 음료도 없죠. 태국에서 주로 판매하는 250밀리리터 환타 한 병에는 설탕이 무려 32그램이나 들었거든요. 영혼들은 어차피 살도 안 찌니까 시럽처럼 끈적한 이런 고칼로리 음료가 가장 잘 어울리는 존재 아닐까요?[63]

그렇다면 탄산음료 중에서도 붉은색을 바치는 이유는 무엇일까? 이 사진을 찍은 페르 마이스트루프Per Meistrup는 붉은색이 '피의 상징'일 수도 있다고 설명한다.[64] 가공식품이 일상화된 현대 사회인만큼 붉은 음료로 동물 제사를 대신했다는 해석도 충분히 설득력이 있어 보인다. 그러나 저널리스트 패트릭 윈Patrick Winn이 태국의 한 라디오 프로그램에서 들은 이야기는 이와 정반대의 주장을 담고 있다.[65] 초자연적인 현상에 대한 제보를 받는 방송 고스트 라디오의 진행자 와차라폴 잭 푹지디Watcharapol Jack Fukjidee는 영혼은 철저한 채식주의자라고 주장했다. "영혼들은 과일과 환타, 그리고 다른 좋은 것들을 원해요. 피가 묻은 것이나 죽임을 당한 것은 절대 입에 대지 않습니다. 그런 것에 관심을 보이는 건 악마뿐입니다."[66]

물론 우리 역시 마음속으로는 천사나 다른 천상의 존재들이 물리적인 양식을 필요로 하지 않는다는 사실을 알고 있다. 이러한 영혼들은 상징적 음식으로 꾸린 메뉴로 존재를 유지한다. 그리고 문학 속에서든 현실 속에서든 그 음식을 공들여 고르고 바친 이들에게 축복을 내린다. 태국의 길거리 제단에 올려진 음식이 실제로 사라지곤 한다는 건 영혼이 물리적인 음식을 먹을 수 있다는 뜻일까? 그보다는 배고픈 인간이 눈앞에 놓인 영적 음식을 유용하게 활용했다고 보는 편이 타당할 것이다. 이는 태국에서 매일 아침 볼 수 있는 탁발승의 공양처럼 공동체를 지탱해주는 풍습이기도 하다. 이 풍습에는 정해진 메뉴도 없고 공물로 바치는 음식의 종류나 양에 대한 엄격한 규칙도 존재하지 않는다. 오히려 거리의 제단과 그곳에 놓이는 일상의 제물은 음식의 선택과 제공, 소비라는 과정을 통해 의미를 빚어내는 메뉴 창조의 본질, 즉 나눔과 베풂의 정신을 구체적인 형태로 드러내는 역할을 한다.

에필로그

메뉴판 속에서 발견한 것들
──── 끊임없이 진화 중인 음식과 메뉴 ────

메뉴는 우리의 식욕을 돋우고 이야기를 들려주며 과거로 향하는 창을 열어준다. 메뉴는 우리의 호기심을 자극하는 동시에 충족시키도록 설계되어 있다. 독자들은 이 책에 소개된 메뉴를 활용해 다양한 음식 관련 퀴즈를 내면서 친구들과 정보를 나누고 즐거운 시간을 보낼 수도 있을 것이다.

본래 메뉴판은 손님의 길잡이가 되겠다는 약속을 담고 있다. 메뉴판은 선택지를 제시하고, 때로 그 선택지를 더 명확하게 한다. 그러나 메뉴는 단순한 안내문의 역할을 넘어 일종의 전략적 문서로 기능하기도 한다. 다시 말해 손님의 선택을 돕고 특정한 결정을 유도하며 그들의 식사 경험을 풍성하게 만드는 역할을 하는 것이다. 나는 이 책에서 메뉴가 어떤 방식으로 독자의 시선을 끌어당기는지, 음식을 매개로 상호작용과 놀이, 공연적 요소를 어떻게 이끄는지 살펴보았다. 또 메뉴가 식사 테이블을 벗어나 후대의 독자들에게 여전히 매력을 발휘하는 이유를 탐구해보기도 했다.

메뉴판은 식사가 실제로 이루어지던 순간과는 시공간적으로 멀리 떨어진 이들에게, 그동안 축적된 지식을 바탕으로 내용을 읽고 있는 이들에게 말을

280

건넨다. 식탁에 앉아 메뉴판을 읽던 식사자는 허기와 개인적 취향이라는 강력한 동인의 영향을 피할 수 없었을 것이다. 그러나 후대의 독자들은 메뉴판을 집어 들며 메뉴가 제시하는 개념과 그것을 읽는 즐거움을 기대한다. 메뉴판에 제시된 '항목의 행간'을 읽어낼 수 있는 것이다. 독자는 이를 통해 메뉴가 구성되고 디자인된 시대의 이야기에 귀 기울이게 된다. 특히 수없이 다양한 디자인의 변주 속에서도 메뉴의 핵심 요소들이 시간과 맥락을 넘어 꾸준히 지속되어 왔음을 강조하고자 했다. 메뉴는 늘 익숙함과 새로움 사이에서 균형을 찾으려 애써왔다. 또한 메뉴는 음식과 그것을 함께 나누는 경험이 공동체의 발전과 개인의 건강한 삶에 기여할 수 있는 방법을 제시해왔다.

마지막으로, 지금까지 다뤄온 여러 주제를 환기시키는 몇 가지 메뉴판을 소개하며 책을 맺고자 한다. 하나는 조립하면 피라미드 모양이 되는 입체 메뉴판으로, 1891년 2월 런던의 호화로운 홀번Holborn 레스토랑에서 열린 한 연회에서 사용된 것이다. 남성 전용 사교 클럽이었던 새비지 클럽이 주최한 이 연회에서는 여러 임원이 새로 취임하거나 임명됐다. 홀번은 "일상이라는 따분한 산문에 시적인 향신료를 더해주는 곳"이라는 극찬을 받은 레스토랑이기도 하다.[67] 브렌다 아셀Brenda Assael은 19세기 말 영국 레스토랑 메뉴에 작용한 다양한 영향에 대한 연구에서 홀번의 메뉴를 다음과 같이 분석했다.

1882년 홀번 레스토랑의 메뉴는 항목 설명에 영어와 프랑스어를 혼용하고 있다. 올리브, 건포도, 아몬드, 피스타치오 젤리, 이탈리안 머랭 등의 디저트에서는 지중해와 레반트 지역의 영향이 느껴진다.[68] 여기 소개한 메뉴판의 메인 코스는 양 등심과 꿩 요리로 확연히 영국적이었다. 아이스 수플레Ice Soufflé, 파리지앵 젤리Parisian Jelly, 샬롯 아 라 루스Charlotte à la Russe, 살구 머랭Apricots Meringués 등의 디저트에서는 프랑스의 영향이 느껴졌다. 유럽 밖의 세상을 그린 것은 메뉴판의 삽화뿐이었다.

보헤미안적 모임을 표방했던 새비지 클럽의 이름은 18세기 시인이자 극작가였던 리처드 새비지Richard Savage를 기리기 위해 붙여졌다. 그러나 대담하고 직설적이지만 한편으로는 불편한 메뉴판 삽화를 보면 '새비지(야만인)'라는 단어의 또 다른 의미를 떠올리지 않을 수 없다. 리처드 새비지는 살인죄로 유죄 판결을 받았고, 말년에는 극심한 빈곤 속에 생을 마감한 인물이다. 방탕했던 그의 삶은 새뮤얼 존슨Samuel Johnson이 쓴 전기로 우리에게 알려져 있다. 클럽은 1857년 설립되었는데, 당시 회원 모집 초청장에는 "문학과 순수 예술, 기독교 지식의 보급에 따뜻한 관심을 가진 신사들을 기다린다"는 다소 무해해 보이는 문구가 담겨있다.[69] 피라미드나 원주민의 텐트 모양으로 접히는 이 메뉴판은 여러 가지 역할을 했다. 당일 제공된 요리와 선출된 주요 임원진을 기록하는 문서인 동시에 입체적인 기념품이자 장식품이었다. 그러나 토착민에 대한 고정관념을 담은 삽화는 현대의 눈으로 보기에 불편하게 느껴질 수 있다. 이런 식의 묘사는 리처드 새비지Rechard Savage가 썼던 작품들과는 거의, 또는 전혀 관련이 없다.

그보다 앞선 1890년에 쓰인 새비지 클럽의 또 다른 메뉴판에는 기겁할 만한 삽화와 함께 "흡연 가능you may smoke"이라는 문구가 들어가 있다. 삽화를 그린 이는 미국의 만평가 허버트 존슨Herbert Johnson이었다.[70] 이런 인종차별적이고 이국적인 이미지를 담은 메뉴판은 1890년대 후반에 접어들며 새비지 클럽의 만찬 자리에서 점차 자취를 감추게 됐다. 다만 기억해둘 만한 점은 앞서 소개한 메뉴판들이 제작된 1890년대 초반이 영국 식민지 확장의 절정기였다는 사실이다.

내가 새비지 클럽의 메뉴판을 소개한 데는 이유가 있다. 나는 이 메뉴들이

H. 존슨, 홀번 레스토랑, 세비지 클럽, 1891년, 인쇄 메뉴.

에필로그_ 메뉴판 속에서 발견한 것들

우리가 두 가지 지점에서 얼마나 발전해왔는지 보여주는 사례가 된다고 믿는다. 우리는 이제 담배가 지닌 본질적 해로움에 대해 잘 알고 있다. 또한 토착민들에 대한 강제적 지배가 부당하고 잘못된 일이었다는 사실도 알고 있다. 과거에 일어난 일을 되돌릴 수는 없다. 과거의 잘못에 대해 배상하고 전세계 토착민 공동체와의 관계를 새롭게 정립해나가기 위해서는 여전히 큰 노력이 필요하다. 그러나 나는 우리가 더 나은 길을 택하겠다는 분명한 의지를 지니고 있다고 믿는다.

마지막으로 최근에 본 메뉴판 가운데 새비지 클럽의 메뉴와 뚜렷한 대조를 이루는 사례를 하나 소개하며 글을 맺고자 한다. 이 메뉴는 2023년 옥스퍼드 푸드 심포지엄 마지막 오찬에서 세계 각국의 젊은 셰프들이 음식의 규칙과 의례를 주제로 구성한 것이었다. 나는 운 좋게도 그 자리에 함께 모여 이들의 요리를 직접 맛볼 수 있었다. 이 오찬 메뉴판 역시 1891년 새비지 클럽의 메뉴판처럼 일종의 기념품으로 기획됐다. 그러나 전형적인 유럽 요리들로만 꾸려졌던 새비지 클럽의 메뉴와 달리 이 메뉴판은 리투아니아에서부터 남아프리카, 한국에 이르기까지 놀랍도록 다채로운 요리를 아우르고 있었다. 각각의 요리는 멀리서 피상적으로 묘사한 것이 아니라 젊은 셰프들이 몸소 체득한 경험을 담아 빚어낸 것이었다. 이 아름다운 채식 메뉴판의 표지에는 한국 출신의 셰프이자 예술가인 김진옥의 도자기 사진이 담겼고, 메뉴 디자인은 제이크 틸슨Jake Tilson이 맡았다.

'일상의 갈림길Fork in the Routine'이라는 부제가 붙은 이 오찬의 메뉴판에는 요리라는 실천을 통해 지속가능한 미래에 기여하고자 하는 네 젊은 셰프의 명확한 선언이 담겨 있었다. 그날의 오찬은 몸과 마음을 두루 채우는 진정으로 맛있는 식사였다. 남아프리카산 로제 와인에서 진분홍빛의 비트 케퍼르

하우스 새비지 클럽 디너, 의장: G. S. 젤러스, 1889년, 인쇄 메뉴.

FORK IN THE ROUT(INE)

- TOMATO KIMCHI SERVED WITH NORI LEAVES

- COLD MARINATED SOUP OF KEFIR AND BEETROOT,
ŠALTIBARŠČIAI IN LITHUANIA

- TORCHED CABBAGE, FREEKEH, SEAWEED WITH ORANGE GLAZE
- KOREAN INSPIRED CHAKALAKA WITH SOY BEANS, CARROTS,
CHILE PEPPERS, SPRING ONIONS, SPICED MISO DRESSING AND
SESAME SEEDS

- RED BEAN TART WITH SESAME SEEDED BUCKWHEAT CRUST AND
PERILLA-PLUM JAM

DRINKS
- KOREAN CINNAMON PUNCH

- ROSÉ BUBBLES
LUBANZI SOUTH AFRICA

- 2021 HÖLLE RIESLING KLANGWERK
ALEXANDER GYSLER RHEINHESSEN/GERMANY

Ceramics by Jinok Kim-Eicken
cover: 22 x 19 x 8 cms
back cover: 12 x 12 x 4 cms

SUNDAY LUNCH

OXFORD FOOD SYMPOSIUM YOUNG CHEFS NOURISH THE BODY TO FEED THE SOUL

INSPIRED BY JINOK KIM-EICKEN

OFS YOUNG CHEFS
ANDISWA MQEDLANA / SOUTH AFRICA
JONAS DALEKAS / LITHUANIA, NETHERLANDS
MINWOO JUNG / SOUTH KOREA, USA
SHANNON COMPTON / USA

As young chefs from different parts of the world, we discussed what Food Rules & Rituals means to each of us individually, and how we feel about the topic in a global context. We ended up seeing meaning in the idea of our professional routes connecting and how we want to "fork them", twist and alter them for the better future of our planet.

FORK IN THE ROUT(INE)

일상의 갈림길, 옥스퍼드 푸드 심포지엄 영 셰프 세션, 2023년, 카드형 메뉴.

beet kefir 냉수프, 매콤한 토마토 김치에 이르기까지, 정말이지 눈과 입을 끊임 없이 깨우는 경험이었다.

그날의 메뉴판은 기념품으로 남아 의미를 이어가며 재능 넘치는 셰프들이 점점 더 높이 도약하는 모습을 기대하게 한다. 동시에 한 끼 식사를 의미 있 게 만들려는 다양한 노력이 우리에게 얼마나 큰 만족을 주는지, 또 메뉴라는 것이 얼마나 중요한지 일깨운다. 결국 메뉴란 우리에게 지난날의 맛과 전통 을 되새기게 하고, 그 영감을 바탕으로 새로운 전통을 빚어 갈 수 있게 해주 는 존재다.

비트 케피르 냉수프, 2023년 옥스퍼드 푸드 심포지엄.

험블 파이humble pie 이름부터 '재미'를 담고 있다. 사실 원래 이름은 '엄블 파이Umble Pie'로, 중세 영국에서 사슴의 간 · 심장 · 폐 같은 내장을 넣어 만 든 고기 파이를 뜻했다. 귀족은 근육 부위를 먹고, 하인들은 남은 내장으로 이 파이를 만들어 먹었기에 '겸손한 음식'이라 불렸다. 이후 철자가 'humble'로 바뀌면서 'to eat humble pie(겸손하게 굴다)'라는 관용구가 생겼고, 지금도 실수 후 사과할 때 쓰인다. 흥미로운 건, 이렇게 '하찮은 부위로 만든 요리'가 세월이 흐르 며 미식가들 사이에서 다시 주목받고 있다는 점이다. 오늘날의 험블 파이는 더 이 상 비천하지 않다. 오히려 '버려진 재료의 품격 있는 부활'을 보여주는, 영국 요리 의 아이러니이자 유쾌한 미식 유산이다.

애플 퍼프apple puff 사과를 넣어 만든 바삭한 패스트리 디저트다. 얇게 민 퍼프 페이스트리 반죽 안에 시나몬과 설탕, 버터로 조린 사과를 채워 구워 낸다. 겉은 바삭하고 속은 부드럽게 녹아 달콤한 향이 퍼지며, 따뜻할 때 바 닐라 아이스크림이나 슈거파우더를 곁들이면 풍미가 한층 깊어진다. 이 디저트 는 영국과 프랑스의 파이 전통에서 발전해 손바닥 크기의 간식으로 변형된 형태 다. 특히 애플 턴오버Apple Turnover는 애플 퍼프의 대표적인 형태로, 반죽을 접어 속을 감싸 삼각형이나 반달 모양으로 구운 미니 사과 파이처럼 생겼다. 사과 파이 보다 가벼운 가운데 바삭한 버터 향과 달콤한 사과 향이 어우러진다.

프렌치 롤 French Roll 프랑스의 국민 빵 바게트의 동생 같은 빵이다. 바게 트처럼 밀가루, 물, 이스트, 소금만 넣은 단순한 반죽으로 만들어 겉은 바삭 하고 속은 쫄깃하다. 작고 동그란 모양 덕분에 손에 쏙 들어오며, 식사빵이나 샌드위치용으로 자주 쓰인다. 겉껍질이 단단하게 구워져도 속살은 촉촉하고 부드 러워 버터, 잼, 수프와 찰떡궁합이다. 프랑스에서는 첨가물이 거의 없는 '순수한 빵' 으로 여겨지고, 세계 곳곳에서 '디너 롤'로 변형되어 사랑받고 있다.

제비집 수프 Bird's Nest Soup 이름처럼 정말 제비의 둥지로 만든 수프
다. 인도네시아와 말레이시아 연안에 사는 식용 제비갈매기는 자신의 침
으로 둥지를 짓는데, 이 젤리 같은 둥지를 채취해 물에 불리고 끓여 만든다.
투명하고 부드러운 젤라틴 식감이 특징이며, 닭육수나 설탕을 넣어 짭짤하거나
달콤한 버전으로 즐긴다. 예로부터 중국에서는 피부미용·면역강화·노화방지
에 좋다고 여겨져 '동양의 캐비어'로 불릴 만큼 귀한 보양식이다. 하지만 둥지를 따
기 위해 높은 절벽이나 동굴을 오르는 과정이 위험하고, 남획으로 제비 개체수가
줄어드는 환경 문제도 있다. 한마디로 제비집 수프는 침으로 만든 가장 비싼 수프,
전설과 논란이 공존하는 미식 요리다.

테린Rabbit Terrine 프랑스 시골의 지혜와 미식이 만나 탄생한 요리다. 토끼살
을 잘게 다져 베이컨이나 돼지지방, 허브, 코냑을 섞은 뒤, 테린 틀에 차곡
차곡 눌러 담아 뜨거운 물 속에서 천천히 익힌다. 완성된 테린은 하룻밤
식힌 후 얇게 썰어 차갑게 먹는데, 겉은 단단하고 속은 부드럽게 풀어지는
묘한 식감이 매력이다. 과거엔 사냥한 토끼를 오래 보관하려는 지혜에서 시작됐지
만, 지금은 비스트로에서 와인과 함께 즐기는 농가풍 프렌치 요리의 정수로 꼽힌
다. 한입 베어 물면 시골의 들내음과 미식의 품격이 동시에 느껴지는 요리다.

봄브 플로랑스 Bombe Florence 프랑스의 아이스크림 디저트 봄브 글라세
Bombe glacée와 이탈리아 플로렌스의 주코토Zuccotto가 결합된 스타일의
디저트다. 돔 모양 몰드에 아이스크림이나 크림, 무스를 층층이 채워 얼린
뒤 케이크 시트나 초콜릿으로 감싸 완성한다. 겉은 단단하게 얼려져 있지만
속은 부드럽고 달콤하며 리큐르에 적신 비스킷·리코타 크림·초콜릿·건과일이
어우러져 풍미가 깊다. 플로렌스의 돔 지붕을 닮은 형태 덕분에 시각적으로도 화
려하고, 잘라내면 안쪽의 아이스크림 단면이 드러나 파티나 연회에서 시선을 사로
잡는다. 한마디로 '얼음 속에 감춰진 플로렌스식 달콤한 폭탄'이라고 할 수 있다.

주석

프롤로그: 메뉴는 우리를 어디로 데려갈까?

1 Lake of the Woods Milling Company, La Cuisiniere Five Roses (Montreal, 1915), p. 489. Founded in 1888, Five Roses was a Canadian flour brand. It was sold in 2007, but its iconic sign still dominates Montreal's skyline.

2 댄 주라프스키, 《음식의 언어The Language of Food: A Linguist Reads the Menu》, 어크로스, 2016.)

3 Jean-Louis Flandrin, Arranging the Meal: A History of Table Service in France (Berkeley, ca, 2007), pp. 3, 76–7.

4 Rebecca L. Spang, The Invention of the Restaurant: Paris and Modern Gastronomic Culture (Cambridge, ma, 2020), p. 2.

5 See 'Kids' Sci-Fi Afternoon Tea', www.ampersandhotel.com, accessed 6 May 2024.

6 'Chapter 11 Petition Is Filed by Sambo's', New York Times, www.nytimes.com, 28 November 1981.

7 'History of Sambo's Restaurant', www.atomicredhead.com, 26 February 2018.

8 Phil McCausland, 'Sambo's, Which Once Had 1,100 Restaurants, Changes Name amid National George Floyd Protests', www.nbcnews.com, 6 June 2020.

9 Jim Heimann, Steven Heller and John Mariani, eds, Menu Design in America: A Visual and Culinary History of Graphic Styles and Design, 1850–1985 (Cologne, 2011), pp. 185–90, 429.

10 Jan Whitaker, 'Name Trouble: Aunt Jemima's', www.restaurant-ingthroughhistory.com, 28 June 2020; Jan Whitaker, 'Black Waiters in White Restaurants', www.restaurantingthroughhistory.com, 11 September 2022.

11 Nadra Nittle, 'Why Did It Take So Long for Food Companies to Rebrand Their

Racist Products?', www.civileats.com, 25 May 2021.

12 Lily Cho, Eating Chinese: Culture on the Menu in Small Town Canada (Toronto, 2010), p. 86.

13 Maria Godoy, 'Lo Mein Loophole: How u.s. Immigration Law Fueled a Chinese Restaurant Boom', www.npr.org, 22 February 2016.

14 Cho, Eating Chinese, p. 86; Spang, The Invention of the Restaurant, pp. 8, 184–5.

15 Phoebe Thomas, 'Sainte-Barbe, the Beginning of Christmas in Provence', www.loumessugo.com, 3 December 2021.

제1장 눈으로 즐기는 만찬

1 See 'Oilles', www.cnrtl.fr, accessed 3 August 2023.

2 Cora Michael, 'Henri de Toulouse-Lautrec(1864–1901)', www.metmuseum.org, May 2010.

3 Ibid.

4 Alan Curtis Birnholz, 'Henri de Toulouse-Lautrec', www.britannica.com, 20 November 2021.

5 Ibid.

6 John David Ike, 'Henri de Toulouse-Lautrec: Disability and Art in Fin-de-Siecle Paris', Journal of Humanities in Rehabilitation, www.jhrehab.org, 2 May 2017.

7 Ruth E. Iskin, The Poster: Art, Advertising, Design, and Collecting, 1860s–1900s (Lebanon, nh, 2014), p. 43.

8 Ibid., p. 58.

9 Birnholz, 'Henri de Toulouse-Lautrec'.

10 Michael, 'Henri de Toulouse-Lautrec'; Stuart Hallifax, 'Will Owen's Old London Town', www. greatwarlondon.wordpress.com, 9 January 2015.

11 Ibid.; George Stewart, 'Union-Castle Line, 1900 to 1977', www.rhodesianstudycircle.org.uk, 20 July 2019.

12 Albert Robida, Le vingtieme siecle (Paris, 1883), p. 78.

13 조언해준 몬트리올 조 비프의 와인 디렉터 맥스 캠벨에게 감사드린다. Corre-

spondence with the author, 21 June 2023.

14 Ibid.

15 See 'Refrigeration and Refrigerators', www.energy.gov, accessed 3 August 2023.

16 'New Realism: A Poetic Recycling of Reality', https://mediation.centrepompidou.fr, April 2005.

17 'Our Team', MenuEngineers.com, www.menuengineers.com, 13 May 2021.

18 Paul J. McVety, B. J. Ware and C. L. Ware, Fundamentals of Menu Planning, 3rd edn (Hoboken, nj, 2009), p. 140.

19 Albin G. Seaberg, Menu Design: Merchandising and Marketing, 4th edn (New York, 1991), p. 23.

20 Ibid.

21 Ibid., p. 24.

22 McVety, Ware and Ware, Fundamentals of Menu Planning, p. 149.

23 Erik Gregersen, 'qr Code', www.britannica.com,

31 October 2023.

24 자료를 제공해준 이시이 마사코에게 감사한다. Correspondence with the author, 17 June 2023.

제2장 기념품으로 변신한 메뉴판

1 'Greetings from the Smithsonian: A Postcard History', www.siarchives.si.edu, 7 March 2011.

2 'Mohonk History', www.mohonk.com, accessed 5 July 2023.

3 James D. Porterfield, Dining by Rail: The History and Recipes of America's Golden Age of Railroad Cuisine (New York, 1993), p. 189.

4 Clint Roswell and Marcia Cramer, 'Hail Eleanor! Mark 100th Birthday of Mrs. fdr', Daily News (New York), 12 October 1984.

5 'Historical Highlights', www.explorers.org, accessed 9 December 2023.

6 The Explorers Club, '1987 Explorers Club Annual Dinner: Exotics', 1987, Explorers Club Annual Dinners Archive, nyu Special Collections.

7 Hunter Cabot, 'The Significance of Serving Deep-Fried Tarantulas', www.medium. com, 18 June 2021.

8 Dmitri Gheorgheni, 'The Thirteen Club: Debunkers or Mythmakers?', The Hitchhiker's Guide to the Galaxy: Earth Edition, www.h2g2.com, 30 October 2015.

9 Mary McKee, 'Defying Superstitions – London's Thirteen Club', www.britishnewspaperarchive.co.uk, 13 January 2017.

10 Sadie Stein, 'Morituri te Salutamus', www.theparisreview.org, 13 March 2015.

11 Siobhan O'Shea, 'The Thirteen Club – What Did a Jolly Gentlemen's Club Have to Do with Friday 13th?', The Practical Mythologist, www.medium.com, 13 April 2018.

12 'Thirteen Club at Dinner: Prince Pandian Hampered by River Craft in His Efforts to Speak –A Trial by Jury', New York Times, 14 June 1899.

13 McKee, 'Defying Superstitions – London's Thirteen Club'.

14 Jonathan Barrett and Jill Gralow, 'Australian Anti-Aircraft Gunner Recounts World War Two Bombing of Darwin', www.reuters.com, 12 August 2020.

15 Rebecca Federman, 'When Menus Talk: The Bernard Fread Menu Collection', in Food and Communication: Proceedings of the Oxford Symposium on Food 2015, ed. Mark McWilliams (Oxford, 2016), p. 160.

16 Ibid., p. 162.

17 'Menu – ss Kamo Maru, nyk Line, Dinner, 26 Feb 1939', https://collections.museumsvictoria.com.au, accessed 4 July 2023.

18 Celia Pullen, 'Post World War ii British Migration to Australia', https://collections. museumsvictoria.com. au, accessed 4 July 2023.

19 'Prison Meals', Abashiri Prison Museum, www.kangoku.jp, accessed 17 May 2022.

20 Michelle Mason, 'Contested Sites of an Enduring Colonial Past', in Dominant Narratives of Colonial Hokkaido and Imperial Japan: Envisioning the Periphery and the Modern Nation-State (New York, 2012), p. 160.

21 Albert 'Ru-Al' Jones, Our Last Meals?: San Quentin Death Row Cook Book (San Quentin, ca, 2015), p. 6.

22 Ibid., p. 5.

23 Timothy Hicks, 'Nearly 15,000 Meals Per Day Served at San Quentin with a Special Touch', www.sanquentinnews.com, 16 March 2020.

24 Ibid.

25 Ibid.

26 Timothy Hicks, 'Vegan Meals Could Be an Option', www.sanquentinnews.com, 8 August 2018.

27 Lizette Alvarez, 'You Don't Have to Be Jewish to Love a Kosher Prison Meal', New York Times, www.nytimes.com, 21 January 2014.

28 Henry Voigt, 'The Halcyon Days of San Quentin', www.theamericanmenu.com, 22 November 2016.

29 Quoted in Cara de Silva, ed., In Memory's Kitchen: A Legacy from the Women of Terezín(Lanham, md, 2006), pp. xxviii–xxix. 또한 다음의 자료에서도 재인용됨. 'Remembrance and Resistance through the Recipes of the Theresienstadt Ghetto', Scientific American Blog Network, https://blogs.scientificamerican.com, 18 December 2016.

30 De Silva, In Memory's Kitchen, pp. xxvii–xxix. 보다 자세한 내용은 다음의 자료에서 참조.
Susan E. Cernyak-Spatz, Joel Shatzky and Anita Wyman, Protective Custody: Prisoner 34042(Cortland, ny, 2005).

31 Rohini Chaki, 'The Extraordinary "Cookbooks" Left Behind by Prisoners of War and Concentration Camp Victims', Atlas Obscura, www.atlasobscura. com, 5 June 2019; 'Icarus Films: Mina's Recipe Book', www.icarusfilms.com, accessed 13 November 2021.

32 Halstead Clotworthy Fowler and Dorothy Wagner, Recipes out of Bilibid (New York, 1946).

33 Barbara Ketcham Wheaton, 'Cookbooks as Resources for Social History', in Food in Time and Place: The American Historical Association Companion to Food History, ed. Paul Freedman, Joyce E. Chaplin and Ken Albala (Berkeley, ca, 2014), p. 285.

34 Fowler and Wagner, Recipes out of Bilibid, p. ix.

35 Ibid., p. viii.

36 Ibid., pp. 73–4.

37 Ibid., p. 47.

38 Ibid., pp. 48–9.

39 Hongda Harry Wu and Carolyn Wakeman, Bitter Winds: A Memoir of My Years in

China's Gulag (New York, 1994).

40 Ibid., p. 96.

41 Ibid., p. 95.

제3장 세계 무대로 떠난 메뉴

1 Priscilla Parkhurst Ferguson, Accounting for Taste: The Triumph of French Cuisine (Chicago, il, 2006), p. 17.

2 댄 주라프스키, 《음식의 언어The Language of Food: A Linguist Reads the Menu》, 어크로스, 2016.

3 시몬 베크 · 루이제트 베르톨 · 줄리아 차일드, 《프랑스 요리의 기술Mastering the Art of French Cooking》, 클, 2021 Sean J. S. Chen, trans., The Way of Eating: Yuan Mei's Manual of Gastronomy (Great Barrington, ma, 2019).

4 See 'Sagamité', https://vitrinelinguistique.oqlf.gouv.qc.ca.

5 See 'Picoune salée', www.laparlure.com.

6 Eric C. Rath, Japan's Cuisines: Food, Place and Identity (London, 2016), p. 10.

7 See ibid. and also Rath and Stephanie Assmann, eds, Japanese Foodways, Past and Present (Chicago, il, 2010).

8 'Pavilion to Tell Story of Africa', Christian Science Monitor, 15 April 1964, p. b6.

9 'Messageries Maritimes', www.histarmar.com.ar, accessed 12 July 2023; 'Le Senegal', www. messageries-maritimes.org, accessed 12 July 2023.

10 Linda Nochlin, 'The Imaginary Orient', Art in America, lxxi/5 (1983), pp. 118–31.

11 댄 주라프스키, 《음식의 언어The Language of Food: A Linguist Reads the Menu》, 어크로스, 2016.

12 Ibid.

13 Leah Freeman-Haskin, 'Jamaica Accepts Motto "Out of Many, One People"', www. travelnoire.com, 3 April 2019.

14 Selena Hoy, 'A Short History of Menus in Japan', www.appetitepress.com, 31 August 2021.

15 케이티 로슨 · 엘리엇 쇼어, 《레스토랑의 세계사Dining Out: A Global History of Restau-

rants》, 커넥팅, 2023.

16 Samuel King, 'Consuming the Orient at the 1876 Centennial Exhibition', Pennsylvania Magazine of History and Biography, CXLII/3 (2018), p. 390.

17 Ibid.

18 Ibid., p. 391.

19 Ross G. Forman, '"Nothing Corresponding to It in China": Asian Food at London's International Health Exhibition, 1884', Food, Culture and Society, XXIV/2 (2021), pp. 202–26.

20 Bruce Makoto Arnold, Tanfer Emin Tunç and Raymond Douglas Chong, eds, Chop Suey and Sushi from Sea to Shining Sea: Chinese and Japanese Restaurants in the United States Fayetteville, ar, 2018), p. 20.

21 Ibid.

22 Sue Cheung, Chinglish (London, 2019).

23 Ibid., p. 59.

24 Ibid., pp. 71–86.

25 Ibid., p. 262.

26 Justine Sterling, 'The Many Origin Stories of Chop Suey', Food and Wine, www.foodandwine.com, 6 September 2022.

27 Dave Roos, '7 Ways the Printing Press Changed the World', www.history.com, 3 September 2019; 'History of Printing', https://en.wikipedia.org, accessed 7 March 2023; Dennis Duncan, Index, A History of the: A Bookish Adventure from Medieval Manuscripts to the Digital Age, 2nd edn (New York, 2023); Douglas C. McMurtrie, The Book: The Story of Printing and Bookmaking, 1st edn (New York, 1990); Richard T. Godfrey, Printmaking in Britain: A General History from Its Beginnings to the Present Day (Oxford, 1978); Graham Spence Hudson, The Design and Printing of Ephemera in Britain and America, 1720–1920 (London, 2008); 'China', in A Companion to the History of the Book, ed. S. Eliot and J. Rose (Malden, ma, 2019), pp. 104–5.

28 Jeremy Norman, 'The Diamond Sutra, the Earliest Surviving Dated Complete Printed Book', www.historyofinformation.com, 6 April 2022.

29 Nicholas Kiefer, 'Economics and the Origin of the Restaurant', Cornell Hotel and Restaurant Administration Quarterly, XLIII/4 (1 August 2002), p. 58.

30 Rawson and Shore, Dining Out, p. 10.

31 Ibid., p. 24.

32 Dave Roos, 'When Did People Start Eating in Restaurants?', www.history.com, 18 May 2020; Rawson and Shore, Dining Out, p. 24.

33 Stephen H. West, 'The Interpretation of a Dream: The Sources, Evaluation, and Influence of the "Dongjing Meng Hua Lu"', T'oung Pao, LXXI (1985), p. 85.

34 Thomas Prasch, 'Eating the World: London in 1851', Victorian Literature and Culture, XXXVI/2 (2008), pp. 587–602.

35 Rosemary Raza, In Their Own Words: British Women Writers and India, 1740–1857 (New Delhi, 2007, pp. 93–4. See also Colleen Taylor Sen, Curry (London, 2009).

36 David Burton, The Raj at Table: A Culinary History of the British in India (London, 1994), p. 75.

37 Elizabeth Buettner, '"Going for an Indian": South Asian Restaurants and the Limits of Multiculturalism in Britain', Journal of Modern History, LXXX/4 (2008), pp. 865–901.

38 William Makepeace Thackeray, Vanity Fair(London, 1883), p. 27.

39 'Robin Cook's Chicken Tikka Masala Speech', www.theguardian.com, 19 April 2001.

40 Buettner, '"Going for an Indian"', p. 879; Lizzie Collingham, Curry: A Tale of Cooks and Conquerors, illustrated edn (Oxford, 2007), p. 2.

41 Mary Louise Pratt, 'Arts of the Contact Zone', Profession (1991), pp. 33–40.

42 개인적으로 주고받은 서신, 22 June 2023.

43 Eleanor Aldridge, '20 Baffling Menu Mistakes from around the World', www.rough-guides.com, 1 April 2020.

44 Allen Watkin, 'Chinglish 1', www.flickr.com, 28 December 2009.

45 Viktorija Gabulaitė, '80 of the Funniest Menu Translation Fails Ever', www.boredpanda.com, 16 September 2015.

제4장 우리 안의 어린 시절을 위한 메뉴

1 Kerryn Higgs, 'How the World Embraced Consumerism', www.bbc.com, 20 January

2021.

2 Françoise Hache-Bissette, 'Quand je serai grand(e), je serai gastronome: Le livre pour enfants comme outil de transmission des savoirs culinaires', Revue de la bnf, i/49 (2015), pp. 32–7. The title translates as 'when I grow up, I will be a gourmet.'

3 자세한 내용은 본문의 6장 참고. 'Riddle Me This: Menus That Intrigue'.

4 Alison Laitner and Cathie Paton, 'Schools and Education in Birmingham in ww1', www.historypin. org, 11 April 2017.

5 'The Golden Age of American Railroading', Iowa University Libraries, exhibition June-August 1989, www.lib.uiowa.edu, accessed 11 May 2024.

6 Thomas Clark Shedd and Geoffrey Freeman Allen, 'Railroad History', www.britannica. com, 16 December 2022; 'Four Special Spikes', www.nps. gov, 16 June 2023; Daniel Francis, 'The Last Spike', www.thecanadianencyclopedia.ca, 23 January 2017.

7 Bill Lockhart et al., 'Horlick's Malted Milk', www. sha.org, accessed 3 August 2023.

8 Jan Whitaker, 'Children's Menus', www.restaurantingthroughhistory.com, 22 April 2018.

9 See 'Frederick and Nelson', www.thedepartmentstoremuseum.org, accessed 3 August 2023

10 See 'Soda History', www.teamsterslocal812.com, accessed 3 August 2023.

11 Muriel Draaisma, 'Fine Dining Restaurants Should Have Right to Ban Young Children, Writer and Mother Says', www.cbc.ca, 10 April 2017.

12 See, for example, 'Anthology Menu Volume One', www.thefatduck.co.uk, accessed 11 May 2024.

13 Pascal Cariss, 'The Fat Duck', www.thefatduck. co.uk, accessed 3 August 2023.

14 Blumenthal, 'Like a Kid in a Sweetshop', the neighbourhood. See the video and Blumenthal's explanation of ways literary classics can inspire menus at www.the-neighbourhood.com/work/projects/like-a-kid-in-a-sweetshop, accessed 12 May 2024.

15 Heston Blumenthal Team, post at www.facebook.com/HestonBlumenthalTeam, accessed 11 May 2024.

제5장 건강을 위한 새로운 미식

1 Alan W. Cuthbert and Floyd E. Bloom, 'Anesthetic', www.britannica.com, 23 October 2023.

2 'The Pure Food and Drug Act', u.s. Capitol Visitor Center, www.visitthecapitol.gov, accessed 12 July 2023.

3 Becky Little, 'When Cigarette Companies Used Doctors to Push Smoking', www.history.com, 13 September 2018.

4 'Reflections: Smoke 'em If You Got 'em', www.armyhistory.org, accessed 12 July 2023.

5 G. D. Smith, S. A. Ströbele and M. Egger, 'Smoking and Health Promotion in Nazi Germany', Journal of Epidemiology and Community Health, lxviii/3 (1994), pp. 220–23.

6 Wayne Hall, 'The 1964 u.s. Surgeon General's Report on Smoking and Health', Addiction, CXVII (2022), pp. 3170–75.

7 Aurelia Foster, 'What Is the UK Smoking Ban, How Will It Work and When Will It Start?', www.bbc.com/news/health, 23 April 2024.

8 'Did Coca-Cola Ever Contain Cocaine?', www.justthinktwice.gov, accessed 12 July 2023.

9 Claudia Geib, 'The Weird (and Wired) Truth behind What's Really in Coca-Cola', www.eater.com, 2 March 2023.

10 'Coca-Cola's Cocaine Connection Is Worth Billions', www.nationalpost.com, 12 April 2023.

11 'Hemo', www.jotis.org, accessed 12 July 2023.

12 'Stories from Ancient China: Yi Yin, Great Prime Minister of the Shang Dynasty', www.clearharmony.net, 20 July 2012.

13 Melanie Byrd Hollar and John P. Dunn, eds, Cooking through History: A Worldwide Encyclopedia of Food with Menus and Recipes (Santa Barbara, ca, 2021), p. 56.

14 Ana San Gabriel, Kumiko Ninomiya and Hisayuki Uneyama, 'The Role of the Japanese Traditional Diet in Healthy and Sustainable Dietary Patterns around the World', Nutrients, X/2 (2018), p. 173.

15 'Washoku, Traditional Dietary Cultures of the Japanese, Notably for the Celebration

of New Year', www.unesco.org, accessed 12 July 2023.

16 Gabriel, Ninomiya and Uneyama, 'The Role of the Japanese Traditional Diet', p. 173.

17 Ibid.

18 Ibid.

19 Dan Buettner, 'This Japanese 80% Diet Rule Can Help You Live a Longer Life, Says Longevity Researcher', www.cnbc.com, 10 November 2020.

20 Eric C. Rath, Japan's Cuisines: Food, Place and Identity (London, 2016), p. 73.

21 Natasha Frost, 'How a Special Diet Kept the Knights Templar Fighting Fit', www.atlasobscura.com, 8 May 2018.

22 Ibid.

23 Johnincornwall, 'Templar Recipes', www.historum.com, 9 January 2015.

24 Brian Johnston, 'The World's First Vegetarian Restaurant – It's in Switzerland of Course', www. internationaltraveller.com, 12 October 2022.

25 Henry Voigt, 'Om Shanti Los Angeles, 1971', www.theamericanmenu.com, 1 April 2021.

26 Emma Orlow, 'Eleven Madison Park's Vegan-Only Restaurant Has a Secret Meat Room for the Rich', Eater New York, https://ny.eater.com, 29 September 2021.

27 Hollar and Dunn, eds, Cooking through History, p. 56.

28 Ibid., p. 123.

29 Ibid., pp. 130–31.

30 Ibid.

31 Rob Preece, Sins of the Flesh: A History of Ethical Vegetarian Thought (Vancouver, 2008), p. 268.

32 'usa: 19th Century, Bronson Alcott, 1799–1888', www.ivu.org, accessed 12 July 2023.

33 Alexander Gordon, 'Dictionary of National Biography, 1885–1900/Cowherd, William', www. wikisource.org, accessed 12 July 2023.

34 'Vegetarian Dining Rooms', Dietetic Reformer and Vegetarian Messenger, xi/145 (January 1884), p. 94.

35 Alice Ross, 'Health and Diet in 19th-Century America: A Food Historian's Point of View', Historical Archaeology, XXVII/2 (1993), p. 44.

36 Ibid.

37 Ibid.

38 J. Wayne Lazar, 'American Neurophysiology and Two Nineteenth-Century American Physiological Societies', Journal of the History of the Neurosciences, XXVI/2 (2017), p. 10.

39 Ibid.

40 Jenna Weissman Joselit, 'When Vegetarians Were Rare', www.forward.com, 3 August 2007.

41 Sarah Lohman, 'History Dish Mondays: Protose', www.fourpoundsflour.com, 22 February 2009.

42 Ellen Terrell, 'The Battle Creek Diet System: A Pamphlet and Birth of the Fake Meat Industry', www.loc.gov, 19 February 2020.

43 'John Harvey Kellogg', www.wikipedia.org, accessed 10 May 2024.

44 'James Caleb Jackson', www.wikipedia.org, accessed 10 May 2024.

45 Ibid.

46 Franklin S. Grace, 'Teaching the Public How to Eat', American Restaurant Magazine, X (1927), p. 60.

제6장 우리를 사로잡는 수수께끼 메뉴

1 See Emma Orlow, 'Eleven Madison Park's Vegan-Only Restaurant Has a Secret Meat Room for the Rich', Eater New York, https://ny.eater.com, 29 September 2021.

2 'Dinner Menu', www.brennansneworleans. com/menus/dinner, accessed 10 May 2024. See also 'brennansnola and chefsgreatestplates', www. instagram.com/reel/C5kJ-RU-Ojiq.

3 'Arts and Culture', Publick Register; or, The Weekly Magazine, 10 January 1741, p. 10.

4 'Types of Food in Eighteenth Century England', https://websites.umich.edu, accessed 5 July 2023.

5 India Mandelkern, 'The King's Feast', Homo Gastronomicus, www.homogastronomicus.blogspot.com, 9 May 2011. 만델컨이 인용한 대영도서관 원고 번호에 오탈자가 있다. 올바른 번호는 15956이 아닌, 15916이다.

6 'George ii of England: Humorous Bill of Fare for His Dinner on Christmas Day: 1755', British Library, London, ms 15916, fol. 38, https://searcharchives.bl.uk, accessed 11 August 2023.

7 Ibid.

8 'Terminology: What Is Sewing Carbage? (Or Cabbage, or Garbage)', www.thedream-stress.com, 24 January 2015.

9 John Murray, Quarterly Review, CXIX (1866), p. 126.

10 Laurence Grove, 'La Caricature comme pilier du premier comic du monde: Glasgow Looking Glass (1825)', in L'Image railleuse: La satire visuelle du xviiie siecle a nos jours, ed. Laurent Baridon, Frédérique Desbuissons and Dominic Hardy (Paris, 2019), pp. 247–63.

11 Murray, Quarterly Review, p. 126.

12 Ithaca Daily Journal (Ithaca, ny), 28 September 1898.

13 Ibid.

14 Lewiston Evening Journal (Lewiston, me), 21 January 1893.

15 'The Curious Cocktails and Drinks by Design of the Mad Hatter Oxford', www.themadhatteroxford.com, October 2019.

16 'Speakeasy London: 23 Coolest Secret Bars You Need to Try', www.squaremeal.co.uk, 15 February 2022.

17 Phil Vettel, 'Alinea Presents a Series of Puzzles to Mark 15th Anniversary', Chicago Tribune, www.chicagotribune.com, 4 May 2020.

18 'Pilcrow Bar', www.pilcrow.bar, accessed 31 May 2023.

19 Jean-Louis Flandrin, Arranging the Meal: A History of Table Service in France (Berkeley, CA, 2007), p. 7.

20 Ibid., p. 94.

21 Cathy K. Kaufman, 'Structuring the Meal: The Revolution of Service a La Russe', in The Meal: Proceedings of the Oxford Symposium on Food and Cookery, 2001, ed. Harlan Walker (Sheffield, 2002), p. 124.

22 Ann Bermingham, 'Food Masquerade', Gastronomica, X/2 (2010), p. 10.

23 Ibid., p. 10.

24 Ibid.

25 Bermingham, 'Food Masquerade', p. 11.

26 William Edward Mead, The English Medieval Feast (London, 2020), p. 255.

27 Ibid., pp. 191–2.

28 Patricia Fumerton, Cultural Aesthetics: Renaissance Literature and the Practice of Social Ornament(Chicago, IL, and London, 1993) p. 112.

29 Ibid.

30 Larry Holzwarth, 'Here Are 10 Things You Should Know before Hosting a Medieval Feast', www.historycollection.com, 14 April 2018.

31 이언 존스와의 개인 인터뷰, 2023년 4월 14일.

32 맥스 캠벨이 저자에게 보낸 이메일, 2023년 7월 15일.

33 Anne Ewbank, 'During an 1870 Siege, Trapped Parisians Dined on Rat, Cat, and Elephant', www.atlasobscura.com, 10 April 2017.

34 Alistair Horne, The Terrible Year: The Paris Commune, 1871 (Phoenix, AZ, and London, 2004), p. 47.

35 Henry William Gegg Markheim, Inside Paris during the Siege, e-book (London, 1871), p. 39; ibid., p. 40.

36 Robert Lowry Sibbet, The Siege of Paris, e-book (Harrisburg, pa, 1892), p. 249.

37 Rebecca L. Spang, '"And They Ate the Zoo": Relating Gastronomic Exoticism in the Siege of Paris', Modern Language Notes, CV II/4 (1992), pp. 756, 757.

38 Ibid., p. 757.

39 Spang, 'Ingestion'.

40 Ibid.

41 Preston Hartwick, 'Cricket Flour: Protein Count, Nutrients, Taste, and Recipes', www.healthline.com, 21 December 2017.

42 Arnold Van Huis, 'Insects as Food in Sub-Saharan Africa', International Journal of Tropical Insect Science, XXIII/3 (2003), p. 175.

43 Most Catholics only fast during Lent, but some fast every Friday. See Mary Claire Lagroue, 'Why Isn't Fish Considered Meat during Lent?', www.allrecipes.com, 13 December 2021.

44 Ibid.

45 Rena K. Quinton and Michele Ciccazzo, 'Influences on Eastern Orthodox Christian

Fasting Beliefs and Practices', Ecology of Food and Nutrition, XLVI/5–6 (2007), p. 471.

46 Ibid.

47 James LaForest, '"Muskrat French": Origins of a Culture, a Language, and a People', Michigan Historical Review, XL/2 (2014), pp. 87–100.

48 László Bartosiewicz, Alexandra Gyetvai and Hans-Christian Küchelmann, 'The Beast in the Feast', in Bestial Mirrors: Using Animals in Reconstructing Identities in Medieval Europe, ed. Aleksander Pluskowski (Vienna, 2010), p. 91.

49 Ibid., p. 93.

50 맥스 캠벨이 저자에게 보낸 이메일, 2023년 7월 15일.

51 Zoe Bowker, 'Copenhagen's Alchemist 2.0: Does It Have the Midas Touch?', www.theluxeologist.com, 24 July 2021.

52 Ibid.

53 Ibid.

54 브리짓 위트와의 대화, 2021년 11월 19일.

55 Ibid.

56 Stanley L. Jones, The Presidential Election of 1896 (Madison, wi, 1964), p. 299.

57 William J. Bryan, The First Battle: A Story of the Campaign of 1896 (Chicago, IL, 1896), p. 206.

58 Diana Bruno, Lexique français-anglais de la cuisine et de la restauration (Montreal, 2019), p. 251.

59 Shashank Bengali, 'On the Ground: The Spirit Houses of Bangkok Keep Watch over a Frenetic Modern Thai City', www.latimes.com, 18 April 2019, section 'World and Nation'.

60 Patrick Winn, 'In Thailand, Blood Sacrifice Is Out. Strawberry Fanta Is In', www.theworld.org, 6 April 2017.

61 Bengali, 'On the Ground'.

62 Winn, 'In Thailand, Blood Sacrifice Is Out. Strawberry Fanta Is In'.

63 Ibid.

64 Per Meistrup, 'Spirit House by Road', https://commons.wikimedia.org, 12 November 2016.

65 Winn, 'In Thailand, Blood Sacrifice Is Out. Strawberry Fanta Is In'.
66 Ibid.

에필로그: 메뉴가 할 수 있는 일

1 'History of Advertising: No 127: The Holborn Restaurant', www.campaignlive.co.uk, 2 April 2015.
2 Ibid.
3 'About the Club', www.savageclub.com, accessed 28 July 2023.
4 Aaron Watson, The Savage Club: A Medley of History, Anecdote, and Reminiscence [1907], e-book (London, 2022), p. 279.

감사의 글

내가 이 책을 집필하던 당시 도서관 총괄학장이었던 콜린 쿡Colleen Cook에게 보내는 감사의 말로 시작하고 싶다. 콜린은 내가 도서관에서 선임관리직을 맡고 있는 중에도 연구를 계속 이어갈 수 있도록 심리적 지지와 물질적 지원을 아끼지 않았다. 콜린의 시기적절한 격려와 응원이 나에게 정말 큰 도움이 되었고, 전환점을 맞이할 수 있었다. 또한 나에게 소중한 안식년을 허락해 준 맥길대학교에도 무척이나 감사하다.

출판사에도 감사를 전할 분이 많다. 결정적인 순간마다 간결하고 솔직한 조언으로 책 작업이 진행될 수 있게 해준 마이클 리먼Michael Leaman, 내 수많은 질문에도 늘 빠르게 대답해주고 복잡한 사진 출처 표기를 꼼꼼히 정리해준 알렉스 치오바누Alex Ciobanu, 그리고 총괄 편집자로서 책을 완성도 있게 다듬어준 마사 제이Martha Jay와 매의 눈을 지닌 교정자 앤 케이Ann Kay에게도 감사드린다. 필요한 메뉴판을 부지런히 찾아내고 수록 허가를 받고, 내용을 글로 풀어낼 방법을 함께 고민하며 집필에 도움을 준 여러 연구보조원에게도 고마운 마음이다. 대학원생인 타라 플래너건Tara Flannagan, 애덤 힐Adam Hill, 비두미니 모루가마Vidumini Morugama, 학부생 한 응우엔Han Nguyen, 조시 퀴글리Josie Quigley, 사바나 스귀냐Savannah Sguigna, 데이비드 시오David Xio에게 고마움을 전한다. 특히 연구팀의 리더로서 큰 역할을 해준 세 사람에게 특별한 감사를 표하고 싶다. 먼저, 책의 방향과 초기 구상을 함께 고민해준 리후 시글러Leehu Sigler, 복잡한 프로젝트의 구조를 체계적으로 설계해준 크리스틴 하워드Kristen Howard, 그리고 다양한 역량과 침착한 태도로 마감에 맞춰 원고를 완성하도록 도와준 로니 리트백-카츠만Ronny Litvack-Katzman에게 깊은 감사를 보낸다.

캐슬린 홀든Kathleen Holden에게는 한 단락을 온전히 바치고 싶다. 박식하고 문체 감각이 뛰어나며 무엇보다 인내심이 깊은 동료로서, 그녀는 전체 원고를 (그것도 두 번이나) 기꺼이 읽어주었다. 그 덕분에 다듬어지지 않았던 원고가 제 모습을 갖출 수 있었다. 그녀의 세심한 감각과 아낌없는 조언으로 이 책은 한층 풍성해졌다.

맥길대학교 도서관의 유능하고 헌신적인 사서들 또한 전문성을 보태주었다. 디지털화 담당자 그레그 휴스턴Greg Houston, 재클린 선드버그Jacquelyn Sundberg, 여러 난제를 '슈퍼 사서'처럼 해결해준 로니 웨더비Lonnie Weatherby, 그리고 크리스토퍼 라이언스Christopher Lyons, 제니퍼 갈런드Jennifer Garland, 웬디 오언스Wendy Owens, 미셸 맥레오드Michelle MacLeod, 케이티 레이Katie Lai, 데이브 그린Dave Greene에게 감사드린다.

또한 다른 기관의 사서분들께도 큰 도움을 받았다. 토론토대학교 피셔 도서관의 리즈 리돌포Liz Ridolfo, 앤드루 스튜어트Andrew Stewart, 타니스 프랑코Tanis Franco, 폴 암스트롱Paul Armstrong, 뉴욕 공공도서관의 레베카 페더먼Rebecca Federman, 카일 트리플릿Kyle Triplett, 메리 존스Mary Jones, 러번 클라크Laverne Clark, 뉴욕 의학아카데미의 알린 셰이너Arlene Shaner, 뉴욕대학교 특별소장본의 샬

럿 프리들Charlotte Priddle, 말리아 가이어스티븐스Malia Guyer-Stevens, 탐험가클럽 Explorers Club의 큐레이터 레이시 플린트Lacey Flint, 캘리포니아 주립대 프레즈노의 수잔 로페스Suzanne Lopez, CIA 콘래드 힐튼 도서관의 니콜 세멘척Nicole Semenchuk, 마이애미대의 니콜라 헬만Nicola Hellmann, 스포츠 아필드Sports Afield 의 CEO 루도 워프바인Ludo Wurfbain, 유니크 베케이션Unique Vacations Canada Inc. 의 도네 닉슨Donné Nixon에게 감사드린다. 옥스퍼드 보들리언 도서관의 줄리 앤 램버트Julie-Anne Lambert는 존 존슨 컬렉션의 귀중한 보물을 소개해주었다.

많은 개인 수집가가 자료 제공뿐만 아니라, 통찰도 함께 나누어주었다. 그들과의 대화는 큰 즐거움이었다. 메뉴판을 통해 미국 사회사를 분석한 헨리 보이트Henry Voigt는 방대한 블로그 게시물을 통해 자신의 지식을 대중과 아낌없이 나누고 있다. 왕실 메뉴판 전문 수집가인 호주의 제이크 스미스Jake Smith 는 《황제와의 식사Eating with Emperors》라는 흥미로운 책의 저자이기도 하다. 제이크가 운영 중인 웹사이트에서는 메뉴판의 전사본과 주석을 함께 볼 수 있어 무척 유용했다.

책을 집필하며 까다로운 문제에 부딪힐 일이 많았다. 낯선 요리에 대한 언급이나 일본어로만 된 메뉴판이 나오면 내 능력으로는 미묘한 뉘앙스를 이해하기 어려웠다. 그럴 때마다 나를 곤경에서 구해준 여러 친구와 동료들, 셸리 보이드, 다이애나 브루노Diana Bruno, 빅토리아 딕슨Victoria Dickenson, 나오미 두구이드Naomi Duguid, 제인 에버렛Jane Everett, 이시이 마사코Masako Ishii, 피오나 루커스Fiona Lucas, 펠리시티 포프Felicity Pope, 캐롤린 틸리Carolyn Tillie, 에이미 트루벡Amy Trubek에게 감사드린다. 또한 조 비프Joe Beef의 와인 디렉터 맥스 캄벨 Max Campbell은 와인이 전하는 이야기의 맥락을 읽어내는 훌륭한 대화 상대였다. 피오트르 기바스Piotr Gibas와 에릭 라스Eric Rath는 프로젝트 여러 단계에서 귀중한 조언을 해주었다. 그리고 늘 응원과 피드백을 보내준 맥길 동료들에게도 감사를 전한다.

책에 자료로 쓰인 메뉴판 이미지의 수록 허가를 받는 과정에서도 많은 창작자와 외식사업가, 가족분들의 도움을 받았다. 혁신적인 '르 쁘띠 셰프Le Petit Chef' 콘셉트를 개발한 스컬매핑Skullmapping 팀, 폰완Fong Wan의 아들 캘빈 폰Calvin Fong, 상하이 로열 메뉴를 삽화로 남긴 고故 하워드 로우Howard Low의 조카 테드 셴Ted Shen, 뉴욕의 셜롬 재팬Shalom Japan 공동 소유주이자 셰프인 아론 이스라엘Aaron Israel과 오코치 사와코Sawako Okochi에게 감사드린다. 또한 베네데타 줄리아니Benedetta Giuliani, 캐스 가디너Cass Gardiner, 뉴욕 중반기의 일상적 식사 풍경을 메뉴에 기록한 게일 프레드Gail Fread와 그 부친, 앨프리드 & 엘리자베스 벤디너 재단의 허락을 대리해준 레이첼 채신Rachel Chasin에게도 감사한다. 굿 어스Good Earth의 조이스 사라오Joyce Sarao와 몬트리올 롤라 로사Lola Rosa의 에리크 비외네Éric Bieunais에게도 감사의 마음을 전한다.

이 책의 일부 내용은 내가 이전에 발표한 글을 바탕으로 다듬어졌다. 2021년에 음식관련 저널《작은 요리 이야기들Petits Propos Culinaires》에 실렸던 리후 시글러와 공동 집필한 〈수수께끼 메뉴의 역사Riddling Menus, a History〉, 셸리 보이드와 함께 집필한《캐나다 문학 속 음식Canadian Literary Fare, 2023년》의 '찹수이 음식문화' 부분, 그리고《여성, 환경, 그리고 제국의 연결망Women, Environment and Networks of Empire》에 실린 영국식 인도요리 부분의 해설이 포함된다.

마지막으로, 언제나 깊은 감사의 마음을 전하고 싶은 사람들이 있다. 바로 나의 남편과 네 아들들이다. 주방에서 요리 기술을 연마하기보다는 요리에 관한 서사를 써내려가는 데만 골몰하는 나를 기꺼이 응원해주었다. 그 덕분일까, 이제는 그들 모두 훌륭한 요리사가 되어버렸다!

참고 문헌

Alejandro, Reynaldo, Classic Menu Design: From the Collection of the New York Public Library (Glen Cove, NY, 1988)

Bonnefoy, Françoise, Restaurant Spoerri: Maison fondée en 1963, 1, Place de la Concorde, Paris 75008(Paris, 2002)

Bruno, Diana, Lexique français-anglais de la cuisine et de la restauration (Montreal, 2019)

Carter, Rob, Ben Day and Philip B. Meggs, eds, Typographic Design: Form and Communication (New York, 1985)

Chevallier, Jim, A History of the Food of Paris: From Roast Mammoth to Steak Frites (Lanham, MD, 2018)

Clarkson, Janet, Menus from History: Historic Meals and Recipes for Every Day of the Year (Santa Barbara, ca, 2009), vol. I

Cwiertka, Katarzyna Joanna, Modern Japanese Cuisine: Food, Power and National Identity (London, 2006)

Décarie-Bourassa, Babette, Food and Drink in History (Penticton, British Columbia, 2003)

Flandrin, Jean-Louis, Arranging the Meal: A History of Table Service in France, English-language edn (Berkeley, ca, 2007)

Franklin, Vincent, and Alex Johnson, Menus That Made History: Over 2,000 Years of Menus from Ancient Egyptian Food for the Afterlife to Elvis Presley's Wedding Breakfast (London, 2019)

Freedman, Paul, Ten Restaurants That Changed America (New York, 2018)

Heimann, Jim, May I Take Your Order? American Menu Design, 1920–1960 (San Francisco, ca, 1998)

—, Steven Heller and Marc S. Selvaggio, Menu Design in Europe: A Visual and Culinary

History of Graphic Styles and Design, 1800–2000 (Cologne, 2022)

—, Steven Heller and John Mariani, eds, Menu Design in America: A Visual and Culinary History of Graphic Styles and Design, 1850–1985 (Cologne, 2011)

Hieatt, Constance B., and Sharon Butler, eds, Curye on Inglysch: English Culinary Manuscripts of the Fourteenth Century (Including the Forme of Cury)(London and New York, 1985)

Hudgins, Sharon, Food on the Move: Dining on the Legendary Railway Journeys of the World (London,2019)

Hui, Ann, Chop Suey Nation: The Legion Cafe and Other Stories from Canada's Chinese Restaurants(Madeira Park, British Columbia, 2019)

Lambert, Julie Anne, Vintage Advertising: An A to Z(Oxford, 2020)

—, and Michael Twyman, The Art of Advertising(Oxford, 2020)

Lander, Nicholas, On the Menu: The World's Favourite Piece of Paper (London, 2020)

—, The Art of the Restaurateur (London and New York, 2012)

Lane, John, A Taste of the Past (Newton Abbot, 2004)

McVety, Paul J., Bradley J. Ware and Claudette Lévesque Ware, Fundamentals of Menu Planning, 3rd edn (Hoboken, nj, 2009)

Marleau, Eve, The Menu: Memorable Meals from Escoffier at the Ritz to a Suffragettes' Victory Dinner to the First Meal on the Moon (London, 2019)

Mei, Yuan, Sean Jy-Shyang Chen and Nicole Mones, The Way of Eating: Yuan Mei's Manual of Gastronomy (Great Barrington, ma, 2019)

Mordacq, Philippe, ed., Le Menu: Une histoire illustrée de 1751 a nos jours (Paris, 1989)

Muller-Hehn, Anita, Le Menu: Guide de redaction orthographique et gastronomique (Montréal, 2000)

O'Connell, Libby Haight, The American Plate: A Culinary History in 100 Bites (Naperville, il, 2014)

Pearlman, Alison, May We Suggest: Restaurant Menus and the Art of Persuasion (Chicago, il, 2018)

Pilcher, Jeffrey M., The Oxford Handbook of Food History (Oxford, 2012)

Rath, Eric C., Food and Fantasy in Early Modern Japan(Berkeley, ca, 2010)

—, and Stephanie Assmann, Japanese Foodways, Past and Present (Urbana, il, 2010)

Rawson, Katie, and Elliott Shore, Dining Out: A Global History of Restaurants (London, 2019)

Rickards, Maurice, et al., The Encyclopedia of Ephemera: A Guide to the Fragmentary Documents of Everyday Life for the Collector, Curator, and Historian(New York, 2000)

Seaberg, Albin G., Menu Design: Merchandising and Marketing, 4th edn (New York, 1991)

Sitwell, William, The Restaurant: A 2,000-Year History of Dining Out, First Diversion books edn (New York, 2020)

Smith, Jake, Eating with Emperors: 150 Years of Dining with Emperors, Kings, Queens – and the Occasional Maharajah (Carlton, Vic., 2009)

Spang, Rebecca L., The Invention of the Restaurant: Paris and Modern Gastronomic Culture (Cambridge, ma, 2000)

Sun, Qinqin, et al., A Foodie's Guide to Chinese Cuisine (New York, 2010)

Tsuji, Kaichi, Kaiseki: Zen Tastes in Japanese Cooking, 1st edn (Kyoto and Palo Alto, ca, 1972)

Vogler, Pen, Dinner with Dickens: Recipes Inspired by the Life and Work of Charles Dickens (London, 2017)

—, Scoff: A History of Food and Class in Britain(London, 2021)

Voigt, Henry, A Century of Dining Out: The American Story in Menus, 1841–1941. From the Collection of Henry Voigt (New York, 2023)

Walker, Harlan, ed., Feasting and Fasting; Proceedings: Oxford Symposium on Food and Cookery, 1990(London, 1991)

—, The Meal: Proceedings of the Oxford Symposium on Food and Cookery, 2001 (Sheffield, 2002)

Weaver, William Woys, Culinary Ephemera: An Illustrated History, vol. xxx (Berkeley, ca, 2010)

Wong, Cecily, et al., Gastro Obscura: A Food Adventurer's Guide, 1st edn (New York, 2021)

Abashiri Prison Museum, Hokkaido: p. 69.

courtesy Alchemist, Copenhagen, photos Søren Gammelmark: p. 159.

Art Institute of Chicago: pp. 29 (above; Charles F. Glore Collection), 29 (right; Carter H. Harrison Fund).

Bibliothèque historique de la Ville de Paris (bhvp): pp. 8 (below right), 9, 49, 50.

Bibliothèque de l'Institut National d'Histoire de l'Art, Paris (Jacques Doucet Collections): pp. 28, 30 (left).

Bibliothèque municipale de Dijon: p. 154.

Bibliothèque nationale de France, Paris (Estampes et Photographie): pp. 7, 102.

Bloomsbury Food Library, London: pp. 25 (right), 26, 27, 30 (right), 57, 82 (left and right).

© Bodleian Libraries, University of Oxford (The John Johnston Collection): pp. 101, 135, 136 (above), 161, 166, 167.

© The British Library Board, London: p. 126.

Châteaux de Versailles et de Trianon, photos © RMN-Grand Palais / Art Resource, NY: pp. 24, 25 (below).

The Culinary Institute of America, Conrad N. Hilton Library, Hyde Park, NY: pp. 53 and 55 (Smiley Family Menu Collection), 85 (Lois Westfall Menu Collection), 92 and 93 (Bruce P. Jeffer Menu Collection), 99 (Lois Hallowell and Walter John Kelly Menu Collection), 106 (Lois Westfall Menu Collection), 109 (Chapman S. Root Menu Collection), 110 and 111 (Verona Bennetto Menu Collection), 116 (Original Menu Collection), 128 (Bruce P. Jeffer Menu Collection), 130 (Lois Westfall Menu Collection), 134 (George Stamos Menu Collection), 156 and 157 (Arno Schmidt Menu Collection).

The Culinary Institute of America, Conrad N. Hilton Library, Hyde Park, NY (George Lang Menu Collection): pp. 10, 11, 34, 80, 81, 95, 114, 132, 133.

New-York Historical Society (Arnold Shircliffe Dining Menu Collection): p. 8 (above left).

The New York Public Library (The Bernard Fread Menu Collection): pp. 64, 65.

The New York Public Library (The Buttolph Collection of Menus): pp. 21, 31, 35, 36, 60, 62, 79, 108, 129, 131.

The Newberry Library, Chicago, IL: p. 78.

Österreichische Nationalbibliothek, Vienna (Cod. Ser. n. 2644, fol. 74v): p. 125.

courtesy Oxford Food Symposium on Food and Cookery, reproduced with permission of Jake Tilson Studio and Jinok Kim-Eicken: pp. 168, 169.

courtesy Le Petit Chef by Skullmapping and Victoria Marriott Inner Harbour, Atlific Hotels: p. 150 (above and below).

from the private Royal Menu Collection of © Jake Smith: p. 153.

Seattle Public Schools Archives, WA (Bagley Elementary School Photograph Collection): p. 103.

© Daniel Spoerri / Prolitteris Zurich / CARCC Ottawa 2024: pp. 38 (right. photo Swiss National Library, Prints and Drawings Department, Daniel Spoerri Archive), 39 (photo Archiv der Avantgarden, Staatliche Kunstsammlungen Dresden), 41 (photo © Christie's Images / Bridgeman Images).

Thomas Fisher Rare Book Library, University of Toronto: pp. 54, 83, 120 (The Mary Williamson Menu Collection), 136 (below; The Mary Williamson Menu Collection).

Toronto Public Library (Osborne Collection of Early Children's Books): p. 107;

United States Holocaust Memorial Museum, Washington, DC (Stern and Pächter Family Papers): p. 71.

University of Leeds Library, Special Collections: p. 143.

University of Miami Libraries, Coral Gables, Special Collections (Pan American World Airways, Inc. Records): pp. 52, 97.

University of Nevada Libraries, Las Vegas, Special Collections and Archives (Bohn-Bettoni Menu Collection): pp. 14, 56.

University of Toronto Scarborough Library, Archives and Special Collections (Harley J. Spiller Collection): pp. 47, 51.

University of Washington Libraries, Seattle, Special Collections: pp. 51 (below), 112, 113.

courtesy Henry Voigt: pp. 127, 160.

Wellcome Collection, London: p. 15.

Wikimedia Commons: p. 162 (photo Per Meistrup, CC BY-SA 4.0).

찾아보기

미식가의 메뉴판

초판 1쇄 인쇄 2025년 12월 3일
초판 1쇄 발행 2025년 12월 18일

지은이 나탈리 쿡
옮긴이 정영은

펴낸이 허정도
편집장 임세미
책임편집 장선아 디자인 박지은
마케팅 신대섭 김수연 배태욱 김하은 이영조 제작 조화연

펴낸곳 주식회사 교보문고
출판신고 제2008-000090호(2008년 12월 5일)
주소 경기도 파주시 문발로 249 (10881)
전화 대표전화 1544-1900 주문 02)3156-3665 팩스 0502)987-5725

ISBN 979-11-7061-334-3 (03900)